Senka Karic I Lea Heyer I Carolyn Hollweg I Linda Maack (Hrsg.)
Multiprofessionalität weiterdenken

Senka Karic | Lea Heyer | Carolyn Hollweg |
Linda Maack (Hrsg.)

Multiprofessionalität weiterdenken

Dinge, Adressat*innen, Konzepte

Dieses Buch ist erhältlich als:
ISBN 978-3-7799-6111-6 Print
ISBN 978-3-7799-5411-8 E-Book (PDF)

1. Auflage 2019

© 2019 Beltz Juventa
in der Verlagsgruppe Beltz · Weinheim Basel
Werderstraße 10, 69469 Weinheim
Alle Rechte vorbehalten

Herstellung und Satz: Ulrike Poppel
Druck und Bindung: Beltz Grafische Betriebe GmbH, Bad Langensalza
Printed in Germany

Weitere Informationen zu unseren Autor_innen und Titeln finden Sie unter: www.beltz.de

Vorwort

In der Betrachtung der wissenschaftlichen Produktion von Wissen steht häufig allein das Ergebnis von Forschung im Zentrum. Die sozialen Prozesse der Wissensgenerierung werden selten gewürdigt. Wir möchten uns diesem Vorgehen nicht anschließen, sondern vielmehr den entgegengesetzten Weg einschlagen und an dieser Stelle sowohl auf den Hintergrund als auch auf den Prozess der Entstehung des vorliegenden Bandes hinweisen.

Dieser Band ist das Ergebnis gemeinsamer Diskussionen und der vor diesem Hintergrund entstandenen Arbeiten von Forscher*innen im Kontext des Graduiertenkollegs „Multiprofessionalität in der Bildungsinfrastruktur und in Sozialen Diensten". Angesiedelt an der Stiftung Universität Hildesheim und der HAWK Hildesheim/Holzminden/Göttingen, wird das Kolleg durch das niedersächsische Promotionsprogramm gefördert und ist der wissenschaftlichen Erforschung und empirischen Analyse aktueller Herausforderungen der organisationalen Herstellung von Multiprofessionalität gewidmet. Der hiesige Sammelband kann als Zwischenstand der – durchaus selbst multiprofessionellen – Diskussionen im Kolleg verstanden werden, die in diesem Rahmen zwischen Hochschullehrenden und Promovierenden unterschiedlicher Disziplinen geführt wurden.

Deutlich wurde in diesen gemeinsamen Diskussionen immer wieder, dass es bisher an tiefergehenden Analysen und empirischen wie theoretischen Auseinandersetzungen mit Multiprofessionalität fehlt, die dem Konzept Kontur geben. Diese Feststellung verwundert insbesondere, da Multiprofessionalität zu einem Buzzword in heutigen Debatten um die Bearbeitung pädagogischer und sozialer Herausforderungen avanciert. Die Argumentation dahinter ist kurz und einfach: komplexe Problemlagen können besser bearbeitet werden, wenn unterschiedliche Professionen gemeinsam an ihnen arbeiten. So anschlussfähig und nachvollziehbar dieser Zugang zunächst erscheint, wird bei eingehender Betrachtung sichtbar, dass es einer – bislang ausbleibenden – kritischen Perspektive bedarf. Hier setzt der vorliegende Band an.

Den hier vertretenen Beiträgen und Sichtweisen ist dabei gemein, dass sie dem Gegenstand Multiprofessionalität zunächst kein klassisches Professionsverständnis zugrunde legen. Bereits damit findet eine wesentliche Weitung des aktuell noch enggeführten Konzepts von Multiprofessionalität im Sinne einer funktionellen Differenzierung professioneller Felder statt. Im vorliegenden Band besteht der Anspruch, die Pfade disziplinär gebundener Professionalitätskonzepte zu verlassen und an ihrer statt empirische Zugänge zu suchen sowie in neue theoretische Auseinandersetzungen darüber zu gehen, wie ‚Multiprofessionalität' sozial, historisch, organisational oder auch vermittelt über materielle Dinge konstruiert wird. Für diese Konzeptkonturierung hat sich dabei immer wieder die im Kolleg versammelte Vielfalt an Forschungsgegenständen, -perspektiven und -feldern als reichhaltige Ressource erwiesen, die wir nun in diesem Band abbilden möchten.

Ohne hier weiter ins Detail zu gehen – denn das überlassen wir den spannenden Beiträgen – arbeiten die Autor*innen des Sammelbands auf unterschiedliche Weise an den Konturen eines bisher unterbelichteten Konzepts. Durch die Beiträge wird dieses in seinen Konturen gleichermaßen begrenzt wie geweitet und kann so dabei helfen, Multiprofessionalität weiterzudenken.

Für das Zustandekommen dieses Bandes möchten wir allen herzlich danken, die zu seinem Gelingen beigetragen haben. Nicht nur wir, sondern auch unsere Leser*innen wissen, dass es in der Natur sozialer Prozesse liegt, dass immer einige der Beteiligten mehr Arbeit investieren als andere, damit ein entsprechendes Projekt Erfolg hat, dass aber dennoch alle die Ursache für diesen Erfolg sind. Daher dürfen wir nun mit Recht sagen: Danke allen!

Zuletzt bleibt uns zu betonen, dass wir den vorliegenden Band auch als Aufforderung verstanden wissen wollen, die Diskussionen und Forschungen zu Multiprofessionalität nicht nur weiter zu führen, sondern auch weiter zu öffnen und für andere fruchtbare und vertiefte Diskurse anschlussfähig zu machen. Wir würden uns freuen, wenn einige unserer Leser*innen sich durch die in diesem Sammelband festgehaltenen Gedanken inspirieren lassen, ihrerseits das Forschungsfeld Multiprofessionalität zu bearbeiten und neuen Erkenntnissen zuzuführen.

In diesem Sinne wünschen wir eine angenehme, informative und bereichernde Lektüre.

Das Graduiertenkolleg „Multiprofessionalität in der Bildungsinfrastruktur und in Sozialen Diensten"

Niedersächsisches Ministerium
für Wissenschaft und Kultur

Inhalt

Multiprofessionalität weiterdenken – das Neue, das Andere, das Soziale

Lea Heyer, Carolyn Hollweg, Senka Karic, Linda Maack

Unter dem Begriff der Multiprofessionalität hat sich in den letzten Jahren ein zunehmend prominenter diskursiver Gegenstand herausgebildet, der in der Bildungsinfrastruktur und in Sozialen Diensten besondere Aufmerksamkeit erfährt. Zu Beginn der 2000er-Jahre noch zögerlich begonnen, hat sich mittlerweile eine Vielzahl von Fachbeiträgen facettenreich Themen rund um Multiprofessionalität gewidmet und den Begriff im wissenschaftlichen Diskurs sichtbar etabliert. So vielschichtig nun dieser Diskurs und die jeweils formulierten Anforderungen an (multi-)professionelle Organisationen, Akteur*innen oder Settings sind, sie basieren zumeist auf einer gemeinsamen Grundannahme: einer gesteigerten Komplexität gesellschaftlicher Problemlagen als Begründungsmoment. Aus dieser Komplexität, so die Idee, resultieren veränderte Anforderungen an professionelle Bearbeitungsmodi, welche wiederum die Ausdifferenzierung von Berufsrollen und eine zunehmend arbeitsteilige, spezialisierte Problembearbeitung, kurzum Multiprofessionalität, notwendig machen. In diesem Sinne verspricht Multiprofessionalität eine optimierte Antwort auf gesellschaftliche Problemlagen. Diese Grundannahme mündet in der Schaffung teils gänzlich neuer, multiprofessioneller Handlungsfelder und Institutionen wie beispielsweise der Frühen Hilfen, der Ganztagsschulen oder der Familienzentren und prägt ebenfalls sozial- und bildungspolitische Programmatiken, etwa im Kontext von Inklusion. Nicht selten werden diese Neuerungen zeitgleich sowohl als Antwort auf als auch als Auslöser für eine Notwendigkeit multiprofessioneller Zusammenarbeit verhandelt. Und nach wie vor wird mit Multiprofessionalität häufiger ein alltagspraktisches denn ein konzeptionell fundiertes Verständnis verbunden; der Begriff verbleibt zuweilen programmatisch aufgeladen und deutet auf einen kaum bestimmten Mehrwert multiprofessioneller Zusammenarbeit hin. Dieser im Folgenden weiter entfaltete Statusbericht zur Multiprofessionalität ist – so die leitende These dieses Bandes – als Manifestation impliziter und aktuell vorherrschender Wissensordnungen zu sehen. Diese prägen den Diskurs um Multiprofessionalität maßgeblich mit, werden in den bisherigen Auseinandersetzungen jedoch bisher kaum explizit gemacht.

An dieser Stelle setzt der vorliegende Sammelband an. Er legt die bislang unhinterfragten Wissensordnungen im Diskurs offen und stellt ihnen eine reflexive Perspektive gegenüber. Dabei fokussieren die Beiträge auf Handlungsfelder der Bildungsinfrastruktur und der Sozialen Dienste und laden dazu ein, Multiprofessionalität weiterzudenken. Im Rahmen dieser Einleitung wird zunächst in den einschlägigen Forschungsstand eingeführt (1), um aktuelle theoretische und empirische Diskurslinien um Multiprofessionalität skizzieren zu können. Daran anknüpfend werden die inhärenten Wissensordnungen des Diskurses herausgearbeitet (2), die sodann den Ausgangspunkt für die Systematisierung der hier versammelten Beiträge bilden (3).

1 Der Stand der Dinge: Multiprofessionalität in der Bildungsinfrastruktur und in Sozialen Diensten

Bisherige Beiträge der deutschsprachigen Literatur zu Multiprofessionalität im Kontext der Bildungsinfrastruktur und der Sozialen Dienste setzen mit Blick auf eine theoretische Verortung vor allem bei professionstheoretischen Bezügen an. Dabei wird insbesondere der Frage nachgegangen, welche Auswirkungen Multiprofessionalität auf die einzelnen Berufsgruppen und Professionen bzw. die jeweiligen Fachkräfte hat. Damit verbunden ist häufig eine machttheoretische Perspektive, mit der hierarchisierende Anerkennungs- und Positionierungsaushandlungen zwischen den Akteur*innen entlang ihrer formalen Qualifikationen sichtbar werden. Cloos (2008) erweitert diese Aushandlungsprozesse um biografie- und organisationstheoretische Überlegungen und führt damit den Begriff der beruflich-habituellen Differenzen ein. Sie sind das Resultat einer habituell strukturierten Praxis in Organisationskulturen und rahmen multiprofessionelle Zusammenarbeit insbesondere als eine performative Herstellung von Differenz. Unter der permanenten Aushandlung von Zuständigkeiten wird Multiprofessionalität vor allem als Grenzarbeit verstanden. An dieses Verständnis knüpft eine Vielzahl von Arbeiten an (vgl. Fabel-Lamla/Thielen 2011; Fabel-Lamla et al. 2018; Fröhlich-Gildhoff et al. 2014; Szczyrba 2003).

Insgesamt werden in den bisherigen Publikationen zu Multiprofessionalität überwiegend Konzepte herangezogen, mit denen sich die damit einhergehenden Konflikte erfassen lassen. Neben der Grenzarbeit wird dafür bspw. auf Konzepte des boundary work rekurriert (vgl. Bauer 2014; Gieryn 1983; Allen 2000). Dabei wird der multiprofessionelle Konflikt vor allem aus einer problemorientierten Perspektive verstanden (vgl. Bauer 2018; Bender/Heinrich 2016). Weniger beachtet werden bislang mögliche Potenziale sowie dezidiert positive Aspekte eines Konflikts bei der Herstellung von Multiprofessionalität.

Eine Durchsicht der verschiedenen Arbeiten und Zugangsweisen zu Multiprofessionalität fördert insgesamt den Eindruck zutage, dass diese der Konsens eint, dass den Unterschieden zwischen den Berufsgruppen und Professionen in der Zusammenarbeit grundsätzlich eine Relevanz zukäme (vgl. Bauer 2018). Indem jedoch bisher primär auf die Differenzen in der multiprofessionellen Zusammenarbeit fokussiert wird, gerät aus dem Blick, welche Herstellungsweisen und Formen von Gemeinsamkeit sich darin finden lassen. Die Bedeutung von Beziehungen in multiprofessionellen Settings wird bislang nur punktuell thematisiert. Gleichzeitig werden diese als Prämisse multiprofessioneller Zusammenarbeit akzentuiert. So arbeitet bspw. Henn (2017) für Kooperationen in der stationären Kinder- und Jugendhilfe heraus, dass der Aufbau und die Pflege persönlicher Beziehungen zentral für eine gelingende Zusammenarbeit sind.

Der Blick in Veröffentlichungen zu Multiprofessionalität in verschiedenen Handlungsfeldern der Bildungsinfrastruktur und der Sozialen Dienste zeigt, dass bisher vor allem die Bereiche Schule, Kinder- und Jugendhilfe und Kindertageseinrichtungen im Fokus stehen. Dabei wird weniger auf die Zusammenarbeit zwischen unterschiedlichen Professionen als vielmehr jene zwischen unterschiedlich qualifizierten Pädagog*innen fokussiert. In welchem Zusammenhang Multiprofessionalität unterdessen aufgegriffen wird, lässt sich bereichsspezifisch ausdifferenzieren. So interessiert im schulischen Kontext in erster Linie die biprofessionelle Zusammenarbeit zwischen Lehrkräften und Sonderpädagog*innen oder Integrationshelfer*innen im Rahmen der Inklusionsprogrammatik (vgl. Bender/Heinrich 2016; Arndt/Werning 2013). Daneben wird die multiprofessionelle Zusammenarbeit zwischen Schule und Schulsozialarbeit bzw. Jugendsozialarbeit verstärkt in den Blick genommen (vgl. Fabel-Lamla et al. 2018, Olk/Speck 2001). Einen weiteren Schwerpunkt bildet die Kooperation innerhalb der Ganztagsschule, die sowohl mono- als auch multiprofessionell betrachtet werden kann. Zu nennen sind hier die Untersuchungen von Breuer (2015), Bauer (2013), Tillmann und Rollett (2011) sowie Speck et al. (2011, 2011a, 2011b). Wie Bauer (2013; 2018) deutlich macht, wird im praktischen Diskurs der Schule allerdings nicht professionstheoretisch zwischen Beruf und Profession unterschieden. Im Bereich der Kinder- und Jugendhilfe zeichnen sich einerseits Fachbeiträge ab, die sich der Zusammenarbeit von Jugendhilfe bzw. Jugendsozialarbeit an Übergängen und Schnittstellen, etwa zu Schule und Jobcenter, widmen (vgl. Fabel-Lamla/Thielen 2011, Szczyrba 2003). Dabei wird insbesondere die Vernetzung von Institutionen der Kinder- und Jugendhilfe und anderen Organisationen unter ihren Umsetzungsproblemen und Gelingensbedingungen diskutiert (vgl. Maykus 2013, van Santen/Seckinger 2005). Andererseits werden Fragen der intrainstitutionellen Teamarbeit, etwa innerhalb der stationären Kinder- und Jugendhilfe, thematisiert (vgl. Henn 2017). Gelingensbedingungen der Zusammenarbeit interessieren ebenso im Rahmen von Multiprofessionalität in Kindertageseinrichtungen, hier zwischen Erzieher*innen, Kindheitspädagog*innen und Heilpädagog*innen (vgl. Weltzien et al. 2016; Fröhlich-Gildhoff et al. 2014). Andere Beiträge nehmen den Wandel zu multiprofessionellen Teams aus Perspektive der beteiligten Fachkräfte stärker in den Blick (vgl. Petry 2016). Dabei wird die Notwendigkeit der multiprofessionellen Zusammenarbeit häufig mit dem in der Kindertagesbetreuung virulenten Fachkräftemangel erklärt. Multiprofessionalität wird als Antwort darauf und dementsprechend als unumgängliche Tatsache im Feld dargestellt. Gleichzeitig fällt der Befund Lochners (2017) auf, dem zufolge Multiprofessionalität entgegen dem gängigen fachlichen und wissenschaftlichen Diskurs in der Praxis der frühkindlichen Erziehung kaum eine Rolle spielt.

Über diese Handlungsfelder hinaus lässt sich auch in den Bereichen der Rehabilitationswissenschaft, der Palliativmedizin und der Psychiatrie eine Auseinandersetzung mit multiprofessioneller Zusammenarbeit finden. Mit Bezug zu Handlungsfeldern der Sozialen Arbeit sind hier Bauer (2014, 2018), Bütow und Maurer (2011) sowie Müller (2017) zu nennen. Ausschließlich auf Gesundheitseinrichtungen fokussierte Forschungsbeiträge werden an dieser Stelle aufgrund der vorliegenden Begrenzung auf den Bereich der Bildungsinfrastruktur und Sozialen Dienste außen vor gelassen. Die Diskurse weisen in beiden Bereichen jedoch große Schnittstellen auf. Zusammengefasst verweisen die Beiträge in den aufgezeigten Handlungsfeldern auf die Etablierung multiprofessioneller Praxis als Folge gesellschaftlicher Entwicklungen der letzten Jahre. Außer Acht gelassen wird in diesem Begründungszusammenhang, inwiefern Multiprofessionalität ebenso historisch kontextualisiert und damit als wichtige Dimension im Entstehungsprozess der Sozialen Arbeit verstanden werden kann. Darüber hinaus liegt ein gemeinsamer Ausgangspunkt der Handlungsfelder in deren implizitem Verständnis von Multiprofessionalität als Optimierungsstrategie der Problembearbeitung, die als solche jedoch bislang kaum reflektiert wird.

Ergänzend zu einer Betrachtung der unterschiedlichen Handlungsfelder lässt sich zudem zwischen verschiedenen Ebenen und Modellen der multiprofessionellen Zusammenarbeit unterscheiden. So differenziert Bauer (2018) zwischen den drei Sozialformen Team, Organisation und Netzwerk, in denen Multiprofessionalität auf je unterschiedliche Art und Weise implementiert und untersucht werden kann. Diese Sozialformen lassen sich wiederum intra- (Team, Organisation) und interinstitutionellen (Netzwerk) Ebenen zuordnen. Während sich im Feld der Schule oftmals eine intrainstitutionelle Perspektive auf multiprofessionelle Zusammenhänge abbildet, nehmen Arbeiten im Bereich der Kinder- und Jugendhilfe verstärkt eine interinstitutionelle Fokussierung vor. Ähnlich differenziert Maykus (2013) mit Blick auf ‚Interprofessionalität‘ in der Kinder- und Jugendhilfe zwischen der Zusammenarbeit mit angrenzenden Partner*innen auf kommunaler, räumlicher Ebene, der sozialräumlichen Verankerung von Hilfen durch die Kooperation verschiedener Einrichtungen an einem Ort und der Vernetzung verschiedener Akteur*innen. Mit dieser Unterscheidung wird deutlich, dass Modelle der multiprofessionellen Zusammenarbeit außerdem vielfach von dem Begriff multiprofessioneller ‚Kooperation‘ abgegrenzt werden. So differenziert Hochuli Freund (2015) zwischen ‚additiver‘ und ‚integrativer‘ sowie ‚intraorganisationaler‘ und ‚extraorganisationaler‘ Kooperation. Daneben sind auch Speck et al. (2011, 2011a) zu nennen, welche verschiedene Kooperationskonzepte und -kulturen im Bereich der Ganztagsschule herausarbeiten. Die organisationale Meso- und gesellschaftliche Makroebene im Kontext von Multiprofessionalität wurden bislang kaum systematisch erschlossen. Sie geraten insbesondere dann in den Blick, wenn es darum geht, einer oft normativen Bestimmung von Gelingensbedingungen nachzugehen. In diesem Zusammenhang wird ein Bedarf an organisationalen Strukturen und kommunaler Einbettung herausgestellt (vgl. Arndt/Werning 2013; Bauer 2013). Dies macht deutlich, dass Multiprofessionalität im Diskurs stets an eine Organisation gebunden wird.

Vor diesem Hintergrund lassen sich aus dem Forschungsstand um Multiprofessionalität im Bildungs- und Sozialwesen bestimmte Ordnungen herausarbeiten, welche die Wahrnehmung von und das Wissen um multiprofessionelle Zusammenhänge maßgeblich prägen. Diese impliziten Wissensordnungen werden nachfolgend systematisiert und mit den vorliegenden Beiträgen verknüpft. Dadurch wird deutlich, auf welcher Ebene der Diskurs um Multiprofessionalität von einem Weiterdenken im Sinne dieses Sammelbandes profitieren kann.

2 Wissensordnungen von Multiprofessionalität – das Neue, das Andere, das Soziale

Der Diskurs um Multiprofessionalität wird durch spezifische Wissensordnungen formiert und legitimiert. Sie generieren verschiedene Konstrukte von Multiprofessionalität, die bislang beinah unhinterfragt als Ausgangspunkt für die Betrachtung des Gegenstands herangezogen werden. Daraus resultiert eine oberflächliche und vor allem einseitige Blickrichtung auf multiprofessionelle Zusammenhänge. Der Debatte fehlt bisher eine weitergehende reflexive Perspektive, welche die Komplexität der diskursiven Eigenlogiken und damit die bestehenden Wissensordnungen im Kontext von Multiprofessionalität aufzudecken vermag. Indem die Beiträge des Sammelbandes diese Wissensordnungen aufbrechen, sollen sie den Diskurs um eine solch reflexive Perspektive erweitern.

Eine erste solche Wissensordnung manifestiert sich in dem Verständnis von Multiprofessionalität als Novum des erfolgreichen professionellen Handelns, Netzwerkens und Organisierens. Während Monoprofessionalität als nicht mehr ausreichend erscheint, um auf bestehende Herausforderungen des Sozialen angemessen zu reagieren, wird Multiprofessionalität diskursiv als etwas Neues und zuvor nicht Existentes konstruiert, das in optimierender Weise auf das Soziale Einfluss nehmen soll. Dadurch werden zum einen die Prozesshaftigkeit und Wandelbarkeit des Gegenstands sowie seine an sich facettenreicheren Entstehungsbedingungen ausgeblendet. Zum anderen wird eine Logik der sozialen

Optimierung durch Multiprofessionalität etabliert. Um das ,Neue' als Wissensordnung aufzubrechen, lässt sich die Idee von Multiprofessionalität auf historische Elemente hin überprüfen. Multiprofessionalität wird dazu mit Narrativen der Entstehung der Sozialen Arbeit verknüpft (siehe Wagner in diesem Band). Dadurch gerät das Phänomen Multiprofessionalität erstmals als historisch weit zurückreichendes Phänomen und nicht als Novum in den Blick. Zugleich kann die damit einhergehende dominierende Vorstellung einer Optimierungsstrategie aufgebrochen werden, indem die Optimierungslogik des Sozialen aus einer machttheoretischen Perspektive offengelegt wird (siehe Rohde et al. in diesem Band).

Als Optimierungsstrategie bleibt Multiprofessionalität in erster Linie Professionellen vorbehalten. Auch wenn von multiprofessionellen Organisationen oder Netzwerken die Rede ist, impliziert dies zumeist, dass diese von Menschen – von personalen Akteur*innen – geschaffen, betrieben oder aufrechterhalten werden. Damit zeichnet sich eine weitere Wissensordnung ab, der zufolge Multiprofessionalität stets als Strategie der Professionsträger*innen und damit letztlich personengebunden gefasst werden muss. Durch diese Rahmung werden Zugehörigkeitsordnungen geschaffen, welche die Professionsträger*innen als legitime Akteur*innen im Diskurs konstituieren. Ihnen kommt ein Subjektstatus zu, der ihr als professionell verstandenes Wissen und Handeln in den Vordergrund stellt, während die Adressat*innen, an die sich multiprofessionelle Problembearbeitungen richten, in dieser Wissensordnung ausgeblendet werden. Um diese Ordnung aufzubrechen, gilt es, den Blick für das ,Andere' der Multiprofessionalität zu weiten. Dies verlangt, sowohl die Adressat*innen (siehe Hollweg et al. in diesem Band) als auch die Dinge (siehe Milbert et al. in diesem Band) der Multiprofessionalität als konstitutive Akteur*innen in den Diskurs einzubeziehen.

Dort, wo Multiprofessionalität (weiterhin) unter dem Blickwinkel der Zusammenarbeit zwischen Professionellen betrachtet wird, dominiert die Wissensordnung des Sozialen – wobei das ,Soziale' der Multiprofessionalität einer Eigenlogik zu unterliegen scheint, die harmonische Gemeinschaft über Prozesse konflikthaften Aushandelns stellt. Diese Perspektive birgt die Gefahr der Bewertung multiprofessioneller Settings entlang einer Positiv-Negativ-Folie. In dieser Logik werden jene multiprofessionellen Konstellationen als erfolgreich erachtet, welche die Herstellung einer Gemeinschaft anstreben und aufkommende Meinungsverschiedenheiten entweder zu verhindern oder bestehende Differenzen in ein übergeordnetes Gemeinsames zu integrieren suchen. Dieses Muster verunmöglicht es, die Potenziale von Konflikten für eine multiprofessionelle Zusammenarbeit fruchtbar zu machen und die reklamierten Prozesse der Vergemeinschaftung zu hinterfragen. Um diese Wissensordnung aufzubrechen, können Konflikte entgegen ihrer bisher häufigen Verortung als negativ vor dem Hintergrund einer Positiv-Folie betrachtet werden (vgl. Lux et al. in diesem

Band). Das Aufbrechen der normativen Elemente einer Wissensordnung des Sozialen erlaubt es zudem, nach den Konzepten und Voraussetzungen von Vergemeinschaftungsprozessen im Kontext der Multiprofessionalität zu fragen (siehe Heyer et al. in diesem Band).

Ausgehend von dieser Systematisierung wird nun ausführlicher in die Beiträge des Sammelbandes eingeführt. Sie alle denken den Gegenstand weiter – ob im Hinblick auf das Neue, das Andere oder das Soziale der Multiprofessionalität.

3 Multiprofessionalität weiterdenken: die Beiträge dieses Sammelbandes

In Anbetracht der skizzierten Wissensordnungen gliedert sich der vorliegende Band in drei Teile – das Neue, das Andere, das Soziale –, die bei den bisher wenig beachteten Aspekten dieser Ordnungen ansetzen. Der erste Teil des Sammelbandes – das Neue – fokussiert zum einen auf einen historischen Zugang zu Multiprofessionalität. Dabei wird weniger auf eine Begriffsgeschichte rekurriert als vielmehr die Erfindung der Sozialen Arbeit als Disziplin und Profession ausgehend von ihren historischen Bezügen im 19. Jahrhundert als Multiprofession betrachtet. Hierbei legt Leonie Wagner den Fokus auf die Begründung und Entwicklung der ersten Programme und Ausbildungskurse für die Sozialen Frauenschulen in Deutschland. Die Autorin folgt dem Pfad, das Bestreben sozialer Hilfstätigkeit um Professionalisierung in seiner konstitutiven Verbundenheit und beständigen Auseinandersetzung mit anderen Disziplinen und Professionen wie der Sozialpolitik, der Medizin oder dem Recht sichtbar zu machen. Damit nimmt Wagner Multiprofessionalität nicht als ein neues Phänomen in den Blick, sondern als frühen und konstitutiven Ausgangspunkt der Professionalisierungsbestrebungen in den Sozialen Diensten und der Bildungsinfrastruktur.

Zum anderen wird die Wissensordnung des ‚Neuen‘ durch eine machttheoretische Perspektive ergänzt, welche die implizite Optimierungslogik des Sozialen diskursanalytisch untersucht. So nehmen Daniel Rohde, Inga Truschkat, Vera Volkmann und Florian Weis Multiprofessionalität als diskursiv hervorgebrachtes Konstrukt in den Blick. In ihrem Beitrag „Multiprofessionalität als Optimierungslogik des Sozialen" analysieren die Autor*innen anhand von drei Fallbeispielen die inhärente Optimierungsstrategie und erweitern den Blick um eine gouvernementalitätstheoretische Verknüpfung, um soziale Effekte von Multiprofessionalität zu diskutieren. Multiprofessionalität fungiert hier, so leiten die Autor*innen aus ihren Analysen ab, als eine spezifische gouvernementale Optimierungslogik des Sozialen.

Die Beiträge des zweiten Teils – das Andere – bewegen sich jenseits der bislang zumeist an den Professionsträger*innen orientierten und mit diesen verhaftet bleibenden Diskursen um Multiprofessionalität. So vertreten Carolyn Hollweg, Linda Maack, Luisa Peters und Gunther Graßhoff in ihrem Beitrag „Multiprofessionalität als neue Formation der Adressierung – eine akteurstheoretisch inspirierte Kritik" die These, dass mit dem Diskurs um Multiprofessionalität zahlreiche, bislang ausgeblendete Implikationen für die Adressat*innen Sozialer Dienste verbunden sind. Dies geschieht zugunsten einer impliziten Stärkung professionsbezogener Themen im Kontext sozialer Unterstützungsprozesse, deren Folgen für die Soziale Arbeit bis dato nicht verhandelt werden. Anhand der unterschiedlichen Aggregierungsebenen der Interaktion, der Organisation sowie der Diskursebene wird aufgezeigt, inwiefern eine Beteiligung der Adressat*innen im Kontext von Multiprofessionalität in Konflikt zu der Zusammenarbeit mit anderen Professionen gerät. Hintergrund ist die Kritik, dass der Diskurs um Multiprofessionalität bislang noch zu wenig mit dem Diskurs der Adressat*innenbeteiligung zusammengedacht wird.

Im Beitrag „Dinge in der Multiprofessionalität? Alltägliche (Un-)Ordnungen menschlicher und nichtmenschlicher Professionsträger*innen" entfalten Maria Milbert, Anna Korth und Wolfgang Schröer eine Kritik an Diskursen um Multiprofessionalität aufgrund ihres vorgeordneten Fokus auf die Person als Professionsträger*in. Die Autor*innen stellen diesem eine Sichtweise auf Multiprofessionalität als Assemblage entgegen, welche menschliche Akteur*innen und ihre Körperlichkeiten, wirkende Dinge, raum-zeitliche Konstruktionen sowie epistemische und konzeptionelle Perspektiven umfasst. Sie gehen der Frage nach, wie Menschliches mit Nichtmenschlichem in multiprofessionellen Konstellationen zusammenwirkt und reagiert, sowie wie in und durch diese Assemblagen soziales und pädagogisches Handeln gemeinsam hergestellt wird.

Der dritte Teil des Bandes – das Soziale – widmet sich schließlich scheinbar divergierenden Komponenten im Zusammenhang von Multiprofessionalität: der Rolle von Konflikten einerseits sowie von Vergemeinschaftungsprozessen andererseits. Beide unterliegen der skizzierten Wissensordnung des Sozialen und können auf diese Weise zusammengebracht werden. Anna-Lena Lux, Carina Schilling, Anja Schäfer und Melanie Fabel-Lamla setzen mit ihrem Beitrag „Multiprofessionalität und Konflikt" bei Konflikten als Normalfall multiprofessioneller Zusammenarbeit an. Anhand empirischer Befunde aus den Handlungsfeldern frühkindliche Bildung, Erziehungshilfe, Werkstätten für behinderte Menschen sowie allgemeinbildende Schulen wird ein Überblick über gängige multiprofessionelle Konfliktlinien und Spannungsfelder gegeben sowie ausgewählte theoretische Ansätze vorgestellt, welche für die Erklärung von Konflikten im Kontext von Multiprofessionalität herangezogen werden können. Den Autor*innen zufolge werden Konflikte hierbei keinesfalls lediglich als etwas Störendes beschrieben, sondern auf ihre Funktionalität hin befragt. Als eine soziale und durchaus wünschenswerte Grundtatsache können Konflikte Veränderungen anstoßen, Wandlungsprozesse auslösen und Potenziale frei-setzen – und dergestalt für die multiprofessionelle Bearbeitung von Problem-stellungen fruchtbar gemacht werden.

Währenddessen widmen sich Lea Heyer, Peter Cloos, Senka Karic und Anna Korth in ihrem Beitrag verschiedenen Entwürfen der Zusammenarbeit zwischen Vergemeinschaftung und Vergesellschaftung und gehen anhand eines handlungsfeldvergleichenden Blicks der Frage nach, wie Multiprofessionalität hergestellt werden soll. Die Autor*innen fokussieren auf die zumeist mit Multiprofessionalität assoziierte Zusammenführung verschiedener Kompetenzen, Wissensbestände oder Perspektiven unter dem gemeinsamen Ziel einer Optimierung der Problembearbeitung und werfen die Frage nach der besonderen Qualität dieser Zusammenführung auf. Zum Ausgangspunkt nehmen sie dafür Max Webers Begriff der Vergemeinschaftung sowie gruppendynamische und organisationssoziologische Konzepte. Durch eine Analyse programmatischer Schriften aus vier unterschiedlichen Handlungsfeldern der Bildungsinfrastruktur und der Sozialen Dienste werden verschiedene Modi der Vergemeinschaftung im Kontext von Multiprofessionalität herausgearbeitet. Kritik wird hier vor allem daran geübt, dass sich die Herstellung von Multiprofessionalität auf einer programmatischen Ebene vorwiegend an der Logik einer steuerbaren, zweckrationalen Interessenverbindung orientiert. Dabei werden Dimensionen der subjektiv empfundenen Zusammengehörigkeit oder geteilter organisationaler Praktiken der beteiligten Akteur*innen bislang zu wenig beachtet.

Mit den gewählten Schwerpunkten zielt der vorliegende Sammelband darauf ab, die diskursiven Eigenlogiken im Kontext von Multiprofessionalität um eine reflexive Perspektive zu erweitern und damit die bestehenden Wissensordnungen von Multiprofessionalität aufzubrechen. Wird über die etablierten personalen, normativen, traditionalen und problemorientierten Bezüge hinausgegangen, so lässt sich Multiprofessionalität theoretisch und empirisch in verschiedene Richtungen weiterdenken. Die versammelten Beiträge sollen damit also nicht nur zu einem tieferen Verständnis multiprofessioneller Zusammenhänge, sondern darüber hinaus zu einer reflexiven Perspektive beitragen, mit der blinde Flecken des Diskurses offengelegt und weitergedacht werden. Die in dieser Einleitung entwickelten Wissensordnungen des Neuen, des Anderen und des Sozialen bieten hier einen fruchtbaren Ausgangspunkt.

Literatur

Abbott, Andrew (1988): The Systems of Professions. An Essay on the Division of Expert Labor. Chicago: The University of Chicago Press.

Allen, Davina (2000): Doing occupational demarcation. The ‚boundary work' of nurse managers in a district general hospital. In: Journal of Contemporay Ethnography 29, H. 3, S. 326–356.

Arndt, Ann-Kathrin/Werning, Rolf. (2013): Unterrichtsbezogene Kooperation von Regelschullehrkräften und Lehrkräften für Sonderpädagogik. Ergebnisse eines qualitativen Forschungsprojektes. In: Werning, Rolf/Arndt, Ann-Kathrin (Hrsg.): Inklusion: Kooperation und Unterricht entwickeln. Bad Heilbrunn, S. 12–40.

Bauer, Petra (2013): Multiprofessionelle Kooperation und institutionelle Vernetzung an der (Ganztages-)Schule. In: Bohl, Thorsten/Meissner, Sibylle (Hrsg.): Expertise Gemeinschaftsschule. Forschungsergebnisse und Handlungsempfehlungen für Baden-Württemberg. Weinheim: Beltz Juventa. S. 161–176.

Bauer, Petra (2014): Kooperation als Herausforderung in multiprofessionellen Handlungsfeldern. In: Faas, Stefan/Treptow, Rainer (Hrsg.): Sozialer Wandel. Herausforderungen für Kulturelle Bildung und Soziale Arbeit. Wiesbaden: Springer VS. S. 273–286.

Bauer, Petra (2018): Multiprofessionalität. In: Graßhoff, Gunther/Renker, Anna/Schröer, Wolfgang (Hrsg.): Soziale Arbeit. Eine elementare Einführung. Wiesbaden: VS Verlag für Sozialwissenschaften, S. 727–739.

Bender, Saskia/Heinrich, Martin (2016): Alte schulische Ordnung in neuer Akteurkonstellation? Rekonstruktionen zur Multiprofessionalität und Kooperation im Rahmen schulischer Inklusion. In: Moser, Vera/Lütje-Klose, Birgit (Hrsg.): Schulische Inklusion. Weinheim: Beltz Juventa, S. 90–103.

Breuer, Anne (2015): Lehrer-Erzieher-Teams an ganztägigen Grundschulen. Kooperation als Differenzierung von Zuständigkeiten. Wiesbaden: Springer VS.

Bütow, Birgit/Maurer, Susanne (2011): Zur Legitimierung sozialpädagogischer Zuständigkeit in Spannungszonen der Kooperation – ein DFG-Projekt zur Analyse komplexer Prozesse im innerdeutschen Ost-West-Vergleich. In: Soziale Passagen, Journal für Empirie und Theorie der Sozialen Arbeit, H. 3, S. 299–303.

Cloos, Peter (2008): Die Inszenierung von Gemeinsamkeit. Eine vergleichende Studie zu Biografie, Organisationskultur und beruflichem Habitus von Teams in der Kinder- und Jugendhilfe. Weinheim und München: Juventa.

Daheim, Hansjürgen (1992): Zum Stand der Professionssoziologie: Rekonstruktion machttheoretischer Modelle der Profession. In: Dewe, Bernd/Ferchhoff, Wilfried/Radke, Frank-Olaf (Hrsg.): Erziehen als Profession zur Logik professionellen Handelns in pädagogischen Feldern. Opladen: Leske und Budrich, S. 21–35.

Fabel-Lamla, Melanie/Thielen, Marc (2011): Interprofessionelle Kooperation. In: Thielen, Marc (Hrsg.): Pädagogik am Übergang. Arbeitsweltvorbereitung in der allgemeinbildenden Schule. Bad Heilbrunn: Verlag Julius Klinkhardt, S. 61–69.

Fabel-Lamla, Melanie/Haude, Christin/Volk, Sabrina (2018): Schulsozialarbeit an inklusiven Schulen: (Neu-)Positionierungen und Zuständigkeitsklärungen in der multiprofessionellen Teamarbeit. In: Cloos, Peter/Fabel-Lamla, Melanie/Kunze, Katharina/Lochner, Barbara (Hrsg.): Pädagogische Teamgespräche. Methodische und theoretische Perspektiven eines neuen Forschungsfeldes. Weinheim/Basel: Beltz Juventa (im Erscheinen).

Fröhlich-Gildhoff, Klaus/Weltzien, Dörte/Kirstein, Nicole/Pietsch, Stefanie/Rauh, Katharina/Reutter, Annegret/Tinius, Claudia (2014): Aufgabendifferenzierung in multiprofessionellen Teams in Kindertageseinrichtungen. In: Fröhlich-Gildhoff, Klaus/Nentwig-Gesemann, Iris/Neuß, Norbert (Hrsg.): Forschung in der Frühpädagogik VII. Freiburg im Breisgau: FEL Verlag Forschung – Entwicklung – Lehre, S. 101–134.

Gieryn, Thomas F. (1983): Boundary-Work and the Demarcation of Science from Non-Science: Strains and Interests in Professional Ideologies of Scientists. In: American Sociological Review 48, H. 6, S. 781–795.

Henn, Sarah (2017): Kollegiale Kooperation in der stationären Kinder- und Jugendhilfe. Beziehungen teilen als zentrale Herausforderung für gelingende Zusammenarbeit. In: Sozial Extra 41, H. 6, S. 16–19.

Hochuli Freund, Ursula (2015): Multiperspektivität in der Kooperation. In: Merten, Ueli/Kaegi, Urs (Hrsg.): Kooperation kompakt. Professionelle Kooperation als Strukturmerkmal und Handlungsprinzip der Sozialen Arbeit. Leverkusen und Opladen: Verlag Barbara Budrich, S. 135–152.

Hughes, Everett C. ([1971] 1984): The Sociological Eye. Selected Papers. London: Transaction Publishers.

Körner, Mirjam/Schüpbach, Heinz/Bengel, Jürgen (2005): Berufsgruppenübergreifende Kooperation in der medizinischen Rehabilitation. Zeitschrift für Gesundheitspsychologie 13, H. 4, S. 158–166.

Lochner, Barbara (2017): Teamarbeit in Kindertageseinrichtungen. Eine ethnografisch- gesprächsanalytische Studie. Wiesbaden: Springer Fachmedien.

Mahler, Cornelia/Gutmann, Thomas/Karstens, Sven/Joos, Stefanie (2014): Begrifflichkeiten für die Zusammenarbeit in den Gesundheitsberufen – Definition und gängige Praxis. GMS Zeitschrift für Medizinische Ausbildung 31, H. 4, S. 1–10.

Maykus, Stephan (2013): Interprofessionalität in der Kinder- und Jugendhilfe. Familienzentren als Symbol erweiterter (sozial-)pädagogischer Praxisrelationen. In: Wulfekühler, Heidrun/ Wiedebusch, Silvia/Maykus, Stephan/Rietmann, Stephan/Renic, Marijan (Hrsg.): Interprofessionalität in der Tagesbetreuung. Module zur Gestaltung von Netzwerkpraxis. Wiesbaden: Springer Fachmedien, S. 13–39.

Müller, Falko (2017): Professionelle Kooperation am „Fall". Besprechungskulturen in aufsuchend arbeitenden Palliative Care Teams. In: Sozial Extra 41, H. 6, S. 12–15.

Olk, Thomas/Speck, Karsten (2001): LehrerInnen und SchulsozialarbeiterInnen – Institutionelle und berufskulturelle Bedingungen einer ‚schwierigen' Zusammenarbeit. In: Becker, Peter/Schirp, Jochem (Hrsg.): Jugendhilfe und Schule. Zwei Handlungsrationalitäten auf dem Weg zu einer? Münster: Votum, S. 46–85.

Petry, Sarah (2016): Der Wandel zu multiprofessionellen Teams – vor dem Hintergrund eines sich ändernden Berufsfeldes – aus der Perspektive von ErzieherInnen und KinderpflegerInnen. In: Weltzien, Dörte/Fröhlich-Gildhoff, Klaus (2016): Perspektiven der empirischen Kinder- und Jugendforschung. Freiburg: FEL, S. 55–72.

Pfadenhauer, Michaela (2003): Professionalität. Eine wissenssoziologische Rekonstruktion institutionalisierter Kompetenzdarstellungskompetenz. Opladen: Leske und Budrich.

Schütze, Fritz (1992): Sozialarbeit als ‚bescheidene' Profession. In: Dewe, Bernd/Ferchhoff, Wilfried/Radtke, Frank-Olaf (Hrsg.): Erziehen als Profession. Zur Logik professionellen Handelns in pädagogischen Feldern. Opladen, S. 7–20.

Speck, Karsten/ Olk, Thomas/ Böhm-Kasper, Oliver/ Stolz, Heinz-Jürgen/Wiezorek, Christine (Hrsg.) (2011): Ganztagsschulische Kooperation und Professionsentwicklung. Studien zu multiprofessionellen Teams und sozialräumlicher Vernetzung. Weinheim/München: Beltz Juventa.

Speck, Karsten/Olk, Thomas/Stimpel, Thomas (2011): Professionelle Kooperation unterschiedlicher Berufskulturen an Ganztagsschulen. In: Speck, Karsten/Olk, Thomas/Böhm-Kasper, Oliver/Stolz, Heinz-Jürgen/Wiezorek, Christine (Hrsg.): Ganztagsschulische Kooperation und Professionsentwicklung. Studien zu multiprofessionellen Teams und sozialräumlicher Vernetzung. Weinheim: Juventa, S. 69–84.

Speck, Karsten/Olk, Thomas/Stimpel, Thomas (2011a): Auf dem Weg zu multiprofessionellen Organisationen? Die Kooperation von Sozialpädagogen und Lehrkräften im schulischen Ganztag. Empirische Befunde aus der Ganztagsforschung und dem Forschungsprojekt „Professionelle Kooperation von unterschiedlichen Berufskulturen an Ganztagsschulen" (ProKoop). In: Helsper, Werner/Tippelt, Rudolf (Hrsg.): Pädagogische Professionalität. Weinheim: Beltz Juventa. S. 184–201.

Strauss, Anselm (1985): Work and the division of labor. In: The Sociological Quarterly 26, H. 1, S. 1–19.

19

Szczyrba, Birgit (2003): Rollenkonstellationen in der pädagogischen Beziehungsarbeit. Neue Ansätze zur professionellen Kooperation am Beispiel von Schule und Jugendhilfe. Bad Heilbrunn: Verlag Julius Klinkhardt.

Tillmann, Katja/Rollett, Wolfram (2011): Multiprofessionelle Kooperation und Partizipation an Ganztagsschulen. In: Speck, Karsten/Olk, Thomas/Böhm-Kasper, Oliver/Stolz, Heinz-Jürgen/Wiezorek, Christine (Hrsg.): Ganztagsschulische Kooperation und Professionsentwicklung: Studien zu multiprofessionellen Teams und sozialräumlicher Vernetzung. S. 29–47.

van Santen, Erik/Seckinger, Mike (2005): Fallstricke im Beziehungsgeflecht. Die Doppelebenen interinstitutioneller Netzwerke. In: Bauer, Petra/Otto, Ulrich (Hrsg.): Institutionelle Netzwerke in Sozialraum- und Kooperationsperspektive. Tübingen: dgvt. S. 201–219.

Weltzien, Dörte/Fröhlich-Gildhoff, Klaus/Strohmer, Janina/Reuter, Annegret/Tinius, Claudia (2016): Multiprofessionelle Teams in Kindertageseinrichtungen. Evaluation der Arbeitsprozesse und Arbeitszufriedenheit von multiprofessionell besetzten Teams in Baden-Württemberg. Weinheim: Beltz Juventa.

Teil 1 **Das Neue**

Die Erfindung der Sozialen Arbeit als Disziplin und Profession: Soziale Arbeit als multidisziplinäres und monoprofessionelles Projekt

Historische Entwicklungen

Leonie Wagner

Soziale Arbeit ist eine noch vergleichsweise junge Profession, die Ende des 19. Jahrhunderts erst „erfunden" werden musste. Aus zuvor vorwiegend ehrenamtlich und karitativ ausgeübten Tätigkeiten sollte eine qualifizierte Berufsausübung entstehen. Soziale Arbeit musste deshalb zwangsläufig in den Anfängen auf Wissensbestände und Methoden anderer Disziplinen und Professionen zurückgreifen. Am Ausgangspunkt der Sozialen Arbeit stand damit gewissermaßen die Aufgabe, eine Multiprofession zu schaffen, d. h., die interdisziplinären Zugänge in einer Profession zu vereinen.

Professionelle Soziale Arbeit sollte sich einerseits der vorhandenen Erkenntnisse und Methoden anderer Disziplinen und Professionen bedienen, diese aber eigenständig ergänzen bzw. zusammenführen und damit soziale Hilfe und Unterstützung verbessern. 1926, also ca. 30 Jahre nach der Gründung der ersten Ausbildungskurse, konnte Alice Salomon feststellen: „Aus einer Tätigkeit, die Armut bekämpfen wollte, ist eine Arbeit geworden, die der Wirksamkeit des Arztes, des Lehrers, des Richters zum Erfolg verhilft, die das Leben der Menschen gesünder, besser, inhaltreicher macht. Ist die Fürsorge durch die Erkenntnisse der Aerzte, der Richter, der Pädagogen und Psychologen tiefgreifend beeinflußt worden, so hat sie ihrerseits deren Arbeitsgebiete befruchtet und ihnen Anregungen für neue Methoden gegeben" (Salomon 1926, S. 6). Mit der Professionswerdung ging es also darum, vorhandene Professionen und Disziplinen in ein neues Verhältnis zu setzen und eine Profession und Wissenschaft entstehen zu lassen, deren Blick im Unterschied zu den anderen Disziplinen auf „den ganzen Menschen" (Salomon 1926, S. 6) gerichtet ist. Gleichzeitig mussten die Vertreterinnen[1] der neuen Profession sich in das Ensemble anderer Berufe im Feld der Wohlfahrtspflege einfädeln. Multiprofessionelle

---

1 In den Beiträgen dieses Bandes wird ansonsten das Gendersternchen zur Vermeidung einer binären Geschlechtermarkierung benutzt. Dies kann in diesem Beitrag aufgrund der historisch bedingten zweigeschlechtlichen (Frauen/Männer) Perspektive nicht durchgängig geschehen. Dort wo die grammatikalische Form nur eines Geschlechts benutzt wird, verweist dies auf das historische Verständnis der Existenz von (nur) zwei Geschlechtern.

Zusammenarbeit war damit bereits in den Anfängen der Sozialen Arbeit ein wichtiges Thema.

Die Frage nach den disziplinären und professionellen Zutaten, die in die neue Profession einflossen, ist aber ebenso wie die Frage nach der Rolle der neuen Profession im Ensemble der bestehenden Berufe im Feld der Wohlfahrtspflege bislang kaum untersucht worden.[2]

Soziale Arbeit als Beruf entstand mit der Einführung einer Ausbildung in diesem Bereich. Welche Vorstellungen hatten die Begründer*innen der Ausbildungseinrichtungen über das Wissen, das für eine qualifizierte Berufsausübung benötigt wird? Welche vorhandenen Disziplinen und Professionen wurden herangezogen und warum? Die Bearbeitung dieser Fragen soll Aufschluss über die inhaltliche Gestaltung und damit das Verhältnis zur Multiprofessionalität der neuen Profession geben.

Der Beitrag basiert auf einer Analyse der Ausbildungspläne der Sozialen Frauenschulen (v. a. Berlin und Hannover) sowie von Texten wichtiger Protagonist*innen der Ausbildung und der Berufswerdung. Alice Salomon kommt hierbei eine wichtige Rolle zu, da sie nicht nur an der Entwicklung der Ausbildung maßgeblich beteiligt war, sondern ihre Vorstellungen auch in zahlreichen Publikationen verbreitet hatte. Ihre Überlegungen zur Gestaltung der Ausbildung wurden von ihren Zeitgenoss*innen zur Kenntnis genommen und hatten einen großen Einfluss auf die Lehrpläne auch anderer Sozialer Frauenschulen und damit die Inhalte und das Selbstverständnis der Profession.

Zunächst wird es um die „Erfindung" der Sozialen Arbeit gehen, d. h. die Überlegungen und Entwicklungen, die in den Anfängen der Ausbildung deren Inhalte prägten. Darin ist bereits die Frage der Kooperation mit anderen Professionen angelegt, die ich anschließend kurz skizziere. Der Beitrag soll damit Aufschluss darüber geben, wie die Profession von ihren Anfängen her multiprofessionell aufgestellt ist bzw. welches Selbstbewusstsein die werdende Profession in ihren Anfängen diesbezüglich kennzeichnete.

Die Ausbildung in der Sozialen Arbeit

Professionelle Soziale Arbeit entstand in Deutschland im 19. Jahrhundert im Zusammenhang mit einer veränderten Krisenwahrnehmung insbesondere aufseiten des Bürgertums und ist seit ihren Anfängen in verschiedene Spannungsfelder eingebunden. Industrialisierung, das Anwachsen der städtischen (Armuts-)Bevölkerung und die Effekte einer zunehmend kapitalistisch gepräg-

---

2   Wichtige Hinweise enthalten folgende Texte: Amthor 2003, Feustel 2008, Kuhlmann 2007, Reinicke 2012, Sachße 1986, Schröder 2001.

ten Wirtschafts- und Gesellschaftsstruktur resultierten in Überlegungen und Maßnahmen, mit denen die Erosion der vormals den sozialen Zusammenhalt stützenden Systeme abgefedert werden sollte. Die „Überbrückung der Klassengegensätze" wurde damit zu einer gesellschaftspolitischen Aufgabe, der sich eine Reihe bürgerlicher Sozialreformer*innen annahm. Es ging ihnen um den Ausgleich der Gegensätze durch eine Reform der sozialen Ordnung, gestützt durch solidarische Hilfe für diejenigen, die auf der anderen Seite des Klassenspektrums – und damit aus der Sicht des Bürgertums – weitgehend desintegriert bzw. von Marginalisierung (Armut und Deprivation) betroffen waren. Solidarität der Besitzenden mit den Besitzlosen war in diesem Kontext eine Kernidee, dies sollte jedoch aus dem Rahmen der (religiös motivierten) Wohltätigkeit in den Bereich gesellschaftlicher Verantwortung überführt werden. Für die bürgerliche Frauenbewegung, die nach staatsbürgerlicher Beteiligung (u. a. Wahlrecht) und akzeptierten „weiblichen" Berufen suchte, bot sich hier eine einmalige Gelegenheit. Die von Frauen jahrhundertelang in einem patriarchal geprägten Geschlechterarrangement im Privaten übernommenen Aufgaben der (Für-)Sorge wurden durch die Erfindung einer „geistigen" oder „sozialen Mütterlichkeit" auf das Gemeinwesen übertragen und damit zwei Fragen in einer perfekten Synthese nahezu erledigt: die „Soziale Frage" und die (bürgerliche) „Frauenfrage" (vgl. Wagner 2018).

Soziale Arbeit als Beruf[3] entstand in Deutschland vor diesem Hintergrund und war anfangs eine in der professionellen Variante fast exklusiv von Frauen ausgeübte Tätigkeit. Die ersten Ausbildungseinrichtungen, die für den öffentlichen Sektor qualifizierten, waren von Frauen für Frauen entwickelt worden und bis in die 1920er-Jahre nahmen diese Einrichtungen eine Monopolstellung ein.[4]

Neben der Etablierung eines Frauenberufs wurden mit der Ausbildung noch weitere Ziele verfolgt. Mit Begriffen wie „Wohltätigkeitssport", „gemeinnütziger Dilettantismus" oder auch „Basarbazillus" (Cauer 1904, S. 114) wurde die rein materielle, nicht geregelte und unkoordinierte Wohltätigkeit abgelehnt. Zum anderen wurde die unspezifische Besetzung selbst der Dezernate der städtischen Verwaltungen kritisiert. Diese würden „häufig an besoldete Beamte übergeben, von denen ausschließlich juristische oder verwaltungstechnische Kenntnisse verlangt werden" (Salomon 1917, S. 22–23). Ein weiterer Kritikpunkt war die Übertragung sozialer Hilfsaufgaben an fachfremdes Personal:

---

3   Die Frage, ob Soziale Arbeit als Berufstätigkeit oder als qualifizierte ehrenamtliche Tätigkeit ausgeübt werden sollte, war unter den Begründer*innen der Ausbildung umstritten (vgl. Schröder 2001, S. 323 ff.; Wagner/Wenzel 2009, S. 49 ff.).

4   1923 wurde das „Seminar für Jugendwohlfahrt" gegründet, an dem auch Männer eine Ausbildung in der Sozialen Arbeit absolvieren konnten, 1928 eröffnete die koedukative Wohlfahrtsschule der Arbeiterwohlfahrt.

Lehrer, Geistliche oder Sportlehrer, „also immer durch Menschen, die nur von einer Seite aus an die Aufgaben herankommen" (Salomon 1927, S. 71).

Damit war gleichzeitig die Forderung einer veränderten Arbeitsweise in der Wohlfahrtspflege verbunden. Soziale Arbeit sollte als persönliche Hilfe von Person zu Person, unter „Einsatz der Persönlichkeit" erfolgen und statt planloser Wohltätigkeit gesellschaftliche Missstände beseitigen. Ziel war, „die Armut zu bekämpfen anstatt sie zu pflegen" (Salomon 1902, S. 48). Damit sollte sich Soziale Arbeit auch von individueller Hilfeleistung unterscheiden und auf „das Soziale" zielen. Ziel der Ausbildung sollte sein: „die großen sozialen Zusammenhänge […], die Beziehungen, die jede kleinste Hilfstätigkeit in den Rahmen sozialer Entwicklung und sozialer Reform hineinstellten" (Salomon 1917, S. 25), zu vermitteln.

Mit der Gründung der „Mädchen- und Frauengruppen für soziale Hilfsarbeit" im Jahr 1893 wurde erstmals ein Kursangebot geschaffen, das für die Tätigkeiten in verschiedenen Bereichen der Wohlfahrtspflege qualifizieren sollte. Wie die Begründer*innen der Sozialen Arbeit entschieden, was Inhalt der ersten Ausbildungskurse sein sollte, ist nicht eindeutig festzustellen. Vorbild waren zum einen ein vom Verein „Frauenwohl" und Minna Cauer initiierter Zusammenschluss junger Frauen, die einmal wöchentlich soziale Hilfsdienste vor allem in Blindenanstalten leisteten und eine theoretische Schulung in „Grundzügen der Sozialwissenschaften" erhielten (Schröder 2001, S. 83). Erwähnt wird zudem die Vorbildfunktion des Londoner Frauensettlement (gegr. 1886). Dort wurde neben der praktischen Tätigkeit „Unterricht in der Armengesetzgebung, in der Pädagogik, Hygiene, Volkswirtschaftslehre usw. erteilt, der die praktische Arbeit in theoretischer Weise ergänzen soll" (Salomon 1901, S. 455–456). Für den deutschen Kontext wurde dies angepasst, da es im 19. Jahrhundert in Deutschland nicht möglich gewesen wäre, dass junge Frauen aus dem Bürgertum außerhalb ihrer Familien und noch dazu in Arbeitergegenden zusammenwohnen. Alternativ wurden in den „Mädchen- und Frauengruppen für soziale Hilfsarbeit" eine „losere Organisationsform" (Salomon 1901, S. 456) gewählt, die nicht auf dem Zusammenwohnen basierte.

Für die Überlegungen der engen Verzahnung von Theorie und Praxis wurden außerdem die Tätigkeiten der Charity-Organisation Society und Octavia Hills Schriften herangezogen, aber auch Anleihen bei der medizinischen Ausbildung gemacht: Die 1897 in Berlin gegründete „Zentrale für private Fürsorge" ermöglichte praktische Tätigkeiten für die Schülerinnen und die „Bearbeitung von Fällen – etwa entsprechend der Ausbildungsmöglichkeit, die der Mediziner am Krankenbett findet" (Salomon 1925a, S. 4).

In den „Gruppen" fand die Ausbildung in Vorträgen – immer gekoppelt mit praktischen Tätigkeiten – statt. Eine systematische Übersicht der Vortragskurse aus den Jahren 1893 bis 1903 ergibt folgende Themengebiete (vgl. Mädchen- und Frauengruppen für soziale Hilfsarbeit in Berlin o. J.: Anhang I):

- Allgemeine volkswirtschaftliche Fragen
- Wohlfahrtseinrichtungen und soziale Hilfsarbeit
- Armenpflege
- Bürgerkunde, Verfassung und Verwaltung, Rechtsfragen
- Hygiene und Volksgesundheitspflege
- Pädagogische Kurse
- Kurse in Blindenpflege und Blindenschrift

Die Begründungen für die Auswahl der einzelnen Fächer liegen zum einen in fachlichen Erwägungen. Zum anderen aber sahen die Protagonist*innen der Ausbildung auch Defizite auf der Seite ihrer Schülerinnen, die mit einigen der Kursthemen ausgeglichen werden sollten. Die „Gruppen" sollten „Erziehungsverein" für die Mitarbeiterinnen und „Hilfsverein" für die Bedürftigen sein (Salomon 1913, S. 4). Grundlage war die Auffassung, dass eine gute Kenntnis der wirtschaftlichen und sozialen Verhältnisse notwendig und nicht vorhanden sei (Salomon 1913, S. 8–9; Salomon 1917, S. 23), weshalb allgemeine volkswirtschaftliche Fragen und Bürgerkunde auf den Lehrplan gesetzt wurden. Gleichzeitig wurde anfangs insbesondere die Nationalökonomie als Voraussetzung für soziales Denken angesehen (vgl. Schröder 2001, S. 239 ff.). Zum anderen ging Alice Salomon davon aus, dass für die Tätigkeit in der Wohlfahrtspflege ein „Erzieherwille" ausgebildet werden müsse, der die Wohlfahrtspfleger*in[5] in die Lage versetze, „in schwierigen wirtschaftlichen, hygienischen und sittlichen Verhältnissen zu raten und einen Einfluß auszuüben" (Salomon 1927, S. 67).

Aufgrund der unzulänglichen hygienischen Verhältnisse in vielen der Wohnungen und der Lebensgestaltung der Wohlfahrtsempfänger*innen wurde zudem Wert auf medizinische und hygienische Kenntnisse gelegt. Später räumte Salomon zu diesem Fach ein, dass es auch möglich sei, „daß sich darin die Auffassung der Aerzte ausdrückte, die ihren Einfluß auf die Gestaltung des sozialen Frauenberufs ausüben wollten" (Salomon 1927, S. 91). – Die Kurse in Blindenpflege und Blindenschrift waren ein Erbe, das die „Gruppen" von den Aktivitäten Minna Cauers und des Vereins „Frauenwohl" übernahmen. Sie verweisen aber auch auf in den Anfangsjahren bestehende organisatorische Probleme, die einer tatsächlichen Systematik zunächst entgegenstanden. Alice Salomon bezeichnete dies später als „regellose Mannigfaltigkeit" (Salomon 1927, S. 88). Die Praxiskontakte waren ebenso wie die Fächer nicht zuletzt durch die Zugänge und Kontakte der Gründungsmitglieder bestimmt (vgl. Kuhlmann 2007, S. 22–23).

---

5 Bereits in den 1920er-Jahren wurden für die in der Sozialen Arbeit tätigen ausgebildeten Frauen unterschiedliche Bezeichnungen benutzt: Wohlfahrtspfleger*in, Sozialarbeiter*in, Sozialbeamt*in, Fürsorger*in (vgl. Reinicke 2012, S. 32).

Hinzu kamen pragmatische Erfordernisse: „Man mußte die Fächer wählen, für die man Lehrer finden konnte. Das bedeutete nicht nur, ob sachkundige Personen vorhanden, sondern auch, ob sie bereit waren, ohne oder für nominelle Honorare zu unterrichten" (Salomon 1927, S. 88). Auch wurde aufgrund der Anfragen oder des Interesses „hervorragender Persönlichkeiten" (Salomon 1927, S. 88), d. h. Personen, die in der Sozialpolitik tätig oder Leiter großer Einrichtungen waren, der Lehrplan erweitert.

Auch wenn den ersten Kursen – wie Salomon festhielt – „kein durchgearbeiteter Plan, keine feste Beziehung zu den einzelnen praktischen Arbeitsgebieten zugrunde" lag, waren doch die ersten Schritte in die Entwicklung einer „Wissenschaft der Wohlfahrtspflege" (Salomon 1917, S. 25) getan. Prominent vertreten waren damals – wie auch in späteren Jahren – Volkswirtschaft, Medizin, Pädagogik und Rechtswissenschaften, erweitert und ergänzt durch erste Ansätze facheigener Perspektiven und die Koppelung von Theorie und Praxis.

Soziale Frauenschulen – die Ausbildung erhält Konturen

In den folgenden Jahren fand eine ständige Weiterentwicklung und Verstetigung der Ausbildungsangebote in der Sozialen Arbeit statt. 1899 wurden „Jahreskurse" mit einer festeren Struktur neben den „Gruppen" eingeführt. Auch an anderen Orten gab es Bestrebungen, die Ausbildung in der Wohlfahrtspflege in geregeltere Verhältnisse zu überführen. 1905 wurde vom „Deutsch-Evangelischen Frauenbund" (DEF) in Hannover das „Christlich-Soziale Frauenseminar" als Ausbildungsstätte für pädagogische und soziale Berufe gegründet. Auch hier standen (neben konfessionell geprägten Themen) Erziehungslehre, Volkswirtschaftslehre, Bürgerkunde und Gesundheitslehre auf dem Lehrplan (vgl. Salomon 1917, S. 30). Und auch hier ging es zum einen um fachliche Qualifikationen für die Wohlfahrtspflege sowie um Fächer, „die geeignet sind, das soziale Verständnis zu vertiefen und die Lücken auszufüllen, die den Frauen bei der Betätigung im öffentlichen Leben, bei der Ergänzung der Arbeit des Mannes, so oft drückend zum Bewußtsein kommen" (DEF 1910, S. 3).

Am 1. Oktober 1908 wurde dann in Berlin als Weiterentwicklung der „Gruppen" und der „Jahreskurse" die erste nicht konfessionelle „Soziale Frauenschule" eröffnet. Auch hier spielten Vorbilder aus dem Ausland (Schools of Philanthropy/USA; Schule für Soziale Arbeit/Amsterdam) eine Rolle. Entscheidend war aber auch die im August 1908 verabschiedete preußische Mädchenschulreform, mit der ein höheres Mädchenschulwesen ermöglicht und geregelt wurde (vgl. Hopf 1997, S. 102 ff.). Die „Soziale Frauenschule" stellte in dieser Hinsicht einen Gegenentwurf zu den darin angedachten „allgemeinen Frauenschulen" dar, da sie im Unterschied zu diesen für einen Beruf ausbildete (vgl. Schröder 2001, S. 239).

Neben pädagogischen Fächern waren in der Unterstufe Hygiene, Volkswirt-schaftslehre und Bürgerkunde sowie praktische Fächer (Handarbeit, Arbeit im Kindergarten, Übungen in Hauswirtschaft und Kinderpflege) Gegenstand. In der Oberstufe waren folgende Fächer vorgesehen: „Volkswirtschaftslehre, Bür-gerkunde und Familienrecht, Sozialethik, Pädagogik, Soziale Hygiene, Einfüh-rung in die Probleme der sozialen Arbeit, Theorie und Geschichte des Armen-wesens, Theorie der Jugendfürsorge" (Salomon 1908). Mit diesem Modell hatte maßgeblich Alice Salomon aus den Anfängen der „Gruppen" eine systemati-sche Grundlage für die Ausbildung in der Sozialen Arbeit entwickelt, die Vor-bild für eine Reihe von Ausbildungseinrichtungen auch in anderen Ländern Europas wurde (vgl. Kuhlmann 2007, S. 86).

In den nächsten Jahren erfolgten weitere Gründungen von Sozialen Frauen-schulen. 1914 gab es bereits zwölf in Deutschland. 1917 fand in Berlin die erste „Konferenz der sozialen Frauenschulen" statt.[6] Ziel des Zusammenschlusses war die gemeinsame Abstimmung der Lehrpläne und Unterrichtsmethoden, die gegenseitige Anerkennung der Ausbildung (um Schülerinnen einen Wech-sel zu ermöglichen) und der geforderten Qualifikation sowie der Bezahlung der Lehrkräfte, eine gemeinsame Stellenvermittlung u. v. m. Am ersten Treffen der „Konferenz" nahmen die Leiter*innen von elf Schulen sowie Vertreter des preußischen Kultusministeriums (Geheimrat Pallat) und des preußischen In-nenministeriums (Geheimräte Kirchner, Dietrich und Krohne)[7] teil. Die „Kon-ferenz" erarbeitete erste Richtlinien, in denen folgende Eckpunkte festgehalten wurden (vgl. Salomon 1927, S. 10):

• Die theoretische Ausbildung soll auf sozialwissenschaftlicher Grundlage erfolgen,
• Aufnahmealter mindestens 20, höchstens 35,
• Vorbedingung: Ausbildung in Krankenpflege, pädagogische oder hauswirt-schaftliche Ausbildung oder Besuch einer Vorbereitungsklasse,
• Verbindung Theorie und Praxis entweder „nebeneinander" oder „nachei-nander".

In einer ähnlichen Besetzung fanden dann auch die Verhandlungen zwischen den beiden Ministerien und der „Konferenz" über die Einführung der staatli-chen Anerkennung der Schulen sowie ihrer Absolventinnen statt. Die Gesprä-

---

6 Unter dem Vorsitz von Alice Salomon waren hier 1919 16, 1927 30 Schulen zusammen-geschlossen (vgl. Simmel 1981, S. 399).
7 Die beiden Ministerien waren dann auch verantwortlich für die Erarbeitung von Richtli-nien für die staatliche Anerkennung. Für das Ministerium des Innern ging es um die Ausbildung von Kreisfürsorgerinnen, dem Kultusministerium um die Ausbildung von Kindergärtnerinnen und Jugendleiterinnen (vgl. Salomon 1927, S. 26).

che mit den Vertretern der Ministerien gestalteten sich jedoch schwierig. Der Vertreter des Kultusministeriums lehnte den Berufscharakter der Tätigkeit ab und wandte sich gegen den generalistischen Ansatz der Ausbildung. Der Vertreter des Innenministeriums „warnte vor einem Zuviel an theoretischer Ausbildung" (Salomon 1927, S. 26). Damit wurden von den Ministerien zentrale Grundlagen der von den Sozialen Frauenschulen entwickelten Ausbildung infrage gestellt: der generalistische Anspruch und die Notwendigkeit theoretischer Bildung – sowie insgesamt die Idee einer Sozialen Arbeit, die als Beruf ausgeübt werden sollte. Die Vertreter*innen der Ausbildung verteidigten zwar ihre Vorstellungen und waren zu kleineren Zugeständnissen bereit (Verstärkung der sozialhygienischen Fächer und einige Spezialisierungskurse) (vgl. Protokoll 1917, S. 1), konnten sich aber zunächst nicht durchsetzen.

In diesen Auseinandersetzungen wird aber noch eine Konfliktlinie deutlich, die sich nicht auf fachliche Fragen oder Ziele bezog, sondern in der das Geschlechterverhältnis die entscheidende Differenz markiert. Salomon sah in den Auffassungen beider Ministeriumsvertreter eine vorurteilsbehaftete und von Traditionen geprägte Haltung wirken. „Es war die Ablehnung einer Schulgattung, die einen weiblichen Beruf aus weiblichem Geist und frauenhafte Arbeit nach den Einsichten und Maßstäben von Frauen gestalten wollte. Das war zu neu, um von Männern, die ganz in anderen Anschauungen gefangen waren, in seinem innern Gehalt begriffen zu werden" (Salomon 1927, S. 33). Mit den ausgebildeten Wohlfahrtspflegerinnen würden Fachkräfte in die Soziale Arbeit Einzug nehmen, die nicht nur als Gehilfinnen der (leitenden) Männer unselbstständige Aufgaben erledigen, sondern dafür qualifiziert seien, selbstständige Analysen und Interventionen vorzunehmen und diese zu verantworten. „Deshalb sahen die Urheber der Prüfungsordnung in den Leiterinnen der Sozialen Schulen nur das Emanzipatorische – nicht die Motive, um derentwillen die Frauen ihre jüngeren Geschlechtsgenossinnen zu sozialer Wirksamkeit fähig machen wollten" (Salomon 1927, S. 33).

Als kurz nach der Verabschiedung des Erlasses zur staatlichen Anerkennung im Jahr 1918 die Republik ausgerufen und u. a. ein Ministerium für Volkswohlfahrt gegründet wurde, ergab sich jedoch Spielraum für die Neuverhandlung der Rahmenbedingungen. Die „Konferenz der sozialen Frauenschulen" erarbeitete einen Entwurf für die veränderte Prüfungsordnung und leitete diesen dem Ministerium zu. Zentral darin war u. a. der „universale Charakter der Schulen" (Salomon 1927, S. 34) und die Idee, „die soziale Arbeit als Einheit zu erfassen und die Spezialgebiete erst nach Schaffung einer allgemeinen Grundlage und auch dann mit Vorsicht zu berücksichtigen" (Salomon 1927, S. 34). Nachdem Helene Weber, die ehemalige Leiterin der „Sozialen Frauenschule Aachen" des Katholischen Deutschen Frauenbundes, zur Dezernentin im Ministerium für Volkswohlfahrt berufen wurde und die Federführung der Ausgestaltung übernahm, kam es am 22. Oktober 1920 zum Erlass einer neuen

Prüfungsordnung für Preußen, in der die Vorschläge der Konferenz weitgehend berücksichtigt wurden (vgl. Salomon 1927, S. 35–36).[8]

Damit konnten sich die Leiter*innen der Sozialen Frauenschulen mit ihrem Konzept der Ausbildung und entsprechend ihren Vorstellungen vom Beruf der Wohlfahrtspflegerin durchsetzen. Die Erfindung Soziale Arbeit bzw. die für diese Tätigkeit notwendigen Grundlagen waren im Wesentlichen vorhanden. In den 1920er-Jahren konnte Alice Salomon dann konstatieren, dass über die Unterschiede der Schulen und der Universitätslehrgänge hinweg sich – auch international – ein „Gerüst" eines Lehrplanes erkennen lässt. Als gemeinsamen Ausgangspunkt identifizierte sie die Aufgaben der Sozialen Arbeit, in denen es um die wechselseitige „Anpassung von Menschen und Lebensumständen" geht. Soziale Arbeit „hat entweder Individuen zu fördern und zu beeinflussen, damit sie sich in ihrer Umwelt bewähren, oder sie hat die Lebensumstände, die Umwelt der Menschen so zu gestalten, daß der einzelne zur freien Entfaltung seiner Kräfte, zur Erfüllung der in ihm ruhenden Möglichkeiten gelangen kann; daß die Menschen dadurch geeigneter für die Verfolgung und Erreichung ihrer Lebenszwecke werden. Daraus ergibt sich eine klare Aufteilung des Lehrplans. Der Mensch, seine Umwelt, die Einrichtungen und Methoden der sozialen Hilfe: das sind die Gesichtspunkte, unter denen die Disziplinen zu wählen, in drei Gruppen zu fassen sind" (Salomon 1927, S. 90).

In der ersten Gruppe sah Salomon Gesundheitslehre und Psychologie angesiedelt. Dabei ging es um (Er-)Kenntnisse über die physischen und seelischen menschlichen Bedürfnisse. Die zweite Gruppe der Fächer beinhaltete Wirtschafts- und Rechtslehre, die für „verwaltungsmäßige, organisatorische Aufgaben" ausbilden. Die dritte Gruppe beinhaltet Sozialpolitik und Wohlfahrtspflege (vgl. Salomon 1927, S. 90–96).

Die Gestaltung des Curriculums bzw. der Frage, „welche Kenntnisse für eine qualifizierte soziale Arbeit notwendig seien" (Schröder 2001, S. 238), war damit aber nicht abgeschlossen. In den folgenden Jahren wurde die Ausbildung in der Wohlfahrtspflege weiter ergänzt. Zum einen wurden – entsprechend der Weiterentwicklung der Wissenschaften – weitere Fächer in den Kanon aufgenommen. Wichtig ist dabei vor allem die Integration von Psychologie. Diese hatte sich nach Salomon erst in den 1920er-Jahren so entwickelt, dass sie als Grundlage für Diagnosen in der Wohlfahrtspflege geeignet war. Erst zu diesem Zeitpunkt sei in dem Fach die Bedeutung von „Anlage und Entwicklung, Milieu und Schicksal für den Charakter wie für die Hilfsbedürftigkeit" (Salomon 1927, S. 91) entdeckt worden. Auch die erst um die Jahrhundertwende entstehende Sozialpsychologie sah Salomon ebenso wie eine enge Verbindung von Psycho-

---

8   Die anderen Länder erließen in den nächsten Jahren ähnliche Ordnungen.

logie und Pädagogik für die soziale Ausbildung und den Beruf als gewinnbringend an (vgl. Salomon 1927, S. 91).

Zum anderen wurden mit der Zunahme der Erfahrungen aus der Praxis Erkenntnisse in die Ausbildung eingespeist und übertragen. Aus der Jugendfürsorge wurden beispielsweise Erfahrungen in der Vorgehensweise ermittelt, die auch in anderen Handlungsfeldern nützlich sein konnten (vgl. Salomon 1926, S. 5).

1930 wurden vom preußischen Ministerium für Volkswohlfahrt dann Richtlinien für die Lehrpläne der Wohlfahrtsschulen erlassen. Diese sahen die von Alice Salomon erarbeitete Dreigliederung vor (Reinicke 2012, S. 60). Damit hatte sich das von Salomon und der „Konferenz der sozialen Frauenschulen" entwickelte Konzept weitgehend durchgesetzt. Zu den Disziplinen, die am Beginn der Ausbildung eine Rolle spielten (Nationalökonomie, Pädagogik, Medizin, Rechts- und Bürgerkunde), waren insbesondere psychologische Fächer hinzugekommen und erste Ansätze einer „Wohlfahrtskunde" entwickelt worden.

Die Wissenschaft der Wohlfahrtspflege

Wichtig war den Begründer*innen der Ausbildung in der Sozialen Arbeit, dass es nicht dabei bleiben sollte, unterschiedliche Fächer bzw. Wissensbestände anderer Disziplinen in einer lockeren Form nebeneinander stehen zu lassen. Die einzelnen Fächer sollten im Gegenteil in Bezug auf die Soziale Arbeit „eine besondere Einstellung" (Salomon 1927, S. 92) entwickeln. Darunter verstand Salomon, dass die Fächer bzw. die Lehrmethoden nicht schlicht aus der universitären Lehre übertragen werden konnten, sondern „unter ganz besonderen Gesichtspunkten dafür bearbeitet" (Salomon 1927, S. 55) werden mussten. Dazu zählte nicht zuletzt, dass die Lehre eng mit der Praxis und „den Erfahrungen des Lebens, [...] den Schicksalen, die in den Akten und auf den Regalen der Wohlfahrtsämter ihren Niederschlag gefunden haben" (Salomon 1927, S. 124), verbunden werden sollte. Entwickelt werden musste deshalb eigenes Lehrmaterial, und das vor allem von den Lehrkräften an den Sozialen Frauenschulen, die entweder nebenamtlich tätig waren oder als Hauptamtliche 24 Wochenstunden Unterricht zu absolvieren hatten (vgl. Salomon 1926, S. 45). Mit der Publikation von Büchern, die als Lehrmaterial geeignet waren, haben sich vor allem Siddy Wronsky, Elly Heuß-Knapp, Elisabeth Gnauck-Kühne und Alice Salomon hervorgetan und damit nicht zuletzt die Theorie- und Methodenentwicklung in der Sozialen Arbeit angestoßen (vgl. Schröder 2001, S. 239 ff.; Wagner/Wenzel 2009).

Die „Wissenschaft der Wohlfahrtspflege" (Salomon 1917, S. 25) oder zumindest die Ausbildung sollten zudem auf eigener Empirie (Praxis) basieren.

Aus den vorhandenen Wissenschaften sollten dafür einzelne Methoden und Kenntnisse übernommen werden: Wissen über unterschiedliche Arten von Beweismaterial von den Jurist*innen, aus der Geschichtswissenschaft die Quellenkritik, aus der Medizin und der Psychologie die Fallarbeit (vgl. Salomon 1925, S. 115). Letzten Endes ging es aber bereits in den Anfängen darum, Soziale Arbeit als inter- oder multidisziplinäre Wissenschaft und Praxis zu etablieren, in die die Wissensbestände der anderen Disziplinen und Professionen einfließen und hier in einer spezifischen Weise neu geordnet werden: „Gegenstand der Wohlfahrtspflege" sollte „der Mensch in seiner Einheit" sein und „nicht seine wirtschaftliche Lage oder seine Gesundheit oder seine Sittlichkeit" (Salomon 1928, S. 9). Damit ging es letztlich darum, aus den verschiedenen disziplinären Bezügen eine Profession zu kreieren, der ein interdisziplinäres Bezugssystem zugrunde liegt.

Die Aufgabe war, die „Herstellung von Zusammenhängen zwischen den Problemen der praktischen Arbeit und den Tatsachen von Recht und Wirtschaft, Staat und Gesellschaft" (Salomon 1927, S. 125). Salomon regte folglich an, dass die Sozialen Frauenschulen auch Forschung zur Aufgabe bekommen sollten (vgl. Salomon 1927, S. 127). Allerdings bestanden in dieser Hinsicht verschiedene Probleme, wie z. B. die schlechte Ausstattung der Sozialen Frauenschulen und die Arbeitsbelastung der Lehrkräfte: „so kann von ihnen eine neue Wissenschaft nicht erarbeitet werden" (Salomon 1926, S. 45, Hervorhebung im Original).

1925 wurde mit der Gründung der „Deutschen Akademie für soziale und pädagogische Frauenarbeit"[9] als Weiterbildungs- und Forschungseinrichtung ein weiterer Schritt in diese Richtung unternommen. Neben Fortbildungskursen für Sozialarbeiterinnen und Akademikerinnen aus anderen Fächern sollte die Akademie Lehrerinnen für die Sozialen Frauenschulen ausbilden und eine frauenspezifische, an weiblichen und fachlichen Interessen orientierte Wissenschaft und Forschung institutionalisieren (vgl. Simmel 1981, S. 389). Die Forschungsaktivitäten wurden im Dezember 1926 aufgenommen (vgl. Hoff 2012). Untersucht wurden Fragen, in deren Zentrum die „Familie" und die „Stellung der Frau in Deutschland" standen. Zunächst wurden Schriften von Mitarbeite-

---

9   Im Vorstand waren Personen aus den aus Sozialarbeit und Sozialverwaltung sowie eine ansehnliche Anzahl von auf dem sozialen Gebiet tätigen Organisationen (Gertrud Bäumer, Marie Baum, Hans Muthesius, Wilhelm Polligkeit, Eduard Spranger, Helene Weber, Siddy Wronsky; Allgemeiner Deutscher Lehrerinnenverein, Deutscher Akademikerinnenbund, Deutscher Juristinnenverein, Deutscher Philologinnenbund, Konferenz Sozialer Frauenschulen, Deutscher Fröbelverband, Deutscher Verband der Sozialbeamtinnen, Vaterländischer Verein vom Roten Kreuz) (Goeschel/Sachße 1981, S. 436).

rinnen publiziert[10], im Herbst 1928 wurde ein umfangreiches Forschungsprogramm über „Bestand und Erschütterung der Familie in der Gegenwart" aufge-
legt (vgl. Goeschel/Sachße 1981, S. 438).[11]

Im Unterschied zu den Universitäten sollte die Wissenschaft der Wohlfahrtspflege, repräsentiert in der „Deutschen Akademie für soziale und pädagogische Frauenarbeit", „auf die Totalität des Lebens" und „die praktischen Aufgaben der sozialen Arbeit" (Salomon 1929, S. 140, 141) ausgerichtet sein. Für
die Untersuchung dieser Zusammenhänge wurde es zudem als notwendig angesehen, dass in der Deutschen Akademie unterschiedliche wissenschaftliche
Disziplinen und Praktikerinnen ebenso wie Theoretikerinnen zusammenkommen. Entstehen sollte aus dem Nebeneinander der Wissensbestände und Methoden der herangezogenen Disziplinen und Professionen ein eigenständiger
Forschungs- und Berufszweig. Die Vision war, aus einem multiprofessionell
zusammengefügten Fach eine interdisziplinäre Einheit zu schaffen: „Die Forschung auf diesem Gebiet kann nur da gepflegt werden, wo Praktiker zusammen kommen, wo zwischen Studierenden und Lehrenden eine Wechselbezie-
hung des Gebens und Nehmens herbeigeführt wird, und wo Menschen aus
verschiedenen Berufszweigen, die es alle mit Menschenpflege und -bildung zu
tun haben, ihre Fragen und Beantwortungen aus den verschiedenen Gesichts-
winkeln heraus, im Hinblick auf alle Altersgruppen, auf Stadt und Land, auf die
verschiedenen Kulturprobleme zusammentragen. Das ist auch der Grund, warum die Frauenakademie sich um die Weiterbildung von Angehörigen der
verschiedenen sozialen und pädagogischen Berufe bemüht. Der Austausch der
verschiedenartigen Erfahrungen wird zum Bildungsmittel und führt an die
Bildungsstoffe heran" (Salomon 1929, S. 143).

Soziale Arbeit – eigenständiger Beruf oder Hilfstätigkeit für andere Professionen

In Bezug auf die Einordnung des neuen Berufs in das Ensemble der bestehenden Professionen gab es von Beginn an dezidierte Überlegungen, aber auch
erhebliche Widerstände und Probleme. Die Ausbildung in der Wohlfahrtspflege sollte nach Salomon nicht nur die „Technik der Hilfeleistung" (Salomon
1927, S. 73) vermitteln, da dies „Abrichtung, aber nicht Bildung!" (Salomon
1927, S. 74) sei. Die Wohlfahrtspflegerin sollte gerade nicht eine reine „Hand-

---

10   u. a. Gertrud Bäumer (1926): Die Frau in der Krisis der Kultur, Hilde Lion (1926): Zur
     Soziologie der Frauenbewegung, Marianne Weber (1929): Die Ideale der Geschlechter-
     gemeinschaft.
11   1933, also nur acht Jahre nach der Gründung, wurde die Akademie aufgelöst, um der
     geforderten „Gleichschaltung" durch die nationalsozialistische Regierung zu entgehen.

langerin der Kreissekretäre, der Aerzte, der Verwaltungsbeamten", ihre Arbeit keine „subalterne Beamtentätigkeit" (Salomon 1927, S. 74) sein. Ausgebildet werden sollte auch die „Fähigkeit zu selbständiger Beurteilung von Menschen und Verhältnissen" (Salomon 1927, S. 74). Eine weitere Stufe sieht Salomon gegeben, wenn die Ausbildung auch darauf abzielt, dass die Wohlfahrtspflegerinnen „auf die Entwicklung der sozialen Reform und Gesetzgebung einwirken können" (Salomon 1927, S. 74). Dies setze u. a. voraus, dass die Schülerinnen befähigt werden, „die gesellschaftlichen Probleme nicht nur in Bezug auf praktische Aufgaben, sondern in ihrer tieferen wissenschaftlichen Bedeutung zu begreifen" (Salomon 1927, S. 74). Entsprechend müssten die „Sozialen Frauenschulen" ihre „eigenen, auf ihre Ziele ausgerichteten geistigen Grundlagen" entwickeln und „geistig selbständige Persönlichkeiten" ausbilden, „die nicht nur Gesetze und Anweisungen ausführen, sondern selbst Fortentwicklungen der sozialen Reform vorbereiten helfen" (Salomon 1927, S. 53).

Rosa Kempf (1929, S. 169) bezeichnete die Auseinandersetzungen um diese Einordnung als „Kampf", in dem es darum ging, ob die Sozialarbeiterinnen ausführendes, unterstützendes oder aber verantwortliches „Organ der Wohlfahrtspflege" sein dürften. In diesem Kampf scheinen insbesondere Ärzte eine stark widerständige Position eingenommen zu haben. Paul Erfurth, Leiter des Evangelischen Sozialen Seminars in Elberfeld, erklärte dieses Spannungsverhältnis mit den bisherigen Erfahrungen der Mediziner, die bislang nur mit ihnen unterstelltem medizinischen Pflegepersonal zu tun gehabt hätten, das ihre Anweisungen ohne Widerspruch ausgeführt habe. „In den Frauenschülerinnen dagegen trat dem Arzt die Frau als werdende Volksmutter in der ganzen Komplexheit dieses Begriffs entgegen und die Schwierigkeiten der Auseinandersetzungen zwischen beiden begannen" (Erfurth 1926, S. 26). So hätten einige Ärzte auch „nichts unversucht" gelassen, „um eine kürzere Ausbildung, einen untergeordneten Typus von Fürsorgerinnen durchzusetzen" (Salomon 1927, S. 76). Verbündete fanden diese Ärzte bisweilen bei den Verwaltungsbeamten, die Sorge hatten, dass die ausgebildeten Frauen sich nicht reibungslos in die administrativen Abläufe einfügen würden. „Wurden doch hier Frauen und Männer zusammengespannt, die mit ganz verschiedenen Bewertungen, von verschiedenen Seiten – der menschlichen und der verwaltungstechnischen – an dieselbe Sache herantraten. Zum Teil waren dabei Frauen, die einer höheren Bildungsschicht entstammten, Männern aus einer tieferen untergeordnet. (Salomon 1927, S. 76). Dies führte nach Rosa Kempf (1929, S. 169) auch dazu, dass eine – ihr unsinnig erscheinende – Trennung in Innen- und Außendienst, „vice versa in männliche und weibliche soziale Berufstätigkeit", vorgenommen wurde.

Die bereits in den Verhandlungen um die staatliche Anerkennung sichtbar werdende „Konfliktlinie Geschlecht" wird hier erneut deutlich. Während die Vertreter*innen der Sozialen Frauenschulen mit der Ausbildung einen qualifizierten Frauenberuf etablieren und jungen Frauen damit neben einer sinnvollen

Tätigkeit auch eine staatsbürgerliche Aufgabe eröffnen wollten, wurde dies von anderen als Überschreitung geschlechtlicher Grenzziehungen interpretiert und abgelehnt. Gehilfin des Mannes – ja, eigenständige Fachkraft – bitte nicht.

Gleichwohl gab es durchaus gelingende Beispiele der Zusammenarbeit. Alice Salomon zitiert zum Beispiel einen Jugendrichter (Quelle ist nicht genannt), der in einer umfassenden Fallerkundung, in der individuelle ebenso wie soziale und gesellschaftliche Faktoren zusammengetragen werden, und der daran anschließenden gemeinsamen Beratung von „Richter und Sozialarbeiter" (Salomon 1925a, S. 5) einen deutlichen Fortschritt sah. Verbessert würden durch die Kooperation sowohl Beurteilung als auch Prognose. Insgesamt war Alice Salomon tiefgreifend davon überzeugt, dass die Zusammenarbeit auch von Ärzten und Sozialarbeiterinnen zu wichtigen Verbesserungen führt, z. B. in der Behandlung von Tuberkulose. „Man begriff, daß die Beratung durch den Arzt durch die nachgehende Fürsorge erst wirksam gemacht werden kann; daß die Ermittlung der Fürsorgerin in der Häuslichkeit des Patienten oft nicht nur die Ursachen der Erkrankung aufdeckt, sondern die Maßnahmen des Arztes wesentlich beeinflussen kann" (Salomon 1925a, S. 5). Ein noch engeres Kooperationsverhältnis zwischen Ärzten und Fürsorgerinnen sah Salomon in der Krankenhausfürsorge gegeben. „Denn hierbei sind die Ermittlungen oft geradezu als Unterlagen für die Diagnose wichtig" (Salomon 1925a, S. 5).

Salomon konstatierte bei allen Fragen, die sich rund um den Einsatz der ausgebildeten weiblichen Kräfte ergaben, eine deutliche Weiterentwicklung in der Wohlfahrtspflege und eine „Ergänzung der Tätigkeit des Richters, des Arztes, des Lehrers, des Industriellen" oder Jugendrichters: Die Sozialarbeiterin „leistet Vorarbeit für den Jugendrichter und führt in großem Umfang seine Anordnungen aus. Sie beugt Krankheiten vor und unterstützt die ärztliche Behandlung durch Eingriffe in die soziale Lage der Kranken und Gefährdeten. Sie wirkt mit dem Lehrer zusammen, um durch soziale Maßnahmen den Erfolg des Schulunterrichts, der Erziehungsarbeit sicher zu stellen. Sie macht Versuche, um im Fabrikbetrieb dem menschlichen Faktor zur Geltung zu verhelfen und dadurch den Produktionsprozeß reibungsloser zu gestalten" (Salomon 1925a, S. 3).

Multiprofessionelle Zusammenarbeit stellt damit für die Begründer*innen der Profession Soziale Arbeit eine unmittelbare Notwendigkeit, eine Grundbedingung des Berufes dar. Erst in der Zusammenarbeit unterschiedlich qualifizierter Fachkräfte kann eine Wohlfahrtspflege praktiziert werden, die den Ansprüchen und Möglichkeiten einer modernen (Sozial-)Politik und Gesellschaft gerecht wird. In dieser Auffassung kommt ein hohes Maß an Selbstbewusstsein zum Ausdruck, das sich auch gegen die beschriebenen Widerstände aufrechterhalten ließ. Die Widerstände lagen zudem, zumindest nach den mir vorliegenden Quellen, nicht in fachlichen Gründen, sondern in der mit der Erfindung der Sozialen Arbeit auch angestrebten Veränderung des Geschlechterverhältnisses.

Fazit

„Was durch zufällige Eindrücke, durch gelegentliche Erfahrungen und in einfachster Weise begonnen wurde, war allmählich zu einem durchdachten System geworden" (Salomon 1917, S. 29).

Dieses System wurde von den Begründer*innen der Ausbildung und damit der Profession Soziale Arbeit aus ihrer Ansicht nach wichtigen anderen Disziplinen zusammengefügt und sukzessive überprüft und weiterentwickelt. Neben der engen Koppelung von Theorie und Praxis waren dabei Fächer wichtig, die das Verständnis von Problem- und Notlagen aus den ihnen zugrunde liegenden individuellen wie sozialen Ursachen erklären und daraus angemessene Lösungs- und Umgangsweisen entwickeln sollten. Hinzu kam jedoch – und das sollte die Soziale Arbeit auch weiter prägen – der Wunsch, jungen Frauen aus dem Bürgertum sinnvolle Betätigungsmöglichkeiten und damit gleichzeitig die staatsbürgerlichen Rechte durch soziale Pflichterfüllung zu eröffnen. Das Geschlechterverhältnis ist damit ebenso wie eine multidisziplinäre Ausrichtung der Profession im Kern der Erfindung der Sozialen Arbeit zu finden.

Die Idee, durch Ausbildung und Forschung den Beruf der Wohlfahrtspflegerin aus einem multidisziplinären Nebeneinander in eine interdisziplinäre Form zu überführen und den Fachkräften damit einen eigenständigen Charakter und Platz im Feld der Wohlfahrtspflege zu erkämpfen, wird ebenso bereits zu Beginn der Entwicklung der Ausbildung entwickelt und verfolgt. Die Darstellungen spiegeln dabei ein durchaus beachtliches Selbstverständnis, da die Einordnung des Berufs und der ihn ausübenden Fachkräfte mit erheblichen Widerständen konfrontiert wurde, in denen nichts weniger auf dem Spiel stand als die patriarchale Geschlechterordnung des deutschen Bürgertums.

Mit Beharrlichkeit und Einsatz setzten die Begründer*innen der Sozialen Arbeit und insbesondere Alice Salomon sich dafür ein, dass aus einem lockeren Verbund mit bisweilen zufälligen thematischen Vorträgen eine strukturierte Ausbildung entstehen konnte, mit der zunächst Frauen dafür qualifiziert wurden, in Zusammenarbeit mit anderen Professionen eine Verbesserung der Wohlfahrtspflege umzusetzen. Weiterentwicklungen konnten zum einen durch die Entwicklung der Wissenschaften sowie der eigenen Praxis und Forschung vorgenommen werden. Dabei fand eine Transformation vorhandenen Wissens in ein dem Aufgabengebiet angepasstes eigenständiges Lehr- und Theoriegebäude statt.

Multiprofessionalität kennzeichnet die junge Profession dabei sowohl in Bezug auf die Zusammensetzung der Inhalte der Ausbildung als auch hinsichtlich der angestrebten Zusammenarbeit mit anderen Professionen.

Literatur

Archivquellen

Archiv der deutschen Frauenbewegung, Bestand Deutscher-Evangelischer Frauenbund NL-K-16 (ADDF NL-K-16).

DEF = Deutsch-Evangelischer Frauenbund (1910): Christlich-soziales Frauenseminar (früher Frauenschule). Zusammenfassender Bericht über die Jahre 1905–1910. Hannover: Buchdruckerei des Stephanstifts (ADDF: NL-K-16; D-119).

Protokoll 1917 = Protokoll einer Konferenz betr. Mindestanforderungen an die sozialen Frauenschulen vom 26.10.1917. NL-K-16; D-1.

Monografien und Aufsätze

Amthor, Ralph Christian (2003): Die Geschichte der Berufsausbildung in der sozialen Arbeit. Auf der Suche nach Professionalisierung und Identität. Weinheim und München: Juventa.

Cauer, Minna (1904): Wohltätigkeit. In: Die Frauenbewegung 10, S. 114–116.

Erfurth, Paul (1925): Ist die Dreiteilung der Gruppen zweckmäßig oder sind andere Vorschläge zu machen? In: Preußisches Ministerium für Volkswohlfahrt (Hrsg.): Grundsätzliche Fragen zur Ausgestaltung der staatlich anerkannten Wohlfahrtsschulen. Eine Sammlung von Vorträgen. Berlin: Kranzverlag, S. 24–33.

Feustel, Adriane (2008): Die Soziale Frauenschule (1908–1945). In: 100 Jahre soziales Lehren und Lernen. Von der Sozialen Frauenschule zur Alice Salomon Hochschule Berlin. Berlin: Schibri-Verlag, S. 29–103.

Goeschel, Hans-Dieter/Sachße, Christoph (1981): Theorie und Praxis in der Sozialarbeit. Ein Rückblick auf die Anfänge sozialer Berufsausbildung. In: Sachße, Christoph/Tennstedt, Florian (Hrsg.): Jahrbuch der Sozialarbeit 4. Reinbek: Rowohlt, S. 422–443.

Hoff, Walburga (2012): Rekonstruktive Familienarbeit und „familiale Diagnosen". Zu den Familienmonographien der deutschen Akademie für soziale und pädagogische Frauenforschung. In: Miethe, Ingrid/Hoff, Walburga (Hrsg.): Forschungstraditionen der sozialen Arbeit: Materialien, Zugänge, Methoden. Opladen: Verlag Barbara Budrich, S. 221–240.

Hopf, Caroline (1997): Frauenbewegung und Pädagogik. Gertrud Bäumer zum Beispiel. Bad Heilbrunn: Verlag Julius Klinkhardt.

Kempf, Rosa (1929): Lehrplankonferenz der Wohlfahrtsschulen im Preußischen Wohlfahrtsministerium. In: Soziale Praxis und Archiv für Volkswohlfahrt 38, S. 168–170.

Kuhlmann, Carola (2007): Alice Salomon und der Beginn sozialer Berufsausbildung. Eine Biographie. Stuttgart: ibidem.

Mädchen- und Frauengruppen für soziale Hilfsarbeit in Berlin (o. J.) (Hrsg.): Denkschrift anläßlich des 10-jährigen Bestehens 1883–1903. Berlin: Selbstverlag.

Reinicke, Peter (2012): Die Ausbildungsstätten der sozialen Arbeit in Deutschland 1899–1945. Berlin: Dt. Verein für Öffentliche und Private Fürsorge (Sonderdrucke und Sonderveröffentlichungen / Deutscher Verein für Öffentliche und Private Fürsorge, 51).

Sachße, Christoph (1986): Mütterlichkeit als Beruf. Sozialarbeit, Sozialreform und Frauenbewegung. 1871–1929. Frankfurt/Main: Suhrkamp.

Salomon, Alice (1901): Settlementbewegung und Gruppen für soziale Hilfsarbeit. In: Die Jugendfürsorge. Hrsg.: Deutsche Zentrale für Jugendfürsorge. Berlin. 2. Jg., S. 453–460.

Salomon, Alice (1902): Soziale Frauenpflichten. Vorträge gehalten in deutschen Frauenvereinen. Berlin: Liebmann.

Salomon, Alice (1908): Ausbildung zur sozialen Arbeit. In: Soziale Praxis. Zentralblatt für Sozialpolitik 17, H. 49, S. 1298.

Salomon, Alice (1913): Zwanzig Jahre Soziale Hilfsarbeit. Karlsruhe: Braunsche Hofdruckerei.

Salomon, Alice (1917): Soziale Frauenbildung und Soziale Berufsarbeit. 2. Auflage. Leipzig/Berlin: Teubner.

Salomon, Alice (1925): Soziale Diagnose – ein Versuch zu einer Analyse der Ermittlung. In: Deutsche Zeitschrift für Wohlfahrtspflege 1, H. 3, S. 114–120.

Salomon, Alice (1925a): Betrachtungen zur Entwicklung der sozialen Fürsorge. In: Deutsche Zeitschrift für Wohlfahrtspflege 1, S. 3–6.

Salomon, Alice (1926): Soziale Diagnose. Berlin: Heymanns.

Salomon, Alice (1927): Die Ausbildung zum sozialen Beruf. Berlin: Heymanns.

Salomon, Alice (1928): Leitfaden der Wohlfahrtspflege. Leipzig/Berlin: Teubner.

Salomon, Alice (1929): Die deutsche Akademie für soziale und pädagogische Frauenarbeit im Gesamtaufbau des deutschen Bildungswesens. In: Deutsche Zeitschrift für Wohlfahrtspflege 5, H. 3, S. 137–144.

Schröder, Iris (2001): Arbeiten für eine bessere Welt. Frauenbewegung und Sozialreform 1890–1914. Frankfurt/Main: Campus.

Simmel, Monika (1981): Alice Salomon. Vom Dienst der bürgerlichen Tochter am Volksganzen. In: Sachße, Christoph/Tennstedt, Florian (Hrsg.): Jahrbuch der Sozialarbeit 4. Reinbek: Rowohlt, S. 369–402.

Wagner, Leonie (2018): Soziale Arbeit im Kontext der bürgerlichen Frauenbewegung. In: Graßhoff, Gunther/Renker, Anna/Schröer, Wolfgang (Hrsg.): Soziale Arbeit. Eine elementare Einführung. Wiesbaden: Springer VS, S. 259–272.

Wagner, Leonie/Wenzel, Cornelia (2009): Frauenbewegungen und Soziale Arbeit. In: Wagner, Leonie (Hrsg.): Soziale Arbeit und Soziale Bewegungen. Wiesbaden: VS-Verlag, S. 21–71.

Multiprofessionalität als Optimierungslogik des Sozialen

Daniel Rohde, Inga Truschkat, Vera Volkmann, Florian Weis

1 Multiprofessionalität – Annäherungen an eine Konzeption

Die vielfältigen Prozesse sozialen Wandels spiegeln sich momentan unter anderem in einer zunehmenden Ausdifferenzierung von Berufsfeldern und den damit verbundenen Problembearbeitungsprozessen wider. Zur Folge hat dies auch eine verstärkte Fragmentierung genau dieser Prozesse: Zuständigkeiten sind auslegungsbedürftig und vielschichtig, die verschiedenen Herausforderungen ebenfalls. Sie machen eine arbeitsteilige Bearbeitung, die oftmals als multiprofessionelle Kooperationsleistung erbracht wird, erforderlich (vgl. Bauer 2014, S. 273). Hinzu kommen neue Problemlagen, die es in den Feldern von Bildung und Sozialem zu bearbeiten gilt. Exemplarisch können in diesem Zusammenhang die Herausforderungen einer ganzheitlichen Versorgung im Bereich Gesundheit und Pflege oder aber auch die Gestaltung von Inklusion in Schulen aufgeführt werden. Vor diesem Hintergrund avanciert das Phänomen Multiprofessionalität, welches hier zunächst als ein Modus der Zusammenarbeit von verschiedenen Berufsgruppen verstanden werden soll, gegenwärtig zu einer notwendigen Strategie und nahezu unausweichlichen Lösungsformel. Als Schlagwort, das durch Zusammenführung unterschiedlicher Perspektiven und Wissensbestände auf sämtliche Problemlagen und Herausforderungen eine Antwort verspricht, wird es derzeit vermehrt als universelles Qualitätskriterium gesetzt, welches keiner weiteren Explikation bedarf. So fällt beispielsweise auf, dass der Begriff sowohl in Konzepten und Leitbildern als auch auf Homepages und Flyern, die aus den Bereichen Bildung und Soziales stammen, zum einen vielfach Verwendung findet und zum anderen vorwiegend positiv besetzt ist. Gemeinsam scheint ihnen die Intention zu sein, „[…] durch Abstimmung der Beteiligten eine Optimierung von Handlungsabläufen oder eine Erhöhung der Handlungsfähigkeit bzw. Problemlösekompetenz zu erreichen" (van Santen/Seckinger 2005, S. 208).

Dem Begriff liegt nach wie vor keine einheitliche Definition zugrunde. Die begriffliche Unklarheit und Vagheit tut seiner Bedeutung jedoch keinen Abbruch. Betrachtet man Multiprofessionalität in der Tradition pädagogischer Begriffe, geht es dabei weniger um trennscharfe Definitionen, sondern vielmehr darum, ihrer Eigenart als Begriffe mit „verschwommenen Rändern" (Wittgenstein 1971, S. 50) zu folgen. Mit Rekurs auf Lipps (1938/1976) lassen sich pädagogische Begriffe als „konzeptionelle Begriffe" beschreiben, deren Qualität insbesondere darin liegt, dass sie mehrdeutig sind und sich genau daraus ein Teil ihres Wertes generiert. Diesbezüglich formuliert Schierz zutreffend: „Das Allgemeine einer Konzeption bestimmt sich nicht durch definitorische Schärfe, sondern durch die Vielgestaltigkeit der Umgangserfahrung. […] Erst der Umgang mit der Vielgestaltigkeit und Gestreutheit des Konzipierens in einer Sammlung von Einzelbeispielen legt den Bedeutungshorizont der Begriffe aus. Konzeptionen sind dynamische Begriffe. Ihre Bedeutung ist nicht ein für alle Mal festgelegt. In der Auslegungsbedürftigkeit von Konzeptionen durch Beispiele liegt ihre Brückenfunktion" (Schierz 1997, S. 39 f.).

In diesem Beitrag soll dem Konzept von Multiprofessionalität analytisch nachgegangen werden. Anhand einer explorativ angelegten Einzelfallanalyse wird danach gefragt, welcher Bedeutungshorizont mit einem Konzept von Multiprofessionalität verbunden ist und ob beziehungsweise wie sich dies als optimierende Handlungslogik konstituiert. Hierzu soll zunächst das methodische Vorgehen erläutert und in einem diskurstheoretischen Kontext verortet werden (2). Anschließend werden durch die Analyse von drei Fallbeispielen – ausgewählt wurden ein Sportinternat, ein Hospiz und eine Ganztagsgrundschule – die diskursiven Konstruktionen von Multiprofessionalität als Optimierungslogik dargestellt (3) und abschließend unter einer gouvernementalitätstheoretischen Perspektive hinsichtlich ihrer sozialen Effekte diskutiert (4).

2   Die Analyse von Multiprofessionalität als diskursiver Gegenstand

Ausgehend von den Überlegungen, dass der pädagogische Begriff Multiprofessionalität sich stets in einem Prozess der Auslegung befindet, liegt es nahe, ihn als diskursiven Gegenstand zu begreifen. Folgt man hier Foucault, sind es Diskurse, die „[…] systematisch die Gegenstände bilden, von denen sie sprechen" (Foucault 1981, S. 74). Faktizität gewinnt das Konzept Multiprofessionalität nicht aus seiner selbst heraus. Vielmehr wird es durch die spezifische Formation an Aussagen als solches konstituiert. Das heißt, dass Foucault die soziale Wirklichkeit als diskursiv hergestellte Wirklichkeit begreift. Das Sprechen über etwas ist dabei nicht auf ein vorgängiges Phänomen bezogen. Vielmehr wird es selbst erst im Sprechen über dieses Phänomen hergestellt. Foucault betont damit auch, dass der Gegenstand eines Diskurses keine fest gefügte Einheit darstellt. Aufgabe einer Diskursanalyse ist es demnach, ebenjene Aussageformationen zu identifizieren und zu analysieren, die einen diskursiven Gegenstand konstituieren.

„Ein Formationssystem in seiner besonderen Individualität zu definieren, heißt also, einen Diskurs oder eine Gruppe von Aussagen durch die Regelmäßigkeit einer Praxis zu charakterisieren" (ebd., S. 108).

Durch die diskursive Praxis wird spezifisches Wissen über die Gegenstände konstituiert und organisiert. In diesem Sinne produzieren Diskurse auch bestimmte Wirklichkeiten. Damit einher geht die Produktion von Wahrheit, also welches Wissen als wahr gilt, was in welcher Weise gesagt werden kann und wie sich über einen bestimmten Gegenstand sprechen lässt. Zugleich sind damit aber auch Ausschlüsse verbunden, was im anderen Sinne eben nicht wahr ist und was nicht gesagt werden kann. Diskursives Wissen tritt somit stets verbunden mit einer spezifischen Form von Macht auf, weil es gleichermaßen Ein- und Ausschlüsse produziert. Nach Foucault ist Macht weder als individualistisch-intentionalistische Interessendurchsetzung zu verstehen noch als Besitz einer bestimmten Gruppe. Als komplexe strategische Situation ist sie systemisch, relational und prozessual. Sie ist weniger einschränkend und repressiv, sondern vielmehr ermöglichend und produktiv (vgl. Foucault 1983, S. 93 ff.).

Indem die explorative Analyse an dem machtvollen und wirklichkeitskonstituierenden Wissen, das mit dem Konzept von Multiprofessionalität verbunden ist, Interesse zeigt, orientiert sie sich an den Analyseperspektiven einer Wissenssoziologischen Diskursanalyse (WDA). Die WDA, wie sie von Reiner Keller entwickelt und konzipiert wurde, bezeichnet ein Forschungsprogramm, welches sich der „[...] kommunikativen Konstruktion, Stabilisierung und Transformation symbolischer Ordnungen sowie deren Folgen [...]" (Keller 2007, S. 57) widmet, die sich durch Diskurse vermitteln und ereignen. Zur Rekonstruktion dieser Wissensordnungen und deren sozialen Folgen sieht die WDA ein sequenzanalytisches Vorgehen vor. Im Sinne der sozialwissenschaftlichen Hermeneutik meint die Sequenzanalyse eine durch einzelne Textfragmente nachvollziehbare und belegbare „textspezifische Bedeutungsselektion" (Soeffner 1989, S. 71). In der allgemeinen Verwendung wird dabei jedoch von einem in sich geschlossenen Sinngehalt eines Dokuments oder eines Falls ausgegangen, dessen Bedeutung durch die Sequenzanalyse erschlossen werden soll. Im Falle einer Diskursanalyse bricht die Sequenzanalyse diese Logik hingegen auf und orientiert sich weniger an der sequenziellen Abfolge des gesamten Dokuments oder des Falls bei der Auswahl der Sequenzen. In der WDA, in der dieses Verfahren beispielsweise vor allem für die Rekonstruktion diskursiver Deutungsmuster Anwendung findet, wird in dieser Hinsicht auch von einer „selektiven Sequenzanalyse" (Keller/Truschkat 2014, S. 306) gesprochen.

Für den Textkorpus der folgenden explorativen Sequenzanalyse wurde auf Selbstpräsentationen von verschiedenen pädagogischen und sozialen Einrichtungen zurückgegriffen. Das zugrunde liegende Sampling besteht aus Flyern beziehungsweise Internetauftritten eines Sportinternats, eines Palliativzentrums und einer Ganztagsgrundschule. Sie sind als exemplarische Vertreter*innen von Feldern zu verstehen, in denen multiprofessionelle Zusammenarbeit in besonderer Weise zum Tragen kommt. In allen drei Fällen handelt es sich um Institutionen mit hoher lebensweltlicher Relevanz und einem in der Regel zeitlich längeren Aufenthalt, der darüber hinaus auch eine hohe Intensität aufweist. Mit Blick auf die jeweiligen spezifischen Hintergründe sollen arbeitsteilige Problembearbeitungsstrategien in diesen Einrichtungen dazu beitragen, „[...] den lebensweltlich generierten Bedürfnissen und Ansprüchen der AdressatInnen besser gerecht [zu] werden" (Bauer 2014, S. 274). Neben dieser minimalen Kontrastierung weisen die ausgewählten Fälle ferner auch einen maximalen Kontrast auf. So unterscheiden sich die ausgewählten Institutionen grundlegend hinsichtlich der Zielausrichtungen, der pädagogischen Interventionen oder der Adressat*innenkreise.

Ausgehend von den Selbstpräsentationen der drei Institutionen in Form von zwei Flyern und einer Internetseite sollen im Folgenden ausgewählte Sequenzen feinanalytisch interpretiert und somit sukzessive analytische Verdichtungen hinsichtlich einer multiprofessionellen Optimierungslogik des jeweiligen Falls vorgenommen werden. Abschließend werden die Fälle dann in einem weiteren Schritt zueinander in Beziehung gesetzt, womit aus einer gouvernementalitätstheoretischen Perspektive die sozialen Effekte dieser Optimierungslogik analytisch herausgearbeitet werden.

3 Analytische Betrachtung einer multiprofessionellen Optimierungslogik in pädagogischen und sozialen Einrichtungen

Sportinternat Hamburg am Olympiastützpunkt Hamburg/Schleswig-Holstein

Ausgangspunkt der nachfolgenden Analyse stellt ein Flyer des Sportinternats Hamburg, einer Einrichtung am Olympiastützpunkt der Bundesländer Hamburg und Schleswig-Holstein, dar. Herausgegeben im März 2017 ist er in gedruckter und in digitaler Form verfügbar. Die gedruckte Variante liegt im DIN-A4-Querformat als sogenannter Wickelfalzflyer vor. Durch paralleles Falzen des Papierbogens an zwei Kanten entstehen insgesamt sechs Seiten, drei Innen- und drei Außenseiten. Ineinandergeklappt ergibt sich eine logische Reihenfolge und Leserichtung. Eine digitale Fassung kann demgegenüber als zweiseitiges Dokument, ebenfalls im DIN-A4-Querformat, auf der Website der Einrichtung unter „Downloads" heruntergeladen werden. Für diesen Beitrag soll als Arbeitsgrundlage ausschließlich die gedruckte Version herangezogen werden, da hier der inhaltliche Aufbau durch den Falz besser zur Geltung kommt. Alle nachfolgend zitierten Inhalte stammen aus dieser Veröffentlichung (vgl. Olympiastützpunkt Hamburg/Schleswig Holstein 2017).

Auf dem Deckblatt des geschlossenen Flyers sticht als Blickfang zunächst ein großes Bild hervor. Es ist mittig angeordnet und nimmt etwa die Hälfte der gesamten Seite ein. Zu sehen sind mehrere junge Menschen, die unbeschwert an einem großen Tisch sitzen und gemeinsam frühstücken. Die Szene vermittelt ein Gefühl gemeinschaftlicher Verbundenheit. Unmittelbar über dem Foto stehen dezent in klein gehaltenen Großbuchstaben die Wörter „OLYMPIASTÜTZPUNKT" und „HAMBURG/SCHLESWIG-HOLSTEIN" geschrieben. Sie werden durch das Logo des Olympiastützpunkts ergänzt. Unter dem zentral angeordneten Bild befindet sich der Titel des Deckblatts, „SPORTINTERNAT HAMBURG", ebenfalls in Großbuchstaben, allerdings in markanter Größe. Im unteren Bereich der Seite hat man mit „Trainieren am Bundesstützpunkt", „Wohnen im Sportinternat" und „Lernen an der Eliteschule des Sports" noch drei weitere Punkte angeordnet. Sie sind fett gedruckt – allerdings nicht in Majuskeln gesetzt – und werden nacheinander aufgeführt. Auf den nachfolgenden Seiten des Flyers finden sie mehrmals wieder Verwendung.

Durch ein Aufklappen des Wickelfalzflyers kommen dessen drei Innenseiten, die Seiten zwei, drei und vier, zum Vorschein. Auf diesen sind insgesamt fünf Textpassagen platziert, die, durch Teilüberschriften gegliedert, in unterschiedlichem Umfang und mit verschiedenen thematischen Schwerpunktsetzungen über das Sportinternat informieren. So erfahren die Leser*innen auf der zweiten Seite beispielsweise etwas über das „VERBUNDSYSTEM SCHULELEISTUNGSSPORT" sowie das „TRAINIEREN AM BUNDESSTÜTZPUNKT", auf der dritten Seite etwas über das „LERNEN AN DER ELITESCHULE DES SPORTS" sowie das „WOHNEN IM SPORTINTERNAT" und auf der vierten Seite etwas über die „AUFNAHME IN DAS SPORTINTERNAT". Unklar bleiben zunächst die Adressat*innen der hier präsentierten Inhalte. In den einzelnen Textabschnitten lassen sich diesbezüglich keine direkten Hinweise finden. Niemand wird explizit angesprochen. Ferner fallen auf den drei Innenseiten noch mehrere kleine Bilder, die am oberen Rand seitenübergreifend aneinandergereiht wurden, ins Auge. Unterlegt in den Farben Schwarz, Blau, Rot, Grün und Gelb, die Farben der olympischen Ringe, lassen sich auf den Fotos von links nach rechts die Sportarten Beachvolleyball, Rudern, Schwimmen, Hockey und Segeln in ihrer Ausübung erkennen.

Durch das Einklappen von Seite vier tritt Seite fünf in Erscheinung. Unter der Überschrift „GESICHTER DES SPORTINTERNATS" sind auf dieser nacheinander drei Athlet*innen abgebildet. Ergänzt wird das Ganze durch ihre Namen, die Erfolge in ihrer persönlichen Sportart und die derzeitige Verweildauer auf dem Sportinternat.

Auf der letzten Seite, der Seite sechs, wurde am oberen Rand die Seitenüberschrift „ANSPRECHPARTNER UND BEWERBUNG" platziert. Darunter lassen sich die Kontaktdaten der „Internatsleitung" und der „Laufbahnberatung" finden. Spätestens hier wird klar, dass der Flyer sich an potenzielle Nachwuchsathlet*innen beziehungsweise auch an deren Erziehungsberechtigten richtet, um diese sowohl für das Sportinternat als auch für den Olympiastützpunkt zu gewinnen. Abschließend werden im letzten Abschnitt, beginnend ab der Seitenmitte, noch ein „Offizieller Hauptsponsor", ein „Offizieller Ausrüster" und weitere Förderer anhand ihrer Logos vorgestellt.

Die analytische Betrachtung des Flyers macht deutlich, dass auf den Seiten zwei, drei und vier mit „Trainieren am Bundesstützpunkt", „Lernen an der Eliteschule des Sports" und „Wohnen im Sportinternat" nacheinander drei elementare Teilsysteme vorgestellt werden. Zusammen bilden sie das „Verbundsystem Schule-Leistungssport". Eine Koordinierung der verschiedenen Teilbereiche wird exemplarisch im Textabschnitt „LERNEN AN DER ELITESCHULE DES SPORTS" auf Seite drei erkennbar. An der „Eliteschule des Sports an der Stadtteilschule Alter Teichweg", einer von mehreren Kooperationspartnern des Sportinternats Hamburg, wurden spezielle „Sportklassen" installiert. Auf diese Weise verbinden sich die „[…] schulische Ausbildung und die Erfordernisse des Trainings- und Wettkampfbetriebes bestmöglich [...]". In den Sportklassen werden „[…] Vormittagseinheiten in den Stundenplan integriert [...]" und ein „[…] Sportklassenkoordinator sorgt für die optimale Organisation von sportlichen Freistellungen und schulischen Anforderungen". Demgegenüber wird für den spezifischen Bereich „Trainieren" aufgeführt: „Training und sportliche Entwicklung sind Aufgabe der qualifizierten hauptamtlichen Trainer und der kooperierenden sportlichen Fachverbände." Aufgaben, Zuständigkeiten und Verantwortungsbereiche sind im „Verbundsystem Schule-Leistungssport" demnach klar definiert. Das System zeichnet sich damit also weniger durch Kooperationsbeziehungen auf der Arbeitsebene von professionell Tätigen aus, wie es im Kontext von Multiprofessionalität oftmals diskutiert wird. Vielmehr ist es geprägt durch eine zeitliche, räumliche und damit „optimale" Kopplung der verschiedenen Teilsysteme. Diese umfassen letztlich die komplette lebensweltliche Breite der Nachwuchsathlet*innen: „An sieben Tagen in der Woche findet eine 24-Stunden-Betreung [sic!] statt."

Diese lebensweltliche Breite des „Verbundsystems Schule-Leistungssport" lässt sich im analysierten Flyer auch noch an weiteren Stellen finden, beispielsweise auf Seite zwei: „Den Sportlerinnen und Sportlern werden hier Rahmenbedingungen geboten, in denen das tägliche Training, die schulische Ausbildung und die Persönlichkeitsentwicklung bestmöglich miteinander kombiniert werden können." Mit dem Begriff der „Rahmenbedingungen" wird hier eine strukturelle Perspektive auf die Überbrückung und Abstimmung verschiedener lebensweltlicher Bereiche verstärkt. Neben den drei Bereichen „Trainieren", „Lernen" und „Wohnen" wird an dieser Stelle zusätzlich noch der Bereich der „Persönlichkeitsentwicklung" eingeführt. Es wird hervorgehoben, dass die strukturellen Rahmenbedingungen immer auf die Entwicklung der Nachwuchs-athlet*innen ausgerichtet sein und allumfassend wirken sollen.

Die strukturelle Optimierungslogik, wie sie hier vorgefunden werden kann, ist zudem an einen hohen Grad der Exklusivität gekoppelt. Das Sportinternat Hamburg am Olympiastützpunkt Hamburg/Schleswig-Holstein, dies lässt sich konstatieren, stellt eine hochselektive Bildungs- und Fördereinrichtung dar. Dieser Anspruch spiegelt sich beispielsweise schon in der Bezeichnung eines Teilbereichs als „Eliteschule des Sports" wider. Die Aufnahme erfolgt durch ein streng reglementiertes Verfahren, welches auf Seite vier unter der Teilüberschrift „AUFNAHME IN DAS SPORTINTERNAT" genauer erläutert wird: „Über die Aufnahme entscheidet ein Gremium aus Vertretern des Olympiastützpunktes, des Sportinternats und der Eliteschule des Sports nach sportfachlichem Ranking der kooperierenden Sport-Fachverbände." Erkennen lässt sich, dass die endgültige Entscheidungskompetenz über die Aufnahme vor allem aufseiten der drei Subeinheiten „Trainieren", „Lernen" und „Wohnen" beziehungsweise deren Vertreter*innen liegt. Auch für Probetage am Sportinternat haben die Nachwuchssportler*innen der Sportarten Badminton, Beachvolleyball, Schwimmen und Hockey bestimmte Voraussetzungen zu erfüllen. Hierüber entscheiden die „Landestrainer der kooperierenden Sport-Fachverbände".[1] Um einen Zugang zu erhalten, müssen sich die Sportler*innen folglich dem Regime dieser Instanzen unterwerfen. Gleichzeitig impliziert dies eine Aufwärtsbewegung zur sogenannten „Elite". Exklusivität wird damit hergestellt und aufrechterhalten.

Insgesamt wird deutlich, dass hier die Konstruktion einer lebensweltlich abgestimmten und allumfassenden Optimierungsstruktur hergestellt wird. Durch das Sportinternat Hamburg wird das Leben junger Nachwuchsathlet*innen auf allen Ebenen ganzheitlich optimiert. Ideale Rahmenbedingungen fördern und ermöglichen ihren sportlichen Erfolg sowie ihre schulische und persönliche Entwicklung. Die Struktur der Einrichtung zielt somit auf eine bestmögliche Zurichtung der Subjekte. Indem diese strukturelle Zurichtungspraxis eine hohe Selektivität aufweist, werden hierdurch diejenigen Subjekte adressiert, welche die körperlichen und sonstigen Voraussetzungen dafür mitbringen. Ein Zugang ermöglicht ihnen, diese Struktur bestmöglich beziehungsweise optimal im Sinne einer Selbstoptimierung zu nutzen. Dadurch, dass die Strukturen und Voraussetzungen im Sinne einer Zurichtungspraxis vollends optimiert sind, wird ein Scheitern oder ein Misserfolg stets als individuelles Problem aufseiten der Adressat*innen impliziert.

---

1   Die weiteren Zugangskriterien finden sich oben auf Seite vier: Mindestalter von 14 Jahren sowie eine „sehr gute sportliche Perspektive" in den entsprechenden Sportarten mit Aufnahmepriorität bei „Athleten mit Bundeskaderstatus". Schließlich sind auch bestimmte schulische Leistungen, die das Erreichen des Abiturs zum Ziel haben, gefordert. Das Ganze ist durch ein Einreichen der letzten drei Zeugnisse zu belegen.

Das Palliativzentrum Hildegard, eine Klinik zur Palliativversorgung in der Schweizer Stadt Basel, präsentiert sich in einem im Jahr 2016 veröffentlichten Flyer. Dieses Dokument liegt, identisch zum Sportinternat Hamburg, in zwei verschiedenen Ausführungen vor. Eine gedruckte Version ist als achtseitiger Wickelfalzflyer verfügbar. Dadurch, dass der Papierbogen an drei Kanten parallel gefalzt ist, kommen insgesamt vier Innen- und vier Außenseiten zustande. Auch sie ergeben ineinandergeklappt eine logische Reihenfolge und Leserichtung. Darüber hinaus ist der Flyer ebenfalls digital als zweiseitiges Dokument abrufbar. Er kann auf der Homepage des Zentrums unter der Rubrik „Spenden" als „Spendenflyer" heruntergeladen werden. Obwohl in beiden Fassungen die inhaltliche und die grafische Gestaltung identisch ist, kommen sie in der gedruckten Variante aufgrund des Wickelfalzes deutlicher zur Geltung. Sie bildet daher den Ausgangspunkt der nachfolgenden Beschreibung und Analyse. Alle nachfolgend zitierten Inhalte stammen aus dieser Veröffentlichung (vgl. Hildegard-Hospiz Stiftung 2016).

Die erste Seite des geschlossenen Wickelfalzflyers stellt im Grunde genommen dessen Deckblatt dar. Zu großen Teilen in einem hellen Grauton unterlegt, ist es insgesamt eher schlicht und dezent gehalten. Der meiste Platz bleibt ungenutzt. Im oberen Bereich sticht mit „HILDEGARD", gesetzt in orangen Großbuchstaben, deutlich der Name der Einrichtung und somit des Herausgebers dieses Dokuments hervor. Unmittelbar darunter, in kleineren grauen Lettern, steht „STIFTUNG | SEIT 1983" geschrieben. In Kombination wirkt dies wie ein Logo. Darunter wurden über die gesamte Seitenbreite mit unterschiedlichen Motiven drei kleinere Farbfotos aneinandergereiht. Während sich auf dem linken Bild ein Wegweiser, wahrscheinlich aus dem Inneren der Klinik, erkennen lässt, ist in der Mitte ein metallenes Objekt, offensichtlich ein Eimer, angedeutet. Demgegenüber sieht man auf dem rechten Foto eine jüngere Frau, die freundlich lächelt. Sie trägt weiße Kleidung. Vermutlich handelt es sich bei ihr um eine Mitarbeiterin aus dem medizinischen Bereich des Palliativzentrums. Darunter wurde ein relativ kurzer Textabschnitt, ausschließlich in Großbuchstaben, platziert. Während die Wörter „IHRE SPENDE AN DAS PALLIATIVZENTRUM" in einer grauen Schriftfarbe untersetzt sind, wurde beim Zusatz „EIN BEITRAG AN DIE LEBENSQUALITÄT SCHWER KRANKER MENSCHEN" erneut die Farbe Orange verwendet. Das Dokument richtet sich dementsprechend an potenzielle Spender*innen und adressiert diese direkt. Am unteren Rand, ebenfalls zweifarbig, dieses Mal allerdings in einer sehr kleinen Schriftgröße, ist „HILDEGARD STIFTUNG | SEIT 1983" zu lesen.

Durch ein Öffnen des Flyers kommen die vier Innenseiten zum Vorschein. Die Seiten zwei, drei und vier ähneln sich in ihrem Aufbau sowie der Anordnung der verschiedenen Elemente. Unter anderem enthalten die jeweiligen Seitenköpfe zweizeilige Überschriften. In Großbuchstaben sind sie erneut in den Farben Grau und Orange gehalten. Nacheinander ist „IHR BEITRAG AN DIE MENSCHLICHKEIT. WEM IHRE SPENDE HILFT", „IHR BEITRAG AN DIE LEBENSFREUDE. WAS WIR TUN KÖNNEN" und „IHR BEITRAG AN DIE BETREUUNG. WOFÜR WIR UNS EINSETZEN" zu lesen. Unter den einzelnen Überschriften lässt sich auf jeder der drei Seiten ein Foto finden. Die Motive sind verschieden. Das Bild auf Seite zwei zeigt beispielsweise die Außenansicht des Gebäudes. Demgegenüber gibt das Foto auf der dritten Seite einen Einblick in das Gebäudeinnere. Zu sehen ist ein langer Raum, in welchem sich überwiegend ältere Menschen aufhalten, bei denen es sich offenbar um Patient*innen handelt. Sie haben an mehreren Tischen Platz genommen und sind dort mit ganz unterschiedlichen Dingen beschäftigt. Die Situation wirkt entspannt und unbeschwert. Auf der nachfolgenden Seite ist wiederum eine größere Gruppe abgebildet. Das Motiv wurde aus der Vogelperspektive aufgenommen. Die einzelnen Personen stehen eng beieinander. Offensichtlich sind dies die Mitarbeiter*innen der Einrichtung. Einige tragen kliniktypische Kleidung. Ferner wurde auf den Seiten zwei, drei und vier im Bereich unter den Bildern reichlich Text angeordnet. In den jeweils drei Absätzen lassen sich komprimierte Informationen zum Palliativzentrum und der dortigen Arbeit finden. Thematisch werden dabei ganz unterschiedliche Ebenen angeschnitten. Die letzte Innenseite, Seite fünf, unterscheidet sich hiervon maßgeblich. Der freie Platz wurde für einen vorgefertigten Überweisungsträger genutzt.

Durch ein Umklappen der Seite fünf gelangen die Betrachter*innen auf die Seite sechs des Wickelfalzflyers. Diese ist weitgehend leer. Platziert wurde im unteren Bereich lediglich der Satz „Im Namen unserer Patientinnen und Patienten danken wir Ihnen herzlich für Ihre Spende".

Die sich anschließende Seite sieben ähnelt in ihrem Aufbau sowie der Anordnung verschiedener Komponenten wiederum den Seiten zwei, drei und vier. So lässt sich im oberen Bereich beispielsweise die zweizeilige Überschrift „IHR BEITRAG AN DIE ZUKUNFT EINER TRADITION. WIE WIR IHRE SPENDE VERWENDEN" finden. Sie ist ebenfalls in Großbuchstaben und den Farben Orange sowie Grau gehalten. In dem darunterliegenden Foto wird erneut ein Blick in das Gebäudeinnere der Klinik gewährt. Zu sehen ist ein sehr geräumiger Flur. Er wirkt recht ordentlich, jedoch keineswegs steril. Abschließend wurde ein Textabschnitt, erneut aus drei Absätzen bestehend, platziert. Es wird transparent gemacht, wofür man die Spenden verwendet und warum die Einrichtung auf diese überhaupt angewiesen ist.

Die letzte Seite des geschlossenen Wickelfalzflyers, die Seite acht, stellt gewissermaßen dessen Rückseite dar. Unterlegt in einem hellen Grauton ist sie größtenteils leer. Analog zum Deckblatt wurden auch hier im oberen Bereich über die gesamte Seitenbreite nebeneinander drei kleinere Farbfotos mit verschiedenen Motiven angeordnet. Links sind die Hände zweier Menschen zu sehen. Die eine Hand liegt zart auf der anderen. Auf dem Bild rechts daneben sticht eine Pflanze hervor. Das letzte Foto in der Reihe lässt erneut einen Wegweiser aus dem Inneren der Klinik erkennen. Ansonsten wurde am unteren Rand noch das Impressum der Einrichtung platziert.

Im Gegensatz zum Beispiel des Sportinternats wird im Fall des Palliativzentrums explizit von Multiprofessionalität gesprochen. Für dieses Verständnis von Multiprofessionalität scheinen offenbar vielfältige Wissensformen nötig zu sein. Die Patient*innen und deren Angehörige werden, wie man auf Seite zwei hervorhebt, mithilfe von „[…] modernen medizinischen, pflegerischen und therapeutischen Methoden [...]" begleitet. Ergänzend wird, ebenfalls auf Seite zwei benannt, auch eine „[…] psychosoziale und spirituelle Unterstützung [...]" angeboten. An dieser Stelle zeigt sich also eine Idee von Ganzheitlichkeit. Der Semantik des Textes folgend ist für alle vermeintlichen Bedürfnisse der Adressat*innen ein „[…] interdisziplinäres und multiprofessionelles Team [...]" notwendig. Schlussfolgern lässt sich, dass die im Flyer aufgeführten „Methoden" nicht durch einzelne Professionen, sondern vom gesamten Team ausgeführt werden. Die Strategie ist also nicht im Entwurf von einzelnen Zuständigkeiten, in denen „medizinisch", „pflegerisch", „therapeutisch", „psychosozial" oder „spirituell" gehandelt wird, zu sehen. Vielmehr besteht sie aus Maßnahmen der verschiedenen Wissensbereiche. So heißt es mit Blick auf die Belegschaft der Klinik im ersten Absatz des Textabschnitts auf Seite vier beispielsweise: „Unser interdisziplinäres, multiprofessionelles Team steht im permanenten Austausch, um die medizinischen, pflegerischen und therapeutischen Massnahmen optimal umzusetzen und stetig den Gegebenheiten anzupassen." Obwohl die Multiprofessionalität und Interdisziplinarität des Teams an dieser Stelle direkt aufgeführt wird, erfährt man nichts Genaueres über die vertretenen Disziplinen oder Professionen. Vielmehr werden mit den „medizinischen, pflegerischen und therapeutischen Massnahmen" einzelne Bestandteile des klinischen Alltags benannt und ausdifferenziert. Die hier hervorgebrachte Strategie besteht in einer bestmöglichen Umsetzung dieser „Massnahmen". Im Gegensatz zur zeitlich-räumlichen Strukturierung, die für das Sportinternat herausgearbeitet werden konnte, wird hier ein andauernder Prozess des Austausches im Team postuliert. Zugleich setzt diese Vorgehensweise aber auch eine stetige Anpassung an die „Gegebenheiten" voraus. Deutlich wird, dass Multiprofessionalität in diesem Kontext eine flexible Anpassungsstruktur meint, die eine stetige Optimierung eines Prozesses zum Ziel hat.

Diese Anpassungsstruktur wird unter anderem auch durch eine spezifische Haltung des Personals hergestellt. Entsprechende Anforderungen lassen sich auf Seite vier finden: „Wir legen grossen Wert auf gut ausgebildetes und motiviertes Personal und unterstützen dessen Weiter- und Fortbildung. Hohe Motivation und Empathie sind die Grundvoraussetzung für die Arbeit im Bereich

Palliative Care." Deutlich wird, dass für die Arbeit im Palliativzentrum eine gute Ausbildung allein offenbar nicht ausreichend ist. Zum einen ist es das Angetriebensein für die tägliche Arbeit, welches hier als spezifische Anforderung gesetzt wird. Zum anderen stellt aber auch die Bereitschaft und Fähigkeit, sich in andere Menschen einzufühlen, eine besondere Voraussetzung dar. Es handelt sich somit um einen kontinuierlichen Optimierungsprozess, was nicht zuletzt durch die Betonung, dass Weiter- und Fortbildungen von der Einrichtung ausdrücklich gefördert werden, untermauert wird. Somit zeigen sich auch hierin Flexibilitätsansprüche an das Personal des Palliativzentrums.

Wie unter anderem auf Seite zwei deutlich wird, orientiert sich die Ausrichtung dieser flexiblen multiprofessionellen Struktur stets an den Bedürfnissen der Adressat*innen: „Aus Respekt vor dem Menschen orientiert sich unsere Arbeit immer an den individuellen Bedürfnissen und Wünschen der erkrankten Person und nicht an der medizinischen Machbarkeit." Die Struktur ist folglich explizit an den Subjekten ausgerichtet, die in der Einrichtung begleitet werden. Dabei erfolgt eine Adressierung als „erkrankte Personen". An einer anderen Stelle ist auf Seite zwei auch von Menschen „[…] mit komplexen fortschreitenden oder unheilbaren Krankheiten" die Rede. Ähnlich wie bei dem Sportinternat wird also auch hier ein selektiver Adressat*innenkreis konstituiert, der im Kontext einer multiprofessionellen Struktur umfassend bearbeitet wird. Im Gegensatz zum Sportinternat werden hier jedoch keine leistungsbezogenen Anforderungen, sondern Kriterien der Bedürftigkeit gesetzt. In strukturell ähnlicher Weise ist das Ziel einer multiprofessionellen Bearbeitung allerdings ebenfalls in einer Optimierung der Adressat*innen zu sehen. So lässt sich auf Seite drei folgende Passage finden: „Palliative Care hat zum Ziel, die bestmögliche Lebensqualität und Lebensfreude zu erhalten oder wieder aufzubauen, wo sie von einer Krankheit bedroht oder zerstört wurde." Deutlich wird, dass die flexible multiprofessionelle Struktur zielgerichtet ist und den Aufbau sowie den Erhalt „[…] bestmöglicher Lebensqualität und Lebensfreude […]" verfolgt. Somit wird auch hier eine Optimierung der Ausgangslage angestrebt, die, analog zum Sportinternat, nicht nur hinreichend, sondern eben „bestmöglich" erfolgen soll. Den adressierten Subjekten, das wird in einem Textabschnitt auf Seite drei unterstrichen, kommt dabei ebenfalls eine besondere Rolle zu: „Durch das medizinische Wissen, die menschliche Nähe und die Bereitschaft, auf Wünsche einzugehen, bieten wir das Umfeld, in dem erkrankte Menschen ohne Angst vor dem Morgen die nächsten Schritte planen können." Für das Erreichen des Optimums – hier die „bestmögliche Lebensqualität" – wird der erkrankten Person an diesem Punkt eine aktive Verantwortlichkeit zugesprochen. Es wird mit dieser Adressierung ein Subjekt konstituiert, welches zum einen angstfrei sein soll und zum anderen aktiv sowie planend den eigenen Weg gestaltet. Die flexible und an den Wünschen der Adressat*innen orientierte multiprofessionelle Struktur, das ließe sich schlussfolgern, dient somit einer

Selbstoptimierung. Nur wenn diese Struktur optimiert ist, kann auch eine Selbstoptimierung der Adressat*innen erfolgreich sein. Angst oder Orientierungslosigkeit wären dann hingegen Ausdruck der individuell mangelhaften Nutzung der gegebenen Rahmenbedingungen.

Insgesamt wird deutlich, dass auch hier eine Optimierungsstruktur geschaffen wird, die ebenfalls auf eine sich selbst optimierende Subjektposition gerichtet ist. Im Gegensatz zum Sportinternat konstituiert sich im Fall des Palliativzentrums jedoch keine Zurichtungspraxis als zeitlich-räumliche Struktur. Vielmehr sind es hier flexible und anpassungsfähige Rahmenbedingungen, die sich an dem zu bearbeitenden Subjekt selbst ausrichten. Dadurch wird die Verantwortlichkeit für eine bestmögliche Selbstoptimierung noch einmal deutlicher an das Individuum, welches von diesen Strukturen profitieren soll, delegiert.

Friedrich-Wöhler-Schule

Im Gegensatz zum Palliativzentrum und zum Sportinternat wird im Folgenden nicht auf einen Flyer, sondern auf die Website einer hessischen Grundschule mit Ganztagskonzept, der Friedrich-Wöhler-Schule in Kassel, zurückgegriffen. Die Seite, www.friedrichwoehlerschule.de, ist insgesamt recht übersichtlich gestaltet. Die Struktur wird bereits auf den ersten Blick deutlich. Auf der linken Seite lässt sich das Hauptmenü beziehungsweise die Navigation finden. Mit „Startseite", „Unsere Schule", „Pädagogische Schwerpunkte", „Unterricht" oder „Evaluation", um nur einige exemplarisch zu nennen, sind hier untereinander verschiedene Stichwörter aufgelistet. Durch das Klicken auf einen dieser Reiter gelangen die Nutzer*innen auf eine der entsprechenden Unterseiten. Für die nachfolgende Analyse wurden ausschließlich die Inhalte des Reiters „Multiprofessionelle Zusammenarbeit" in den Blick genommen. Alle nachfolgend zitierten Inhalte sind diesem entnommen (vgl. Friedrich-Wöhler-Schule o. J.).

Die ausgewählte Unterseite ist in mehrere Abschnitte gegliedert. Im oberen Bereich befindet sich, wie auf allen Unterseiten der Website, neben dem Namen der Schule, gehalten in großen Buchstaben, auch eine rudimentäre Zeichnung. Darunter wurden die Teilüberschrift „Multiprofessionelle Zusammenarbeit" und ein „Afrikanisches Sprichwort" platziert. Nach diesem Seitenkopf folgen zwei längere Textabschnitte und schließlich eine Tabelle. Hinweise auf die Zielgruppe lassen sich nicht finden. Weder Schüler*innen noch deren Erziehungsberechtigten werden im Text direkt adressiert oder angesprochen. Vielmehr werden Formulierungen wie „die Kinder", „die Schülerschaft" oder „die Eltern" verwendet. Auch die Autor*innenschaft bleibt unbestimmt. Festzuhalten gilt allerdings, dass der Text für die Website einer Grundschule recht anspruchsvoll gehalten ist.

Zunächst genauer zum Seitenkopf: Unter dem Namen der Schule, der hier gewissermaßen als zentrale Überschrift dient, fällt ein Bild ins Auge. Anzunehmen ist, dass es sich hierbei um das Schullogo handelt. Es wirkt selbst gezeichnet, wie aus Kinderhand. Zu sehen sind vier gleich große Personen, die neben einem Haus stehen. Sie tragen bunte Kleidung, lachen und wirken glücklich. Um wen es sich bei den dargestellten Personen handelt, lässt sich nicht wirklich erschließen. Unter der Zeichnung weist die Teilüberschrift „Multiprofessionelle Zusammenarbeit" auf das eigentliche Thema dieser Unterseite hin. Ein „Afrikanisches Sprichwort", „Wenn viele Menschen gemeinsam gehen, entsteht ein Weg", das an dieser Stelle in kursiver Schriftart platziert wurde, deutet bereits an, dass Multiprofessionalität an der Schule als aktive Praktik einzelner Akteur*innen aufgefasst und durch diese kollektiv hergestellt wird. Die Formulierung „lebendige Schule", die zu Beginn des nachfolgenden Textabschnitts verwendet wird, unterstreicht dies noch einmal. „Multiprofessionelle Zusammenarbeit" an der Friedrich-Wöhler-Schule, das lässt sich schlussfolgern, erfordert eine aktive Mitgestaltung durch die gesamte „Schulgemeinde". Zu dieser gehören neben dem „multiprofessionellen Kollegium" auch die Schüler*innen und deren Erziehungsberechtigten. Alle haben sich zu beteiligen. Obwohl die verschiedenen Mitarbeiter*innen an dieser Stelle recht allgemein zum „multiprofessionellen Kollegium" zusammengefasst werden, folgt im weiteren Text eine deutliche Ausdifferenzierung. So gibt es ein „pädagogisches Team" und „Unterstützende Assistenzkräfte". Sie werden klar voneinander abgegrenzt. Für beide Gruppen folgt dann eine detaillierte Aufzählung. Das „pädagogische Team" besteht aus „Lehrkräften für Grund- und Förderschule mit erstem und zweitem Staatsexamen", „Erzieherinnen" und „Sozialpädagoginnen". Die „Unterstützenden Assistenzkräfte" bestehen demgegenüber aus „Praktikantinnen der Universitäten", „junge[n] Menschen im freiwilligen Sozialen Jahr", „Sozialassistenzen" und „Erzieherinnen in der Ausbildung". Hinzukommend wird eine „enge Zusammenarbeit mit weiteren Fachleuten" aufgeführt, die aufgrund der „Heterogenität der Schülerschaft" nötig wird. Genannt werden in diesem Zusammenhang „Ergo- und Physiotherapeut/innen", „Logopäden/innen", „Psychologen/innen" sowie „Mitarbeitende kommunaler Dienste". Über die Form beziehungsweise den Modus der Zusammenarbeit erfährt man an dieser Stelle hingegen nichts mehr. Damit wirkt die Aufzählung des schulischen Personals anhand von Berufsbezeichnungen, deren Reihenfolge gleichsam auf eine gewisse hierarchische Struktur hindeutet, ziemlich bürokratisiert.

Die „Multiprofessionelle Zusammenarbeit", so wird im Weiteren deutlich, zeichnet sich an dieser Schule durch ein spezifisches interdisziplinäres Instrumentarium aus: „Die multiprofessionellen Teams stehen im regelmäßigen Austausch über die einzelnen Kinder und deren individuelle Fördermöglichkeiten. Die Lernentwicklung jedes Kindes, die u. a. durch Wochenplanarbeit, Stationenlernen, Projektunterricht, Fachunterricht, Individueller [sic!] Lernzeit, Diagnostik, Förderband und Leben im Ganztag sichtbar wird, dient dem für die weitere Förderplanung." Für die Herstellung des inklusiven Ganztags erscheinen „multiprofessionelle Teams" als Teil eines Werkzeugkastens zur Problembearbeitung. Die Individualität und Verschiedenheit der einzelnen Schüler*innen wird zunächst vorausgesetzt und anerkannt. Sie ist a priori Teil der schulischen Realität. Interessant ist hier, dass neben den einzelnen Maßnahmen auch eine lebensweltliche Perspektive eröffnet wird, die hier als „Leben im Ganztag" bezeichnet wird. Die „multiprofessionellen Teams" sind somit auf eine ganzheitliche Bearbeitung der Schüler*innen ausgerichtet, die hier vor allem auf das Konstrukt der „Förderung" abzielt. Zugleich wird durch den Verweis auf die Planung dieser „Förderung" erneut das gezielte Intervenieren deutlich. Insgesamt erscheint die multiprofessionelle Bearbeitung der Kinder als ein technisches Strukturprinzip: „An unserem Standort arbeiten die unterschiedlichen Professionen daran, individuelle Förderung und Forderung im Unterricht und im Ganztag umzusetzen. Das setzt eine multiprofessionelle und gute Zusammenarbeit voraus. Die gleiche Haltung zum Kind ist hierfür Voraussetzung." Auch hier wird „individuelle Förderung und Forderung" mit „unterschiedlichen Professionen" beziehungsweise multiprofessioneller Zusammenarbeit verknüpft. So erscheint Multiprofessionalität als angemessene Antwort auf die Heterogenität der Schüler*innen, die hier gefördert und gefordert werden sollen. Der Individualität der Kinder stehen somit unterschiedliche Professionen gegenüber, die multiprofessionell zusammenarbeiten müssen. Sprachlich wird Multiprofessionalität damit zu einer fast unausweichlichen Notwendigkeit des Schulbetriebs erhoben. Herausforderungen wie Heterogenität, Vielfalt und Individualität sollen durch sie technisch gelöst werden. Der Text kennt dahin gehend auch eine kollektivierende Seite. Aufführen lassen sich in diesem Kontext die „gleiche Haltung zum Kind" oder der „Weg", welcher, um in den Worten des „afrikanischen Sprichworts" vom Anfang zu bleiben, durch ein gemeinsames Gehen entstehen soll. Markant ist hier, dass die multiprofessionelle Intervention sowohl auf das „Fördern" als auch das „Fordern" gerichtet ist. Dahin gehend fällt eine Anlehnung an die Parole „Fördern und Fordern" der aktivierenden Sozial- und Arbeitsmarktpolitik ins Auge, die 2006 ihren Weg in die „Gemeinsame Erklärung der Bildungs- und Lehrergewerkschaften und der Kultusministerkonferenz" fand. Vor diesem Hintergrund wird deutlich, dass Multiprofessionalität als strukturelles Prinzip der Aktivierung genutzt wird. Sie soll eine individuelle Förderung ermöglichen und ist zugleich mit klaren Zielvorstellungen verbunden. „Die Kinder sollen dabei zu Akteuren ihres eigenen Lernens werden und Verantwortung für ihren Lernprozess übernehmen", wie es auf der Unterseite „Multiprofessionelle Zusammenarbeit" geschrieben steht. Auch hier zeigt sich, dass die multiprofessionelle Intervention, analog zu den vorangegangenen zwei Fallbeispielen, letztendlich auf eine Selbstoptimierung des Subjekts ausgerichtet ist. Im Kontext der Ganztagsschule geht es somit ebenfalls darum, die Aktivierung eines selbstsorgenden und selbstgesteuerten Subjekts im Sinne der Gemeinschaft zu entwerfen. Um eine Aktivierung handelt es sich, weil das Kind als solches als passives Moment im Kontext der multiprofessionellen Intervention konstruiert wird.

„Gemeinsam sind sie [die Professionen] vom ersten Tag an zuständig für die ihnen anvertrauten Kinder." In der hier zitierten Textstelle wird unterstrichen, dass die handelnden Akteur*innen die professionell Tätigen sind, während die Kinder als „anvertraute" Objekte gesetzt werden, um die es sich zu kümmern gilt und für die es, erneut technizistisch gedacht, Zuständigkeiten gibt. Der Verweis darauf, dass dies vom ersten Tag an zu erfolgen hat, macht nicht nur eine klare Abgrenzung von Zugehörigkeit und damit Zuständigkeit deutlich, sondern hebt zugleich eine zeitliche Perspektive der Intervention hervor. Das damit gekoppelte Entwicklungskonstrukt setzt dabei weniger an der natürlichen Entwicklung des Kindes an. Vielmehr wird Entwicklung in diesem Kontext zu einem multiprofessionellen Konstrukt, das nicht nur auf einzelne Aspekte oder Kompetenzen, wie beispielsweise Lesen oder Schreiben, bezogen bleibt, sondern das ganze Kind umfasst: „Lernentwicklungsgespräche und Fördergespräche mit den Eltern werden bei uns in den multiprofessionellen Teams vorbereitet und durchgeführt. Der gemeinsame Blick auf das Kind gibt auch den Eltern umfassende Informationen über ihr Kind und dessen ganzheitliche Entwicklung [...]". Durch die Verwendung von Begriffen wie „Lernentwicklungsgespräche" oder „Fördergespräche" wird wiederholt eine technizistische Perspektive auf Multiprofessionalität eröffnet. Diese ist stark auf die Konstrukte von Entwicklung und Förderung ausgelegt. Als überaus interessant stellt sich hierbei dar, dass in diesem Zusammenhang auch die „Eltern" eingebunden werden. Damit wird eine Adressierung der Schüler*innen als entwicklungsbedürftig und den Erwachsenen als intervenierend sowie beobachtend voneinander abgegrenzt. Das Kind, welches einen spezifischen und geplanten Entwicklungsprozess durchlaufen soll, wird damit einer Art panoptischen Prinzips unterzogen. Durch Formulierungen wie „umfassende Informationen" oder „ganzheitliche Entwicklung" wird dahin gehend abermals deutlich, dass sich dieser an einem ganzheitlichen Grundsatz orientiert.

Insgesamt wird deutlich, dass im Fall der Friedrich-Wöhler-Schule, eine Schule mit Ganztagskonzept, Multiprofessionalität als ein panoptisch-technizistisches Prinzip konstruiert wird. Durch das bestmögliche Ineinandergreifen von Interventionsmaßnahmen soll es die Aktivierung eines passiven Objekts, nämlich des Kindes, erreichen. In diesem Sinne geht es auch hier um eine ganzheitliche Optimierungsstrategie des Heranziehens von sich im Sinne der Gemeinschaft um sich selbst sorgenden Subjekten. Im Gegensatz zu den Adressat*innenkonstruktionen, die für das Sportinternat und Palliativzentrum herausgearbeitet werden konnten, zeigt sich im Fall der Ganztagsgrundschule, dass durch die passive Grundkonstruktion des Kindes eine implizite Adressierung der erfolgreichen Nutzung von Strukturen ausbleibt. Diskursiv scheint ein

Scheitern hier nicht in Betracht zu kommen, garantiert das panoptische Prinzip der multiprofessionellen Intervention doch eine plan- und steuerbare ganzheitliche Entwicklung.

4 Multiprofessionalität als Optimierungslogik des Sozialen

Die Analyse der drei Fallbeispiele zeigt, dass die Konstruktion des Konzepts Multiprofessionalität neben fallspezifischen Besonderheiten auch strukturelle Gemeinsamkeit aufweist. Diese sollen abschließend systematisch herausgestellt werden. Multiprofessionalität – wenn auch nicht explizit so genannt – meint beim Sportinternat Hamburg einen spezifischen Modus der Zusammenarbeit verschiedener beruflich tätiger Akteur*innen, welcher sich vor allem durch eine zeitlich-räumliche Strukturierung auszeichnet. Dagegen kann für das Palliativzentrum eine flexibel-individualisierte Struktur der multiprofessionellen Zusammenarbeit identifiziert werden. Diese Ausrichtung am Individuellen zeigt sich im Wesentlichen auch im Fall der Friedrich-Wöhler-Schule. Multiprofessionalität ist hier allerdings eine technizistisch-panoptische Struktur, die Kinder umgibt, um ihre Individualität zu erkennen und ihr Lernen zu fördern.

Trotz dieser Unterschiede vereint die drei analysierten Fälle, dass die jeweiligen multiprofessionellen Interventionen grundsätzlich als umfassende Optimierungsstrategie ausgerichtet sind. Zwar lassen sich durchaus Differenzen erkennen, indem es im ersten Fall beispielsweise um Leistung, im zweiten um Lebensfreude und im dritten um Entwicklung geht. Die Gemeinsamkeiten liegen jedoch darin begründet, dass die Optimierungsstrategie einerseits allumfassend, ganzheitlich und lebensweltlich ausgerichtet ist und andererseits eine spezifische Bearbeitung der Subjekte umfasst. So eint die drei analysierten Fallbeispiele, dass die allumfassende multiprofessionelle Optimierungsstrategie stets auf ein Subjekt zielt, welches diese strukturellen Bedingungen für das Erreichen eines Optimums an Leistung, Lebensfreude oder Entwicklung zu nutzen hat. Ein Scheitern oder Nichterreichen, so die logische Konsequenz, liegt dann nicht in der multiprofessionellen Struktur, sondern einzig und allein im Individuum selbst begründet.

Multiprofessionalität als Optimierungsstruktur weist damit eine Logik der Regierung[2] auf, wobei spezifische Adressierungen erfolgen und Subjektivierungsweisen erzeugt werden. Dies geschieht jedoch nicht nur durch einwirkende Intervention in Form von Fremdführung, sondern geht mit Techniken der Selbstführung einher: Für das Individuum geht es darum, kontinuierlich an der

---

2   Im Sinne einer Lenkung des Verhaltens von Individuen und Gruppen (vgl. Foucault 2005, S. 256)

Verbesserung seiner Begabungen, seiner Gesundheit und seiner Entwicklung zu arbeiten. Das bedeutet, dass auch die Optimierungslogik der multiprofessionellen Struktur in das Subjekt der Bearbeitung hineinverlagert wird. Multiprofessionelle Programme der Steuerung zielen nicht nur auf die Einwirkung auf die Subjekte ab, sondern arbeiten mit deren Selbstbezügen. Sie produzieren, verstärken oder greifen auf vorhandene Selbstbezüge zu. Wie die Beispiele gezeigt haben, setzen multiprofessionelle Programme dafür auf Arrangements von verschiedenen Berufen oder sozialen Techniken zur Aktivierung der Selbstführung einzelner Subjekte zum Zweck der Optimierung des Sozialen.

Literatur

Bauer, Petra (2014): Kooperation als Herausforderung in multiprofessionellen Handlungsfeldern. In: Faas, Stefan/Zipperle, Mirjana (Hrsg.): Sozialer Wandel. Wiesbaden: Springer VS, S. 273–286.

Foucault, Michel (1981): Archäologie des Wissens. Frankfurt am Main: Suhrkamp.

Foucault, Michel (1983): Sexualität und Wahrheit I: Der Wille zum Wissen. Frankfurt am Main: Suhrkamp.

Foucault, Michel (2005): Subjekt und Macht. In: Foucault, Michel: Analytik der Macht. Frankfurt am Main: Suhrkamp, S. 240–263.

Friedrich-Wöhler-Schule (o. J.): Multiprofessionelle Zusammenarbeit. www.friedrichwoehler schule.de/multiprofessionelle-zusammenarbeit/ (Abfrage 18.12.2018).

Gemeinsame Erklärung der Bildungs- und Lehrergewerkschaften und der Kultusministerkonferenz (2006): Fördern und Fordern – eine Herausforderung für Bildungspolitik, Eltern, Schule und Lehrkräfte. www.kmk.org/fileadmin/veroeffentlichung_beschluesse/2006/2006_10_20_ Foerdern_Fordern.pdf (Abfrage 18.12.2018).

Hildegard-Hospiz Stiftung (2016): Ihre Spende an das Palliativzentrum Hildegard: Ein Beitrag an die Lebensqualität schwer kranker Menschen. Basel (auch online unter www.pzhi.ch/wp-content/uploads/2016/07/PZHI_Spendenflyer_2016_4c_RZ.pdf) (Abfrage 18.12.2018).

Keller, Reiner (2007): Diskursforschung. Eine Einführung für SozialwissenschaftlerInnen. 3. Auflage. Wiesbaden: VS-Verlag.

Keller, Reiner/Truschkat, Inga (2014): Angelus Novus: Über alte und neue Wirklichkeiten der deutschen Universitäten. Sequenzanalyse und Deutungsmusterrekonstruktion in der Wissenssoziologischen Diskursanalyse. In: Angermüller, Johannes/Nonhoff, Martin/Herschinger, Eva/ Macgilchrist, Felicitas/Reisigl, Martin/Wedl, Juliette/Wrana, Daniel /Ziem, Alexander (Hrsg.): Diskursforschung. Ein interdisziplinäres Handbuch. Bielefeld: transcript, S. 294–328.

Lipps, Hans (1976): Untersuchungen zu einer hermeneutischen Logik. 4. Auflage. Frankfurt am Main: Verlag Vittorio Klostermann.

Olympiastützpunkt Hamburg/Schleswig-Holstein e. V. (2017): Sportinternat Hamburg. Trainieren am Bundesstützpunkt. Wohnen im Sportinternat. Lernen an der Eliteschule des Sports. Hamburg (auch online unter osphh-sh.de/wp-content/uploads/2017/03/Flyer-OSP-Hamburg-2017-03.pdf) (Abfrage am 18.12.2018).

Schierz, Matthias (1997): Narrative Didaktik. Von den großen Entwürfen zu den kleinen Geschichten im Sportunterricht. Studien zur Schulpädagogik und Didaktik. Bd. 12, Weinheim und Basel: Beltz.

Soeffner, Hans-Georg (1989): Auslegung des Alltags – Der Alltag der Auslegung. Zur wissenssoziologischen Konzeption einer sozialwissenschaftlichen Hermeneutik. Frankfurt am Main: Suhrkamp.

van Santen, Eric/Seckinger, Mike (2005). Fallstricke im Beziehungsgeflecht: die Doppelebenen institutioneller Netzwerke. In: Otto, Ulrich/Bauer, Petra (Hrsg.): Mit Netzwerken professionell zusammenarbeiten. Institutionelle Netzwerke in Steuerungs- und Kooperationsperspektive. Tübingen: dgvt-Verlag, S. 201–220.

Wittgenstein, Ludwig (1971): Philosophische Untersuchungen. Frankfurt am Main: Suhrkamp.

Teil 2 **Das Andere**

Multiprofessionalität als neue Formation der Adressierung

Eine akteurstheoretisch inspirierte Kritik

Carolyn Hollweg, Linda Maack, Luisa Peters, Gunther Graßhoff

Diskurs und Praxis von Multiprofessionalität sind – wie vielfach in diesem Sammelband verdeutlicht – vor allem dadurch gekennzeichnet, dass das Zusammenwirken unterschiedlicher Professionen und Berufsgruppen zu einer ‚besseren' Unterstützung, Bildung, Hilfe und Problembewältigung für die Adressat*innen führen soll (vgl. Bauer 2014). In einem oftmals harmonischen Bild wird die Komplementarität der unterschiedlichen professionellen Blicke auf Adressat*innen behauptet und in verschiedenen Praxiskontexten erprobt. Mehrperspektivität erscheint dabei als ein unkritisches und unhinterfragtes Modell pädagogischer Anamnese, Diagnose und Intervention: Je mehr Professionelle in der Hilfeerbringung beteiligt sind, desto höher ist die Wahrscheinlichkeit, blinde Flecken aufzuspüren, interdisziplinäre Wissensbestände zu berücksichtigen und eine breite Palette an Handlungsinterventionen zu ermöglichen.

Doch welche Konsequenzen folgen daraus für die Adressat*innen? Ohne die Notwendigkeit der multiprofessionellen Zusammenarbeit insgesamt in Abrede stellen zu wollen, werden in diesem Beitrag anhand akteurstheoretischer Reflexionen bislang wenig thematisierte Konsequenzen auf der Ebene der Adressat*innen diskutiert. So ist im Diskurs um Multiprofessionalität eine implizite Stärkung professionsbezogener Themen im Kontext sozialer Unterstützungsprozesse zu beobachten, deren Folgen für die Soziale Arbeit bis dato nicht verhandelt werden. Die hier eingenommenen akteurstheoretischen Positionen haben bereits die Grenzen einer eher professionsbezogenen Rahmung Sozialer Arbeit formuliert (zusammenfassend Graßhoff 2013). Für den Diskurs um Multiprofessionalität muss diese Kritik neu ausgerichtet werden.

Dafür wird nachfolgend zunächst eine eigene Positionierung in den unterschiedlichen Konzepten akteurstheoretischer Ansätze und multiprofessionalitätsbezogener Diskurse vorgenommen (1). Anschließend wird mit dem theoretischen Zugang der Adressierung eine Folie entwickelt, anhand derer sich die einzelnen Argumente in Zusammenhang mit einer empirischen Reflexion auf unterschiedlichen Aggregationsebenen (Interaktion, Organisation und Diskurs) skizzieren lassen (2).

1 Akteur*innen, Nutzer*innen und Adressat*innen in Konzepten der Sozialen Arbeit

Obwohl Konzepte in der Sozialen Arbeit, die explizit die Rechte und Beteiligung der Adressat*innen in den Mittelpunkt stellen, in sich sehr heterogen sind, lassen sich doch einige Gemeinsamkeiten herausarbeiten (vgl. Graßhoff 2015): Eine kritische Distanz zu vorherrschenden Formen von Expertokratie, eine Sensibilität für Prozesse von Labeling, Kategorisierung und Stigmatisierung und eine Achtsamkeit gegenüber den institutionalisierten Formen sozialer Unterstützung. Insgesamt stehen Adressat*innen und Professionelle damit in einem spannungsvollen Abhängigkeitsverhältnis. Aus dieser Perspektive soll nicht geleugnet werden, dass professionelle soziale Unterstützung eine Wirkung auf die Bewältigung von Problemlagen der Menschen hat, allerdings gilt es, die organisationale und professionelle Erbringung kritisch zu begleiten. Vor allem im Kontext der Überlegungen einer lebensweltorientierten Sozialen Arbeit (vgl. Thiersch 2013) wie auch mit dienstleistungstheoretischen Argumenten (vgl. Schaarschuch 2010) wurde diese Position vielfach entfaltet.

Aus dieser Positionierung heraus ist der Diskurs um Multiprofessionalität grundsätzlich als eine Verschiebung in Richtung einer professionsbezogenen Thematisierung sozialer Unterstützung zu beobachten. Implizit werden die Wirkungen sozialer Dienstleistungserbringung von den (Multi-)Professionellen gesetzt und weniger als eine Fokussierung auf die Steigerung der Handlungsfähigkeit der Adressat*innen eingeführt. Multiprofessionalität wird vielmehr als Antwort auf multiple Problemlagen verstanden, denen eine Profession ‚nicht Herr werden kann‘, und weniger als die Steigerung der eigenen Hilfequalität bzw. der Wahlfreiheit von Adressat*innen. Wenngleich die multiprofessionelle Zusammenarbeit insbesondere für die Adressat*innen agency ermöglichen kann, blendet der damit einhergehende Diskurs die Seite der Nutzer*innen und Adressat*innen sozialer Dienstleistungen weitgehend aus.

Strukturell lassen sich einige Punkte rekonstruieren, an denen Multiprofessionalität mit adressat*innenbezogenen Konzepten und Ansätzen in ein Spannungsfeld gerät:

- Multiprofessionalität ist auf die professionelle Erbringungssituation ausgerichtet und thematisiert kaum soziale Unterstützung, die nicht professionell erbracht wird. Wichtige adressat*innenspezifische Konzepte und Phänomene wie Empowerment, Selbsthilfebewegung, Caring Communities etc. scheinen außerhalb der Diskussion um Multiprofessionalität geführt zu werden.
- In der Forschung zu Multiprofessionalität sind die Adressat*innen nicht selbstverständlicher Teil des Forschungsprozesses. Im Fokus steht die Frage danach, wie professionell und reibungslos kooperiert und vernetzt wird,

nicht aber die subjektive Sicht der Leistungsempfänger*innen in den verschiedenen Handlungsfeldern. Hier sollte mehr Wissen darüber generiert werden, wie multiprofessionelle Zusammenarbeit aus der Sicht der Adressat*innen vollzogen wird. Als Expert*innen ihrer eigenen Lebenswelt sind sie in die multiprofessionelle Kooperation zu integrieren. Aktuell wächst stattdessen die Gefahr, sie (wieder) als passive Hilfeempfänger*innen zu adressieren.

- Das Konzept der Multiprofessionalität lässt sich auf unterschiedliche Professionstheorien zurückführen, welche trotz differenter Ansätze die Idee der Profession als besonderen Beruf gemeinsam haben. Damit einher geht die Annahme von Lizenz und Mandat, in welcher den Professionellen ein gesellschaftlicher Auftrag zugunsten des hilflosen Menschen übertragen wird. Mit diesem Selbstverständnis werden die Adressat*innen als passiv und defizitär konturiert (vgl. Hughes 1971; Schütze 1992).

In Anlehnung an eine relationale Adressierungstheorie im Feld der Sozialen Arbeit (einführend Bitzan/Bolay 2016) fassen wir die Subjekte dieser multiprofessionellen Adressierung jedoch nicht als statisch bzw. essenzialistisch. Adressat*innen als solche gibt es nicht – sie werden vielmehr permanent auf den unterschiedlichen Ebenen von Interaktion, Organisation und Diskurs erzeugt. Die drei Dimensionen stehen wiederum miteinander in Wechselwirkung und lassen sich daher nur analytisch differenzieren.

2 Empirische Reflexionen

Im Folgenden sollen die Konstruktionsprozesse von Adressat*innen im multiprofessionellen Kontext auf den unterschiedlichen Ebenen in den Blick genommen werden: in der direkten Face-to-Face-Interaktion zwischen den Fachkräften und den Adressat*innen (2.1), auf organisationaler Ebene (2.2) und auf der diskursiven Ebene einer gesellschaftlichen Konstruktion sozialer Problemlagen (2.3). Die Analyseperspektiven entspringen den unterschiedlichen Forschungszugängen der Autor*innen. Sie sollen empirisch verdeutlichen, inwiefern sich durch Multiprofessionalität eine Transformation sozialpädagogischer Adressierungen erkennen lässt. Diese Transformation gestaltet sich auf den unterschiedlichen Ebenen bereichsspezifisch aus und bedingt sowohl die agency als auch die Positionierungen von Adressat*innen.

2.1 Adressierungsformen multiprofessioneller Interaktion am Beispiel mehrsprachiger Hilfeplangespräche

Im Rahmen von Hilfeplangesprächen werden in den Interaktionen zwischen Sozialpädagog*innen und Adressat*innen Ordnungen hergestellt, die auf eine spezifische Hilfsbedürftigkeit der Menschen im Hilfesystem zielen (siehe Messmer/Hitzler 2007). Eine strukturtheoretische Perspektive auf Adressat*innen sieht darin ihre Fremdbestimmtheit begründet und fasst die soziale Interaktion als Gemengelage von Zwängen und Einschränkungen. Um den Dualismus zwischen gesellschaftlicher Bestimmtheit und individueller Selbstbestimmung, zwischen Strukturen und Handlungen zu überwinden, soll sich hier einer Agency-theoretischen Perspektive auf die Interaktion in mehrsprachigen Hilfeplangesprächen genähert werden. Entgegen einer anerkennungstheoretischen Konzeption werden Adressat*innen damit nicht auf gegebene Eigenschaften reduziert (siehe auch Balzer/Ricken 2010). Vielmehr werden ihre Identitäten als ein Moment bestimmter sozialer Konstellationen erachtet, aus denen je spezifische Ermöglichungen und Begrenzungen ihrer Handlungsfähigkeit hervorgehen (vgl. Scherr 2013, S. 230 ff.). Aus einer interaktionistischen Position heraus hat agency damit auch die machtvollen Positionierungen von Subjekten in pädagogischen Institutionen genauer im Blick. In diesem analytischen Sinne erweitert agency den Blick auf pädagogische Prozesse und Adressierungen als ambivalente Phänomene.

Vor dem Hintergrund dieser akteurstheoretischen Fundierung rückt zunächst die interaktionale Ebene in den Fokus, auf der sozialpädagogische Adressierungen im multiprofessionellen Kontext in situ ausgehandelt werden. Dafür wird das Feld der Kinder- und Jugendhilfe herangezogen und der Blick auf die Interaktion zwischen pädagogisch Professionellen, Sprachmittelnden und Adressat*innen im Rahmen gedolmetschter Hilfeplangespräche gelenkt. Als zentrales fachliches Steuerungsinstrument stellt das Hilfeplangespräch einen gemeinsamen Aushandlungsprozess über Art und Umfang der jeweiligen Hilfeleistung zwischen den daran beteiligten Akteur*innen dar. Seinen Rahmen bilden gesetzliche Vorgaben, die sowohl eine multiprofessionelle Zusammenarbeit als auch eine weitreichende Beteiligung der Adressat*innen vorsehen (§ 36 SGB VIII). Die daraus resultierenden Ambivalenzen und Partizipationsmöglichkeiten wurden im Rahmen monolingualer Hilfeplanverfahren vielfach untersucht (vgl. Pluto et al. 2003; Messmer/Hitzler 2007; Hitzler 2012; Gadow et al. 2013).

Im fachlichen Diskurs fehlt jedoch bislang ein Austausch darüber, wie das Hilfeplangespräch adressat*innengerecht vollzogen werden kann, wenn keine gemeinsame Sprache für die unabdingbare Verständigung zwischen Fachkräften und Adressat*innen zur Verfügung steht. Gleichwohl bereits seit 2005 ein steigender Bedarf an ‚Sprach- und Kulturmittelnden' in der behördlichen Sozialarbeit konstatiert wird, fehlen in der Kinder- und Jugendhilfe strukturelle Regelungen zur Sicherstellung ihrer Leistungen (vgl. Uebelacker 2007; Eubel 2019). Anders als akademisch ausgebildete Dolmetscher*innen unterliegt ihr Ausbildungsniveau und Selbstverständnis in Deutschland keinen einheitlichen Standards. Ihr Konsens liegt zum einen in der Spezialisierung für das Handlungsfeld kommunaler Dienste. Zum anderen in dem spezifischen, migrationsbedingten Handlungskontext der Sprachmittlung, der von einer ungleichen Rollenkonstellation der Kommunikationspartner*innen geprägt ist: Zu der Hierarchie zwischen Behörde und Adressat*in kommen Dichotomien zwischen Mehrheits- und Minderheitssprachen und ihren Sprechenden hinzu (vgl. Pöchhacker 2000; Eubel 2019a).

Auf den ersten Blick scheint erst die Hinzuziehung von Sprachmittler*innen eine Handlungsfähigkeit der Adressat*innen zu ermöglichen. So agieren sie in Anlehnung an Goffman (1981) als animator (Stimmgeber*innen), geben sie den Adressat*innen doch eine Stimme. In dieser Rolle reproduzieren sie deren Wörter, übernehmen aber keine Verantwortung für ihren Inhalt, sodass die Adressat*innen als author (Urheber*innen) und principle (Auftraggeber*innen) ihrer Aussagen fungieren (vgl. Goffman 1981). Die Sprachmittelnden lediglich als Sprachrohr zu begreifen erscheint jedoch zu verkürzt. So macht Wadensjö (1998, S. 91 f.) auf den konstitutiven Wechsel zwischen verschiedenen Sprecher*innen- und Hörer*innenrollen in der Dolmetschleistung aufmerksam. Demzufolge müssen die Sprachmittelnden in der Interaktion fortlaufend signalisieren, ob sie als eigenständig sprechende Akteur*innen (speaking self) oder Stimmgeber*innen eines*r anderen Akteurs*in (meaning other) agieren (vgl. Wadensjö 1998, S. 91 f.). Sie müssen sich also zwischen „er*sie hat gesagt" oder „ich sage" entscheiden und indes deutlich machen, welche*r Sprecher*in mit „ich" gemeint ist. Im Zuge ihrer Sprachmittlung können sie somit als eigenständig sprechende Akteur*innen agieren und gleichzeitig vorgeben, Stimmgeber*in einer anderen Person zu sein. Wenn sie die Aussagen der Adressat*innen je nach Dolmetschstrategie segmentieren, ergänzen oder reduzieren, verzerren sie damit das Bild der Adressat*innen – positiv oder negativ –, ohne dass dieser Prozess den Beteiligten ersichtlich wird. Dabei kann ihre Verdolmetschung dem ‚Original' in inhaltlicher und intentionaler Hinsicht mehr oder weniger entsprechen (vgl. Wadensjö 1998, S. 107; Eubel 2019a). In diesem Sinne sind sie wesentlich daran beteiligt, welche interaktive Bedeutung die sprachliche Handlung der Adressat*innen erhält. Wenngleich ihre Dolmetschstrategien auf der rein sprachlichen Ebene zu Verzerrungen führen können, können sie auf der Handlungsebene eine positive Verständigung zwischen pädagogischen Fachkräften und ihren Adressat*innen schaffen (vgl. Rehbein 1985). Nichtsdestotrotz wird dadurch fraglich, inwiefern die Adressat*innen die Wirkmächtigkeit ihrer Aussagen autonom bestimmen können (vgl. Eubel 2019a). Erweitern wir das Konzept von agency um ein sprachliches Handlungsvermögen, erhalten die Adressat*innen durch den Einsatz von Sprachmittelnden nicht per se ein Sprachvermögen – verstanden als die Möglichkeit eines Individuums, im Sprechen durch andere als handelndes Subjekt anerkannt zu werden und die Kommunikation zu gestalten (vgl. Mecheril/Quehl 2006). So deuten Studien zu gedolmetschten Asylverfahren auf exkludierende Handlungsstrategien der Sprachmittelnden hin, die zu einer Entmachtung der Adressat*innen führen (vgl. Scheffer 2001). In diesem Sinne kann der Einsatz von Sprachmittelnden den Adressat*innen nicht nur Zugänge schaffen, sondern auch erschweren (vgl. Pöllabauer 2012). Zudem werden in der Normalform eines gedolmetschten Gesprächs keine Formen rezeptiver Mehrsprachigkeit mitgedacht. Durch diese wären die Adressat*innen in der Lage, die deutschsprachigen Aussagen der pädagogisch Professionellen ohne Übersetzung zu verstehen und ihnen unmittelbar auf einer Sprache ihrer Wahl zu antworten. Stattdessen wird davon ausgegangen, dass kein Redebeitrag ohne Sprachmittlung bleibt (vgl. Knapp/Knapp-Potthoff 1985, S. 457). Aus dieser Perspektive schneiden die pädagogischen Fachkräfte ihre Aussagen primär auf die Sprachmittelnden statt auf die Adressat*innen zu. Dadurch kann sich jedoch ein Modus des Sprechens über die Adressat*innen etablieren, auf dessen ausgrenzendes Potenzial verschiedene gesprächsanalytische Untersuchungen hinweisen (vgl. Schwabe 2006). Die Adressat*innen werden sodann zu Referenzobjekten des Gesprächs. Insbesondere dieser Punkt ist für die in diesem Artikel entwickelten Thesen zentral, denn auch in anderen Kontexten, in denen mehrere professionelle Akteur*innen ‚über' Adressat*innen sprechen, ist die Tendenz einer Verobjektivierung zu beobachten (vgl. Messmer/Hitzler 2007).

Darüber hinaus werden die Adressat*innen durch die Zusammenarbeit mit Sprachmittelnden in erster Linie als ‚Anderssprachige' adressiert. Damit einher geht das dominierende Verständnis der pädagogisch Professionellen, der Sprachmittlungsbedarf resultiere allein aus der Fremdsprachigkeit der Adressat*innen – statt etwa aus einem monolingualen Habitus des Jugendamts (vgl. Gogolin 2010). Aus der Perspektive der Mehrheitssprachigen verortet sich die Sprachbarriere damit ausschließlich aufseiten der minderheitssprachigen Adressat*innen. So wird die Dauer der Notwendigkeit einer Sprachmittlung unmittelbar an ihre defizitären Deutschkenntnisse geknüpft – deren Beendigung folgt der selbstverständlichen Annahme und sprachlichen Homogenitätserwartung, dass die Adressat*innen im Verlauf der Hilfe Deutsch lernen, was mitunter als verpflichtendes Ziel festgeschrieben wird. Folge dessen ist die Gefahr, ihren sozialpädagogischen Hilfebedarf auf ihre geringen Deutschkenntnisse zu reduzieren. Sofern ihr Hilfebedarf vorrangig aus ihrer Sprachbarriere heraus begründet wird, können die Sprachmittelnden schließlich zu einer Klientifizierung (vgl. Messmer/Hitzler 2007) der Adressat*innen beitragen. Dadurch werden sie entsprechend der institutionellen und monolingual ausgerichteten Zielvorgaben definiert und mit ihnen kompatibel gemacht.

Vor diesem Hintergrund wird letztlich deutlich, dass die Zusammenarbeit mit Sprachmittelnden in gedolmetschten Hilfeplangesprächen mit spezifischen Adressierungsformen einhergehen kann, unter denen die individuelle Handlungsfähigkeit der Adressat*innen gesprächsstrukturell sichergestellt, aber auch eingeschränkt werden kann. Mehr noch scheint ihre agency wiederum wesentlich von der individuellen Handlungsfähigkeit der Sprachmittelnden abhängig zu sein. Der Einfluss der Sprachmittelnden auf ihre Figuration als Anderssprachige und auf die Deutungshoheit ihrer Aussagen bleibt in der Interaktion mitunter intransparent. So ist den sprachmittelnden Personen als einzige die Möglichkeit inhärent, die Interaktion gänzlich zu überblicken und zu koordinieren (vgl. Apfelbaum 2004, S. 5 f.). Aus dieser Position heraus können sie außerdem entscheiden, welche Gesprächsinhalte mit allen Beteiligten geteilt werden sollen und welche in dem Raum zwischen Adressat*in und Sprachmittler*in oder zwischen pädagogisch Professionellen und Sprachmittler*in verbleiben. Sie beeinflussen damit auch die kollektive Handlungsfähigkeit in der sozialen Konstellation. Ausgehend von der Adressat*innenperspektive ließe sich hier die Frage weiterführen, inwiefern sich durch diese mehrsprachige Konstellation Gesprächsführungskompetenzen und Thematisierungsrechte zwischen pädagogisch Professionellen und Adressat*innen verschieben.

2.2 Soziale Dienste am Arbeitsmarkt. Multiprofessionalität ohne professionelle Diversität?

Betrachten wir nun organisationale Prozesse der Adressierung, dann kommen jene Prozeduren und Abläufe in sozialpädagogischen Organisationen in den Blick, die Menschen im Kontext des Hilfesystems zu ‚Fällen‘ machen. Denn der Adressat*innenstatus ist mit der Zugehörigkeit bzw. Mitgliedschaft in einer Organisation verbunden. „Indem es in der modernen Gesellschaft zu Interaktionen in sozialen Teilsystemen, Funktionssystemen oder Organisationen kommt, wird die Bildung einer Vielfalt von Interaktionsmodi möglich, die sich an den entsprechenden Codierungen und Programmen der Funktionssysteme bzw. an den Strukturen der Organisation orientieren. Arzt-Patienten-Gespräche, Diskussionen in Seminaren [...] oder Erziehungsberatung im Jugendamt sind als verschiedene Interaktionsmodi ebenso durch die jeweilige Funktionsorientierung – Gesundheit, Wissenschaft, Recht, Erziehung oder Familie – wie durch die entsprechenden Organisationsstrukturen (einer Arztpraxis, einer Universität usw.) geleitet" (Bommes/Scherr 2000, S. 203). Dem kann jedoch entgegengehalten werden, dass organisationale Prozesse, also institutionelle Ablauf- und Selektionsverfahren, die Möglichkeit der Beziehungsaufnahme überhaupt erst sicherstellen. Somit stehen Organisation und Profession nicht in einem antagonistischen, sondern komplementären Verhältnis zueinander.

Organisationen stellen den Rahmen dar, der es überhaupt erst ermöglicht, dass Professionelle und ihre Adressat*innen zusammenkommen (vgl. Pfadenhauer/Brosziewski 2008, S. 85). Auf der Ebene der Organisation geht es daher um die Frage, inwiefern ein Mensch überhaupt zu einem Fall wird und in welcher Form die Adressat*innen angerufen werden. Dies soll nachfolgend anhand der Sozialen Dienste am Arbeitsmarkt verdeutlicht werden.

Soziale Dienste am Arbeitsmarkt sind Organisationen, die arbeitsmarktbezogene Dienstleistungen der Beratung, Förderung und Arbeitsvermittlung anbieten. Im Folgenden soll das Augenmerk dabei auf das Feld gerichtet werden, welches seine Adressat*innen als Arbeitsuchende oder Arbeitslose konstituiert und rechtlich durch das SGB II und III normiert ist. Dieses Feld hat sich aufgrund von Privatisierungs- und Vermarktlichungsprozessen in den vergangenen Jahren immer weiter diversifiziert (vgl. Truschkat/Peters 2018). Arbeitsuchende sind durch die Pluralisierung der Trägerlandschaft Adressat*innen heterogener Organisationstypen und somit unterschiedlicher professioneller Handlungsmodi und Funktionslogiken. Multiprofessionalität ist demnach in der Vielfalt der organisationalen Akteur*innen verankert, die soziale Dienstleistungen am Arbeitsmarkt für einen gemeinsamen Adressat*innenkreis anbieten.

Trotz unterschiedlicher Formate der Sozialen Dienste lassen sich Bedingungsfaktoren für ihre Dienstleistungsarbeit finden, die – wenn auch in unterschiedlicher Wirkweise – für alle Träger relevant sind und ihre Dienstleistungsarbeit mit den Adressat*innen beeinflussen (vgl. Olk/Otto 2003). Für Soziale Dienste am Arbeitsmarkt ist die Ausrichtung der Arbeitsmarktpolitik von besonderer Relevanz. Dort getroffene Regelungen beeinflussen die organisationale Gestalt der Dienste und letztlich auch ihre Dienstleistungspraxis. Heute agieren Soziale Dienste am Arbeitsmarkt unter den Bedingungen einer aktivierenden Arbeitsmarktpolitik, was weitreichenden Einfluss auf die Sozialen Dienste und ihre Adressat*innen hat: Arbeitsuchende und arbeitslose Personen sind nicht mehr Anspruchsberechtigte, denen im Sozialstaat aufgrund ihres Status ‚arbeitslos' Leistungen zustehen. Vielmehr wird durch die Etablierung einer Fördern-und-Fordern-Logik eine Tauschbeziehung konstituiert. Nur wenn Arbeitsuchende sich aktiv bemühen, den Zustand der Hilfsbedürftigkeit schnellstmöglich zu beenden, ist ihnen Unterstützung sicher. Arbeitslosigkeit wird damit nicht mehr durch strukturelle, sondern durch individuelle Defizite begründet (vgl. Bender et al. 2006, S. 38). Im gleichen Zug werden Arbeitsuchende als Kund*innen adressiert, für die personenbezogene Dienstleistungen erbracht werden sollen. Die Kund*innenrhetorik unterstellt Arbeitsuchenden, dass sie in der Lage seien, autonom zu handeln und an der Dienstleistungserbringung mitzuwirken. Soziale Dienstleistungen zeichnen sich jedoch dadurch aus, dass die Leistungen nicht durch die Empfänger*innen, sondern in diesem Fall von der öffentlichen Arbeitsverwaltung gezahlt werden, die folglich auch das Format der Dienstleistungen bestimmt. Durch die Sanktionsmöglichkeiten für die

Fachkräfte der öffentlichen Arbeitsverwaltung und schließlich auch durch die Hilfsbedürftigkeit der Adressat*innen, die bei der Nutzung sozialer Dienstleistungen in der Regel besteht, wird das Machtgefälle und Abhängigkeitsverhältnis zwischen Professionellen und Adressat*innen noch verstärkt und die Kund*innenrhetorik wird meist zu einer leeren Worthülse, die nicht agency ermöglicht, sondern eher unerfüllbare Anforderungen an die Adressat*innen stellt (vgl. u. a. Hielscher/Ochs 2009; Bender et al. 2006).

Begleitet wird diese Entwicklung durch Ökonomisierungsbestrebungen, welche die Effizienz und Effektivität arbeitsmarktpolitischer Interventionen erhöhen sollen. Adressat*innen treffen von nun an auf eine Bundesagentur für Arbeit, die sich im Sinne des new public managements ökonomische Prinzipien wie Kundentypologien, Benchmarking, Controlling und Zielsteuerung angeeignet hat, um Arbeitsprozesse und vor allem den Mitteleinsatz zu optimieren. Folglich werden Maßnahmen danach bewertet, inwiefern sie dem Ziel der Arbeitsmarktintegration dienlich sind, und nicht danach, ob sie den individuellen Bedarfen der Adressat*innen gerecht werden. Die Durchführung von arbeitsmarktpolitischen Maßnahmen durch Dritte ist konstitutiver Teil der Arbeitsorganisation der Bundesagentur für Arbeit. Unter einer aktivierenden Arbeitsmarktpolitik sind von nun an neben freien auch gewerbliche Träger als Soziale Dienste am Arbeitsmarkt tätig, die auf einem Quasi-Markt im Wettbewerb miteinander stehen. Zudem werden arbeitsmarktpolitische Maßnahmen vertraglich gerahmt, d. h., es wird das Ziel prädefiniert und eine Aufwandspauschale festgesetzt; Dienstleistungsformate werden nicht mehr bedarfsorientiert projektiert, sondern zentral eingekauft und schließlich erhält nicht immer das schlüssigste, sondern das kostengünstigste Konzept den Zuschlag. Durch die Nutzung von Kontraktmanagement und die Installation von Quasi-Märkten etabliert sich eine Principal-Agent-Beziehung zwischen Leistungserbringer (Sozialer Dienst) und Auftraggeber (Bundesagentur für Arbeit) (vgl. Gülker et al. 2006, S. 176).

Für die Sozialen Dienste hat dies weitreichende Konsequenzen. Träger aus dem Sozialsektor sind mit Anforderungen konfrontiert, die es erschweren, „ihre ursprünglichen und originären sozialethischen, advokatorischen und zivilgesellschaftlichen Ziele zur Geltung zu bringen" (Dahme/Wohlfahrt 2015, S. 81). Was umfangreich unter der Ökonomisierung der Sozialen Arbeit diskutiert wird, wird hier für die Adressat*innen aktivierender Arbeitsmarktpolitik plastisch. Gewerbliche Träger wiederum handeln ‚naturgemäß' nach ökonomischen Grundsätzen. Und weil letztlich die Bundesagentur für Arbeit ihr Auftraggeber ist, sind nur solche Praktiken rentabel, die vertraglich festgeschrieben wurden. Dies kann für Adressat*innen zur Folge haben, dass sich der Träger bspw. nicht bemühen kann, arbeitsmarktfernere Personen in Arbeit zu vermitteln, da hier der Aufwand zu groß ist. Vielmehr wird das Augenmerk auf leicht vermittelbare Personen gelegt. Solche Creaming- und Mitnahmeeffekte sind dann die unerwünschten Nebenfolgen der Einspannung privater Träger, was die politischen Kosteneinsparungsziele konterkariert (vgl. Gülker et al. 2006).

Für die Adressat*innen der Dienstleistungen bedeutet die Trägervielfalt demnach nicht automatisch eine Erhöhung ihrer Choice-Optionen (vgl. Hirschman 1970). Zwar delegiert die öffentliche Arbeitsverwaltung die Maßnahmendurchführung an freie und private Träger, durch die Installation von Wettbewerbselementen und Quasi-Märkten werden die Adressat*innen der Sozialen Dienste am Arbeitsmarkt jedoch stets von solchen Trägern betreut, die den Vorgaben der Bundesagentur für Arbeit entsprechen. Adressat*innen einer solchen Politik sind so lange gut aufgehoben, wie sie durch die ihnen angebotenen Maßnahmen und Dienstleistungen wieder in den ersten Arbeitsmarkt integriert werden können. Sie vernachlässigt jedoch systematisch diejenigen, die aufgrund multipler Vermittlungshemmnisse auf dem regulären Arbeitsmarkt keinen Platz haben. Während sich der Arbeitsmarkt seit vielen Jahren positiv entwickelt, verbleibt diese Gruppe trotz vakanter Stellen in Langzeitarbeitslosigkeit (vgl. Freier 2016; Arbeitskreis Arbeitsmarktpolitik 2018). In Politik und Wissenschaft gibt es immer wieder Impulse, wie die Arbeitsmarktverhältnisse zugunsten dieser Personengruppe verändert werden könnten. Doch abgesehen von einer „vor sich hin dümpelnden Debatte zum ‚Sozialen Arbeitsmarkt‘" (Arbeitskreis Arbeitsmarktpolitik 2018, S. 22, Hervorhebung im Original) gibt es bisher kaum konkrete Ansätze. Während ein Sozialer Arbeitsmarkt theoretisch eine dauerhafte Alternative für arbeitsmarktferne Personen bieten soll, ermöglichen existierende Maßnahmen wie die sogenannten Arbeitsgelegenheiten (auch 1-Euro-Jobs genannt) zwar auch eine öffentlich geförderte Beschäftigungsmöglichkeit; sie sind jedoch eher einseitig auf die Erhöhung der Beschäftigungsfähigkeit der Teilnehmenden fokussiert und basieren zudem nicht auf Freiwilligkeit. „Sozialpädagogische" (vgl. Arnold/ Böhnisch/Schröer 2005) oder auch „integrative" (vgl. Bode 2005) Beschäftigungsförderung sowie „Maßnahmen Sozialer Aktivierung" (vgl. Freier 2016), die „Arbeitsmarkt- und Sozialintegration zusammen denken und darüber hinaus noch mit Anstrengungen verknüpfen, die sich auf die Gestaltung des relevanten Betätigungsfelds nach Maßgabe eines ‚sozialökologischen‘ Integrationsansatzes richten" (Bode 2005, S. 8, Hervorhebung im Original), sind im arbeitsmarktpolitischen Maßnahmenkatalog bisher nicht fest verankert. Zwei Aspekte dürfen an dieser Stelle jedoch nicht unberücksichtigt bleiben. Erstens zeigt die Forschung immer wieder, dass die politischen Vorgaben und organisationalen Strukturen zwar durchaus Einfluss auf die Dienstleistungsarbeit der Professionellen nehmen, aber immer ein Stück Handlungsautonomie bei den Akteur*innen selbst verbleibt, um die Arbeit mit den Adressat*innen zu gestalten (vgl. u. a. Böhringer et al. 2012; Hielscher/Ochs 2009; Ludwig-Mayerhofer/ Behrend/Sondermann 2009). Zweitens ist auch die Arbeitsmarktpolitik selber kein statisches Konstrukt. Im Gegenteil: Es ist eines der dynamischsten Politikfelder überhaupt. Folglich lassen sich auch hier Tendenzen entdecken, sich in Pilotprojekten auszuprobieren (siehe z. B. Bartelheimer et al. 2012) oder aber gesetzgeberische Freiräume zu nutzen und so bspw. eher ungewöhnliche Maßnahmen wie einen Theater- oder Sportkurs für Arbeitsuchende anzubieten, die nicht unmittelbar auf die Arbeitsmarktintegration fokussieren, sondern „Alltagskompetenzen, soziale Fähigkeiten und soziale Teilhabe von sehr arbeitsmarktfernen Personen verbessern möchten, indem das (Wieder-)Erlernen basaler Fähigkeiten gefördert wird" (Freier 2016, S. 9). Solche Formate sind nicht gängige Praxis, sondern von lokalen Bedingungsfaktoren, der Trägerstruktur und der örtlichen Arbeitsverwaltung abhängig. Jedoch verweist die Öffnung der Arbeitsmarktpolitik für solch sozialinvestigative Projekte auf die – für die Politik wiedergewonnene – Erkenntnis, dass Arbeitslosigkeit vielschichtige Ursachen hat, denen nicht (nur) mit intensiven Vermittlungsbemühungen begegnet werden kann. Das neue (bisher befristete) Teilhabechancengesetz ist ein Impuls in diese Richtung. Eine umfangreiche Neuausrichtung der Arbeitsmarktpolitik über lokale Initiativen und Projekte hinaus öffnet für Soziale Dienste den Raum, vielfältige Dienstleistungsangebote zu entwickeln, wodurch sie sich spezialisieren und Alleinstellungsmerkmale ausbilden können. Auf diese Weise würde ein multiprofessionelles Angebot für Arbeitsuchende entstehen, das der aktuellen Trägerdiversität der Sozialen Dienste am Arbeitsmarkt entspricht.

2.3 Transkulturelle Professionalität in der Altenpflege

Organisationen der Sozialen Arbeit können nicht nur intern ihre Aufgaben bewältigen und regeln, sondern sind selbst in Verbindung oder gar Abhängigkeit von und mit äußeren Bedingungen zu verstehen. Soziale Dienste sind daher in ihrer Funktion nicht unabhängig vom Diskurs um Sozial- und Wohlfahrtsstaat zu beschreiben. Es wäre mit Sicherheit verkürzt, von einer ausschließlich linearen Beziehung der äußeren Rahmenbedingungen des Erbringungsverhältnisses von Sozialer Arbeit auszugehen. Vielmehr lässt sich sagen, dass Soziale Dienste zwischen den individuellen Interessen und Bedarfen von unterschiedlichen Nutzer*innengruppen und den Erwartungen der Kostenträger vermitteln.

Wenn wir versuchen, Multiprofessionalität auf der Diskursebene zu fassen, müssen die Verschränkungen zwischen Diskurs, Wissen und Macht aufgedeckt werden. Denn Diskurse können „als historisch entstandene und situierte, geregelte Aussagepraktiken, welche die Gegenstände konstituieren, von denen sie handeln" (Keller 2013, S. 30) beschrieben werden. Dabei können Fragen nach dem „Verhältnis von Wissen, Macht, Akteurskonstellationen und sozialen Konstruktionsprozessen" (Traue/Pfahl/Schürmann 2014, S. 495) aufgeworfen werden.

Demnach soll nun analysiert werden, wie der Diskurs um Multiprofessionalität und das darin enthaltene diskursive Wissen erzeugt und produziert wird und welche Auswirkungen dieses auf die Adressierung der Adressat*innen hat. Wenn wir Multiprofessionalität als Gegenstand eines Diskurses sehen, wird damit auf ein Phänomen verwiesen, dessen Erscheinungen und Regeln genauer untersucht werden müssen. Im Folgenden soll das Augenmerk dabei auf den Aspekt des diskursiven Wissens gerichtet und dieses anhand des Feldes der ‚kultursensiblen Altenpflege‘ verdeutlicht werden.

Dafür kommen zunächst die Begriffe Migration und Alter in den Blick. Der Begriff Migration als zentrale soziale Dynamik einer ‚modernen‘ Gesellschaft kann nicht vom Alter als Lebensphase abgegrenzt werden. Die irrtümliche Annahme, dass die in den 50er-Jahren betitelten und angeworbenen ‚Arbeitsmigrant*innen‘ nur für einen befristeten Zeitraum bleiben würden, hat dazu geführt, dass das Feld ‚Alter und Migration‘ erst seit den 80er-Jahren thematisiert wurde. Die dadurch fehlende soziale Infrastruktur für interkulturelle Angebote der Altenhilfe und -pflege wurde bis heute nicht genügend ausgebaut. Eine Unterrepräsentanz der Gruppe älterer Menschen mit Migrationsgeschichte in Pflegeeinrichtungen ist die Folge, was gleichzeitig aber eine klare Diskrepanz vom Bedarf und Nutzungsverhalten darstellt (vgl. Schröer/Schweppe 2010). Seit einigen Jahren kann jedoch eine Bewegung in der Versorgung älterer Menschen mit Migrationsgeschichte verzeichnet werden. Immer mehr ambulante und stationäre Pflegedienste spezialisieren sich auf die Versorgung von Menschen mit Migrationsgeschichte und bewerben dies mit Konzepten um interkulturelle Kompetenz. Diese zeichnen sich zumeist durch die Zusammensetzung eines vermeintlichen interkulturellen Teams aus. In diesem Zusammenhang kommt es zu einer Verschiebung des Wissens- und Kompetenzanspruchs von einer professionsbezogenen zu einer kulturell geprägten Perspektive. In diesem Fall soll von transkultureller Professionalität gesprochen werden.

Bauer (2014) stellt in Bezug auf Multiprofessionalität auch die damit verbundenen Herausforderungen in der Kooperation der interdisziplinären Mitarbeiter*innen dar. So müssen zwischen den Akteur*innen die „spezifischen Aufgabenstellungen, Zuständigkeiten und Befähigungen kontinuierlich bestimm[t und] miteinander und zum Teil gegeneinander immer wieder neu verhandel[t] und legitimier[t]" (Bauer 2014, S. 274) werden. Die eigene Position im Gesamtgefüge muss hierzu immer wieder hergestellt und behauptet werden, und dies auf zwei Ebenen. Zum einen über die machtvolle Stellung der vertretenen Leitprofessionen in den Kooperationen. Zum anderen über die damit verbundenen Grenzziehungsarbeiten, welche zum Erhalt der bestehenden Ordnungen beitragen. Insbesondere Ersteres ist bei der Rekonstruktion von transkulturellen Wissensformationen bedeutsam. Über kulturelle Zuschreibungen werden professionelle Leitsysteme der Mitarbeiter*innen herausgebildet, die den spezifischen Wissenskorpus verwalten.

Es soll hier im Sinne einer wissenssoziologischen Perspektive der Zugang genutzt werden, in welcher unser Wissen „auf gesellschaftlich hergestellte symbolische Systeme oder Ordnungen, die in und durch Diskurse produziert werden" (Keller 2005, S. 59), zurückzuführen ist. Das „geltend gemachte Wissen wird als Antwort auf Problematisierungen verstanden, die qua Formulierung bereits einen bestimmten Antwort- bzw. Möglichkeitsraum vorgeben" (Schübel 2016, S. 62). Im Diskurs um ‚kultursensible Altenpflege' scheint die Problematisierung in dem steigenden Bedarf an interkultureller Kompetenz zu liegen, auf welche mit transprofessionellen Settings geantwortet wird. Die Geltungsansprüche des ‚richtigen Wissens' werden hierbei über interkulturelle Kompetenzen konstituiert. „Prozesse der Erhebung von Geltungsanspruch auf Wissen sind [dabei] immer auch Machtprozesse, die einerseits den Diskurs strukturieren und die andererseits dem Diskurs Deutungsmacht in Bezug auf bestimmte Themen verleihen" (ebd., S. 66). Die Adressat*innen werden in diesem Prozess zwar als kulturell anders adressiert, dies führt jedoch nicht zwangsläufig zu einer aktiven Mitgestaltung des Hilfesettings.

Die Schaffung von Spezialangeboten wie der ‚kultursensiblen Altenpflege' kann daher sowohl zu einer Reproduktion und Verfestigung von Differenz als auch zu Stigmatisierungen der Adressat*innenperspektive führen (vgl. Hamburger 2009). Hierdurch wird ein spezifisches Angebot anhand kulturalistischer Zuschreibungen für die Gruppe der kulturell anders codierten geschaffen. Die vorliegende Mehrdimensionalität der Adressat*innenperspektive wird hierbei leicht übersehen. Anstelle von Einbindung und Orientierung der Adressat*innen wird häufig auf vorgefertigte Muster zurückgegriffen und der*die einzelne Adressat*in als Teil einer spezifischen ‚ethnisch' kulturellen Gruppe wahrgenommen, dessen Bedürfnisse über kulturelle Zuschreibungen konstituiert werden. Dabei ist auffällig, dass die Einrichtungen mit der Einstellung ebenfalls kulturell anders codierten Fach- und Pflegepersonals versuchen, auf die Bedürfnisse der Bewohner*innen einzugehen. Die Zusammensetzung eines transkulturellen Teams scheint in den entsprechenden Einrichtungen ‚kultursensibler Altenpflege' eines der zentralen Handlungsstrategien zu sein. Es soll dabei ein Wissenskorpus aus Alltags-, Expert*innen- und Handlungswissen in Bezug auf Sprache, Kultur und Ethnizität entstehen, welcher jedoch von Machtstrukturen durch normativ kulturelle Zuschreibungen geprägt ist. Trotz der Mehrperspektivität werden die kollektiven Merkmale einer Akteur*innengruppe als Ausgangspunkt der sozialpädagogischen Adressierung genutzt (vgl. Graßhoff 2015).

Mit Blick auf die Selektion und Ermöglichung der Teilhabe bestimmter Akteur*innen müssen die Subjektanrufungen in eine rassismuskritische Perspektive gesetzt werden. So stehen diese Anrufungen in einem Wechselverhältnis von Inklusion und Ausschluss. „Rassistische Anrufungen [sind] wie alle anderen Anrufungen auch der Gefahr ausgesetzt, zu ‚scheitern' oder zu ‚misslingen', weshalb sie die Handlungsfähigkeit der entsprechend angerufenen Subjekte nicht durchstreichen, auch wenn sie sie limitieren, während sie sie ermöglichen" (Rose 2015, S. 335). Nadine Rose betont hier die vorgestellte Diskrepanz der sozialpädagogischen Adressierung einer kollektiven Gruppe in eine bestimmte Hilfeform, unter der es den Akteur*innen möglich ist, die Leistung bzw. Anrufung anzunehmen. Es wird hierbei auf den Subjektbegriff von Butler Bezug genommen, bei dem die Unterwerfung paradoxerweise mit einer gleichzeitigen Ermöglichung stattfindet. Die grundlegenden Widersprüche des sich unterwerfenden Subjekts und einer Adressat*innenperspektive, welche bereits breit diskutiert wurden (vgl. Hanses 2013; Griese 2013; Kessl 2013), können hier dahin gehend aufgelöst werden, als dass der*die Adressat*in durch die Zugehörigkeitsordnung produktiv in der eigenen Hilfeform wird. Darüber hinaus sollte auf das vorschnelle Schließen von Subjektpositionen auf tatsächliche Subjektivierungsweisen verzichtet werden, da dies die Komplexität menschlicher Lebens- und Handlungsverläufe ignoriert sowie auch die Wirkmacht solcher Anrufungen überschätzt (vgl. Keller/Bosančić 2017, S. 39). Es sollte vielmehr als eine Möglichkeit gedacht werden, das Subjekt aus den gesellschaftlichen Praxen heraus zu thematisieren und dergestalt in die Adressat*innenperspektive mit einzubeziehen (vgl. Hanses 2013). Das Wechselverhältnis zwischen kulturell anders codierten Hilfeempfänger*innen und Mitarbeiter*innen kann letztlich als Möglichkeit gesehen werden, die Lebensweltperspektive mit einzubinden – wenngleich auch hier das Verhältnis reflektiert werden sollte, um nicht vorschnell auf kulturelle Deutungsmuster zurückzugreifen.

3 Fazit und Ausblick

Die Skizzen verdeutlichen, dass Multiprofessionalität durchaus in einem Spannungsverhältnis zu adressat*innenbezogenen Perspektiven steht. So bilden sich in der Zusammenarbeit mit anderen Professionen und Berufen multiprofessionelle Formen der Adressierung heraus, die den Beteiligungsstatus der Adressat*innen wesentlich prägen – erweiternd oder einschränkend.

Auf interaktionaler Ebene geht damit die Gefahr einher, dass den impliziten Deutungsleistungen der Professionellen eine höhere Relevanz zukommt als denen der Adressat*innen. Im Kontext gedolmetschter Hilfeplangespräche spitzt sich diese Problematik darauf zu, dass die interaktive Wirksamkeit sprachlicher Handlungen der Adressat*innen wesentlich von den Sprachmittelnden abhängt. Dieses Abhängigkeitsverhältnis verdeutlicht, dass das Hilfeplangespräch mit dem Hinzukommen einer*s Sprachmittelnden für die Adressat*innen kaum reibungsloser verläuft, sondern insbesondere an Komplexität gewinnt. So scheint ihre individuelle Handlungsfähigkeit mit der agency der

Sprachmittelnden verwoben. Gesprächsstrukturell kann sich durch die komplexen Mehrfachadressierungen ein Modus des Sprechens über die Adressat*innen etablieren, der zu ihrer Verobjektivierung führen kann.

Auf organisationaler Ebene zeigt sich, dass die Begründung für das multiprofessionelle Setting im Feld der Sozialen Dienste am Arbeitsmarkt nicht dem Schema folgt, durch Angebotsdiversität und Kooperation zwischen Professionellen bessere Angebote für die Adressat*innen bereitstellen zu können. Multiprofessionalität begründet sich hier vielmehr in dem politischen Bestreben, die Effizienz und Effektivität arbeitsmarktpolitischer Interventionen zu erhöhen. Für die Adressat*innen bedeutet die Trägerdiversität demnach nicht zwingend eine Erhöhung ihrer Wahlmöglichkeiten. Durch die Installation von Quasi-Märkten reicht das Aktivierungsregime bis in die Dienstleistungserbringungspraxis dritter Träger hinein. Erst wenn sich die Politik für sozialinvestigative Maßnahmen öffnet, können Soziale Dienste sich diversifizieren und spezialisieren und so ein breites Angebot an passgenauen Dienstleistungen für die individuellen Bedarfe ihrer Adressat*innen anbieten. So könnte auch die multiprofessionelle Zusammenarbeit mehrerer Dienste eine mögliche Form der Ausgestaltung sein, wenn dieses in Anbetracht der Bedarfe der Adressat*innen sinnvoll erscheint.

Auf Diskursebene wird deutlich, dass das zusammengebrachte, diskursiv erzeugte Wissen der einzelnen Professionen von Machtstrukturen durchzogen ist, welche den Kompetenzanspruch einzelner Akteur*innen im Gesamtgefüge zu legitimieren versuchen. Dies wird in interkulturell betitelten Feldern besonders deutlich, wenn sich dort eine Verschiebung des Professionsanspruches zum Kulturanspruch vollzieht. Diese Legitimation läuft jedoch Gefahr, sich in kulturalistischen Zuschreibungen und Deutungsmustern zu verlieren und die Adressat*innenperspektive nicht genügend mit einzubeziehen. Die als transkulturell bezeichnete Perspektive der Mitarbeiter*innen sollte vielmehr reflektiert und unter Einbezug der individuellen Adressat*innenperspektive berücksichtigt werden, um somit das gemeinsam erzeugte Wissen wirksam zu nutzen.

Insofern manifestiert sich in den aufgezeigten Spannungsfeldern das Risiko, dass die Beteiligung der Adressat*innen in Konflikt zu der Zusammenarbeit mit anderen Professionen geraten kann. Letztlich wird deutlich, dass Multiprofessionalität zu wenig mit dem Diskurs der Adressat*innenbeteiligung zusammengedacht wird. So besteht die Gefahr, auszublenden, dass es primär einer multiprofessionellen Verständigung darüber bedarf, welche unterschiedlichen Haltungen zu den Adressat*innen aus den unterschiedlichen Perspektiven der Professionellen zusammenkommen: Fachkräfte in der Kinder- und Jugendhilfe, der Sozialen Dienste am Arbeitsmarkt und der Altenpflege nehmen je nach organisationaler und diskursiver Einbettung in der Zusammenarbeit mit anderen Professionen und Dienstleistungen eine andere Sicht auf die (Beteiligungs-)Bedarfe ihrer Adressat*innen ein. Die pädagogische Fachkraft muss daher ihr eigenes Selbstverständnis der Adressat*innenbeteiligung in der Zusammenarbeit mit anderen Fachkräften immer wieder thematisieren und legitimieren. Der Diskurs um Adressat*innenbeteiligung ist nicht in jeder Profession gleichermaßen verhandelt und verankert. Die multiprofessionelle Zusammenarbeit sollte angesichts dessen stärker als Chance betrachtet werden, um das Bewusstsein um die Adressat*innen und damit ihre Position und Handlungsfähigkeit auch in anderen professionellen Handlungsfeldern zu stärken.

Literatur

Apfelbaum, Birgit (2004): Gesprächsdynamik in Dolmetsch-Interaktionen. Eine empirische Untersuchung von Situationen internationaler Fachkommunikation unter besonderer Berücksichtigung der Arbeitssprachen Deutsch, Englisch, Französisch und Spanisch. Radolfzell: Verlag für Gesprächsforschung.

Arbeitskreis Arbeitsmarktpolitik (2018): Solidarische und sozialinvestive Arbeitsmarktpolitik. Vorschläge des Arbeitskreises Arbeitsmarktpolitik (Study der Hans-Böckler-Stiftung, Nr. 374). Düsseldorf: Hans-Böckler-Stiftung.

Arnold, Helmut/Böhnisch, Lothar/Schröer, Wolfgang (Hrsg.) (2005): Sozialpädagogische Beschäftigungsförderung. Lebensbewältigung und Kompetenzentwicklung im Jugend- und jungen Erwachsenenalter (Übergangs- und Bewältigungsforschung). Weinheim und München: Juventa Verlag.

Balzer, Nicole/Ricken, Norbert (2010): Anerkennung als pädagogisches Problem. Markierungen im erziehungswissenschaftlichen Diskurs. In: Schäfer, Alfred/Thompson, Christiane (Hrsg.): Anerkennung. Paderborn: Schöningh, S. 35–87.

Bartelheimer, Peter/Henke, Jutta/Kotlenga, Sandra/Pagels, Nils/Schelkle, Bettina (2012): Es lässt sich mit allen arbeiten: PRIMUS – Arbeitsmarktdienstleistung zwischen Vermittlung und Fallmanagement (IAB-Forschungsbericht, 5). Nürnberg: Institut für Arbeitsmarkt- und Berufsforschung.

Bauer, Petra (2014): Kooperation als Herausforderung in multiprofessionellen Handlungsfeldern. In: Faas, Stefan/Treptow, Rainer (Hrsg.): Sozialer Wandel. Herausforderungen für Kulturelle Bildung und Soziale Arbeit. Wiesbaden: Springer VS, S. 273–286.

Bender, Gerd/Bieber, Daniel/Hielscher, Volker/Marschall, Jörg/Ochs, Peter/Vaut, Simon (2006): Organisatorischer Umbau der Bundesagentur für Arbeit. Evaluation der Maßnahmen zur Umsetzung der Vorschläge der Hartz-Kommission (Evaluationsbericht). Saarbrücken: Institut für Sozialforschung und Sozialwirtschaft e.V.

Bitzan, Maria/Bolay, Eberhard (2016): Soziale Arbeit – die Adressatinnen und Adressaten. Theoretische Klärung und Handlungsorientierung. Opladen: Verlag Barbara Budrich.

Bode, Ingo (2005): Die Dynamik organisierter Beschäftigungsförderung. Eine qualitative Evaluation. Wiesbaden: VS Verlag für Sozialwissenschaften.

Böhringer, Daniela/Karl, Ute/Müller, Hermann/Schröer, Wolfgang/Wolff, Stephan (2012): Den Fall bearbeitbar halten. Gespräche in Jobcentern mit jungen Menschen (Rekonstruktive Forschung in der sozialen Arbeit, 13). Opladen, Berlin und Toronto: Verlag Barbara Budrich.

Bommes, Michael/Scherr, Albert (2000): Soziologie der Sozialen Arbeit. Eine Einführung in Formen und Funktionen organisierter Hilfe. Weinheim und München: Beltz Juventa.

Butler, Judith (2001): Die Psyche der Macht. Das Subjekt der Unterwerfung. Frankfurt am Main: Suhrkamp.

Dahme, Heinz-Jürgen/Wohlfahrt, Norbert (2015): Soziale Dienstleistungspolitik. Eine kritische Bestandsaufnahme. Wiesbaden: Springer VS.

Diebäcker, Marc (2014): Soziale Arbeit als staatliche Praxis im städtischen Raum. Wiesbaden: Springer VS.

Foucault, Michel (2009): Geometrie des Verfahrens. Schriften zur Methode. Frankfurt am Main: Suhrkamp.

Freier, Carolin (2016): Soziale Aktivierung von Arbeitslosen? Praktiken und Deutungen eines neuen Arbeitsmarktinstruments (Gesellschaft der Unterschiede, Band 38). Bielefeld: transcript.

Gadow, Tina/Peucker, Christian/Fluto, Liane/van Santen, Eric/Seckinger, Mike (2013): Wie geht's der Kinder- und Jugendhilfe. Empirische Befunde und Analysen. Weinheim und Basel: Beltz Juventa.

Goffman, Erving (1981): Forms of talk. Philadelphia: University of Pennsylvania Press.

Gogolin, Ingrid (2010): Stichwort: Mehrsprachigkeit. In: Gogolin, Ingrid/Kuper, Harm/Krüger, Heinz-Hermann/Baumert, Jürgen (Hrsg.): Stichwort: Zeitschrift für Erziehungswissenschaft. Wiesbaden: Springer VS, S. 339–358.

Graßhoff, Gunther (2015): Adressatinnen und Adressaten der Sozialen Arbeit: Eine Einführung. Wiesbaden: Springer VS.

Griese, Birgit (2013): Formen der Diskursanalyse und ihre Relevanz für die Soziale Arbeit. In: Graßhoff, Gunther (Hrsg.): Adressaten, Nutzer, Agency – Akteursbezogene Forschungsperspektiven in der Sozialen Arbeit. Wiesbaden: Springer Fachmedien Wiesbaden GmbH, S. 277–306.

Gülker, Silke/Kaps, Petra/Mauer, Andreas/Mosley, Hugh/Müller, Kai-Uwe/Oschmiansky, Frank et al. (2006): Evaluation der Maßnahmen zur Umsetzung der Vorschläge der Hartz-Kommission. Modul 1a „Neuausrichtung der Vermittlungsprozesse". WZB und infas Institut für angewandte Sozialwissenschaften GmbH (Hrsg.). Berlin, Bonn.

Hamburger, Franz (2009): Abschied von der Interkulturellen Pädagogik. Plädoyer für einen Wandel sozialpädagogischer Konzepte. Weinheim und Basel: Juventa.

Hanses, Andreas (2013): Das Subjekt in der sozialpädagogischen AdressatInnen- und NutzerInnenforschung – zur Ambiguität eines komplexen Sachverhalts. In: Graßhoff, Gunther (Hrsg.): Adressaten, Nutzer, Agency – Akteursbezogene Forschungsperspektiven in der Sozialen Arbeit. Wiesbaden: Springer VS, S. 99–117.

Hartz-Kommission (2002): Moderne Dienstleistungen am Arbeitsmarkt. Vorschläge der Kommission zum Abbau der Arbeitslosigkeit und zur Umstrukturierung der Bundesanstalt für Arbeit. Langfassung. Lahr.

Hielscher, Volker/Ochs, Peter (2009): Arbeitslose als Kunden? Beratungsgespräche in der Arbeitsvermittlung zwischen Druck und Dialog (Modernisierung des öffentlichen Sektors / Sonderband, 32). Berlin: Edition Sigma Verlag.

Hirschman, Albert O. (1970): Exit, Voice, and Loyalty: Responses to Decline in Firms, Organizations, and States. Cambridge MA: Harvard University Press.

Hitzler, Sarah (2012): Aushandlung ohne Dissens? Praktische Dilemmata der Gesprächsführung im Hilfeplangespräch. Wiesbaden: Springer VS Verlag für Sozialwissenschaften.

Hochuli Freund, Ursula (2015): Multiperspektivität in der Kooperation. In: Merten, Ueli/Kaegi, Urs (Hrsg.): Kooperation kompakt. Professionelle Kooperation als Strukturmerkmal und Handlungsprinzip der Sozialen Arbeit. Leverkusen und Opladen: Verlag Barbara Budrich, S. 135–152.

Eubel, Carolyn (2019): Mehrsprachigkeit in der Kinder- und Jugendhilfe. In: Kampert, Meike/Rusack, Tanja/Schröer, Wolfgang/Wolff, Mechthild (Hrsg.): Lehrbuch Schutzkonzepte und Diversität in Organisationen gestalten. Fokus: Junge Menschen mit Fluchterfahrungen. Im Erscheinen.

Eubel, Carolyn (2019a): Sprachmittlung in der Hilfeplanung. Zwischen lebensweltlicher Mehrsprachigkeit und institutioneller Einsprachigkeit. In: Schweitzer, Helmut (Hrsg.): Mehrsprachige Professionalität im Migrationsmanagement. Sozial Extra. Wiesbaden: Springer VS. Im Erscheinen.

Honneth, Axel (2004): Anerkennung als Ideologie. In: West End. Neue Zeitschrift für Sozialforschung 1 (1), S. 51–70.

Hughes, Everett (1971): The Sociological Eye. London: Selected Papers.

Keller, Reiner (2005): Wissenssoziologische Diskursanalyse. Grundlegung eines Forschungsprogramms. Wiesbaden: Springer VS.

Keller, Reiner (2013): Zur Praxis der Wissenssoziologischen Diskursanalyse. In: Keller, Reiner/Truschkat, Inga (Hrsg.): Methodologie und Praxis der Wissenssoziologischen Diskursanalyse. Band 1: Interdisziplinäre Perspektiven. Wiesbaden: Springer VS, S. 27–68.

Keller, Reiner/Bosančić, Sasa (2017): Conchita Wurst oder: Warum ich (manchmal) ein(e) Andere(r) ist. Macht, Subjekt, Handlungsfähigkeit – Über Erleben, Erfahren und (Auto-)Biographisieren aus Sicht der Wissenssoziologischen Diskursanalyse. In: Spies, Tina/Tuider, Elisabeth (Hrsg.): Biographie und Diskurs. Methodisches Vorgehen und methodologische Verbindungen von Biographie- und Diskursforschung. Wiesbaden: Springer VS, S. 23–41.

Kessl, Fabian (2013): Diskursanalytische Hinweise zu akteursbezogenen Forschungsperspektiven. In: Graßhoff, Gunther (Hrsg.): Adressaten, Nutzer, Agency – Akteursbezogene Forschungsperspektiven in der Sozialen Arbeit. Wiesbaden: Springer VS, S. 307–316.

Knapp, Karlfried/Knapp-Potthoff, Annelie (1985): Sprachmittlertätigkeit in interkultureller Kommunikation. In: Rehbein, Jochen (Hrsg.): Interkulturelle Kommunikation. Tübingen: Gunter Narr Verlag, S. 450–464.

Ludwig-Mayerhofer, Wolfgang/Behrend, Olaf/Sondermann, Ariadne (2009): Auf der Suche nach der verlorenen Arbeit. Arbeitslose und Arbeitsvermittler im neuen Arbeitsmarktregime. Konstanz: UVK Verlagsgesellschaft.

Mecheril, Paul/Quehl, Thomas (2006): Die Macht der Sprachen. Englische Perspektiven auf die mehrsprachige Schule. Münster: Waxmann.

Messmer, Heinz/Hitzler, Sarah (2007): Die soziale Produktion des Klienten. In: Ludwig-Mayerhofer, Wolfgang/Behrend, Olaf/ Sondermann, Ariadne (Hrsg.): Fallverstehen und Deutungsmacht: Akteure der Sozialverwaltung und ihre Klienten. Opladen: Farmington Hills, S. 41–73.

Olk, Thomas/Otto, Hans-Uwe (Hrsg.) (2003): Soziale Arbeit als Dienstleistung. Grundlegungen, Entwürfe und Modelle. München: Luchterhand.

Pfadenhauer, Michaela/Brosziewki, Achim (2008): Professionelle in Organisationen – Lehrkräfte in der Schule. Eine wissenssoziologische Perspektive. In: Helsper, Werner/Busse, Susanne/Hummrich, Merle/Kramer, Rolf-Thorsten (Hrsg.): Pädagogische Professionalität in Organisationen. Neue Verhältnisbestimmungen am Beispiel der Schule (Studien zur Schul- und Bildungsforschung, Band 23). Wiesbaden: Springer VS, S. 79–98.

Pluto, Liane/Mamier, Jasmin/van Santen, Eric/Seckinger, Mike/Zink, Gabriela (2003): Partizipation im Kontext erzieherischer Hilfen – Anspruch und Wirklichkeit. Eine empirische Studie. München: DJI Verlag.

Pöchhacker, Franz (2000): Dolmetschen. Konzeptuelle Grundlagen und deskriptive Untersuchungen. Tübingen: Stauffenburg.

Pöllabauer, Sonja (2012): Gatekeeping Practices in Interpreted Social Service Encounters. In: Meta. Translators' Journal 57, H. 1, S. 213–243.

Rehbein, Jochen (1985): Interkulturelle Kommunikation. Tübingen: Gunter Narr Verlag.

Rose, Nadine (2015): Subjekte der Macht bei Judith Butler und Michel Foucault. Machtvolle Diskurse, Subjektivierungen und Widerstand als Ausgangspunkt für eine rassismuskritische Perspektive in der Migrationsforschung. In: Reuter, Julia/Mecheril, Paul/Rose, Nadine (Hrsg.): Schlüsselwerke der Migrationsforschung. Wiesbaden: Springer VS, S. 323–343.

Schaarschuch, Andreas (2010): Nutzerorientierung – der Weg zur Professionalisierung der Sozialen Arbeit? In: Hammerschmidt, Peter/Sagebiel, Juliane (Hrsg.): Professionalisierung im Widerstreit. Neu-Ulm: AG-Spak-Bücher, S. 149–160.

Scheffer, Thomas (2001): Asylgewährung. Eine ethnographische Analyse des deutschen Asylverfahrens. Stuttgart: Lucius und Lucius.

Scherr, Albert (2013): Agency – ein Theorie- und Forschungsprogramm für die Soziale Arbeit? In: Graßhoff, Gunther (Hrsg.): Adressaten, Nutzer, Agency. Akteursbezogene Forschungsperspektiven in der Sozialen Arbeit. Wiesbaden: Springer VS, S. 229–243.

Schröer, Wolfgang/Schweppe, Cornelia (2010): Alte Menschen mit Migrationshintergrund. In: Aner, Kirsten/Karl, Ute (Hrsg): Handbuch Soziale Arbeit und Alter. Wiesbaden: Springer VS, S. 369–376.

Schübel, Thomas (2016): Grenzen der Medizin: zur diskursiven Konstruktion medizinischen Wissens über Lebensqualität. Wiesbaden: Springer VS.

Schütze, Fritz (1992): Sozialarbeit als bescheidene Profession. In: Dewe, Bernd/Ferchhoff, Wilfried/Radtke, Frank-Olaf (Hrsg.): Erziehen als Profession: zur Logik professionellen Handelns in pädagogischen Feldern. Opladen: Leske und Budrich, S. 132–170.

Schwabe, Meike (2006): Kinder und Jugendliche als Patienten. Eine gesprächsanalytische Studie zum subjektiven Krankheitserleben junger Anfallspatienten in pädiatrischen Sprechstunden. Göttingen: V&R Unipress.

Thiersch, Hans (2013): AdressatInnen der Sozialen Arbeit. In: Graßhoff, Gunther (Hrsg.): Adressaten, Nutzer, Agency. Wiesbaden: Springer VS, S. 17–32.

Traue, Boris/Pfahl, Lisa/Schürmann, Lena (2014): Diskursanalyse. In: Baur, Nina/Blasius, Jörg (Hrsg.): Handbuch Methoden der empirischen Sozialforschung. Wiesbaden: Springer VS, S. 493–508.

Truschkat, Inga/Peters, Luisa (2018): Soziale Dienste am Arbeitsmarkt. In: Graßhoff, Gunther/ Renker, Anna/Schröer, Wolfgang (Hrsg.): Soziale Arbeit. Eine elementare Einführung. Wiesbaden: VS Verlag für Sozialwissenschaften.

Uebelacker, Johanna (2007): Der Bedarf an Sprach- und KulturmittlerInnen aus Sicht der MitarbeiterInnen eines Berliner Bezirksamtes. In: Albrecht, Niels-Jens/Borde, Theda (Hrsg.): Migration – Gesundheit – Kommunikation. Interdisziplinäre Reihe. Band 3. Innovative Konzepte für Integration und Partizipation. Bedarfsanalyse zur interkulturellen Kommunikation in Institutionen und für Modelle neuer Arbeitsfelder. Frankfurt am Main: IKO Verlag für Interkulturelle Kommunikation, S. 22–42.

Wadensjö, Cecilia (1998): Interpreting as interaction. New York: Addison Wesley Longman Inc.

Dinge in der Multiprofessionalität?

Alltägliche (Un-)Ordnungen menschlicher und nichtmenschlicher Professionsträger*innen

Maria Milbert, Anna Korth, Wolfgang Schröer

Seit einigen Jahren wird intensiv über Multiprofessionalität in ganz unterschiedlichen beruflichen Feldern diskutiert. Insbesondere im Bereich sozialer Dienstleistungen und pädagogischer Handlungsfelder werden einerseits angesichts einer Ausdifferenzierung der Professionsprofile sowie andererseits aufgrund einer Neuorganisation unterschiedlicher kooperativer Aufgaben, z. B. Inklusion in der Schule, Kinderschutz in der Kinder- und Jugendhilfe, 24-Stunden-Pflege, neue Formen multiprofessioneller Zusammenarbeit erprobt. In diesem Kontext – so unsere zentrale Beobachtung – werden in erster Linie die menschlichen Professionsträger*innen als zentrale Akteur*innen betrachtet und analysiert.

Aus unserer Sicht greift dieser Fokus aber zu kurz: Es sind nicht nur die menschlichen Professionsträger*innen, die angesichts der multiprofessionellen Konstellationen vor neuen Herausforderungen stehen, sondern (Multi-)Professionalität ist auch an Gegenstände, Materialien und Konzepte geknüpft. Inwiefern sind in diesem Zusammenhang auch solche Dinge interessant?

1   Dingphilosophische Spurensuche

Insgesamt lohnt ein kurzer Rückblick auf die Anfänge der sozialwissenschaftlichen Forschung und ihr Interesse an Dingen. Sozialwissenschaftliches und insbesondere sozialpädagogisches Denken verstand sich lange als Wissenschaft vom Sozialen und begriff dieses in erster Linie als Vergemeinschaftung und Vergesellschaftung des Menschen. Daher rückten Dinge wie Konsumgüter, Objekte aus Technik und Landwirtschaft, aber auch Artefakte mit zunehmender Etablierung der Sozialwissenschaft aus dem Fokus der Aufmerksamkeit (vgl. Wieser 2004, S. 92). Rammert stellte pointiert eine zunehmende „Sachvergessenheit der Soziologie" (Rammert 2004) fest. Dem war jedoch nicht immer so. In ihren Anfängen hat sich die Sozialwissenschaft zu einem nicht geringen Grad mit Dingen, Gütern, Waren etc. beschäftigt und ihnen z. B. im Rahmen der Frage nach Industrialisierung und technischem Fortschritt ein gehöriges Maß an Aufmerksamkeit geschenkt (vgl. Wieser 2004, S. 92).

So urteilt Max Weber in „Wirtschaft und Gesellschaft" von den Dingen bzw. „Objekten" (Weber 1922/1976, S. 31), „dass alle ‚wirtschaftlichen' Vorgänge und Objekte ihre Gepräge durch den Sinn erhalten, welchen menschliches Handeln ihnen [...] gibt" (ebd., S. 31). Damit wären die Dinge zunächst dem Menschen untergeordnet und die bereits erwähnte „Sachvergessenheit der Soziologie" (Rammert 2004) hätte schon bei Weber ihren Anfang genommen. Doch Weber umreißt Objekte im Folgenden noch schärfer: „Sie haben einen besondersartig gemeinten Sinn: dieser allein konstituiert die Einheit der betreffenden Vorgänge und macht sie allein verständlich" (Weber 1922/1976, S. 31). Es gibt etwas in oder an den Dingen – ihren „Sinn" –, der über das, was der Mensch mit ihnen macht, hinauszugehen scheint. Dieser „Sinn" ist es, der die menschlichen „Vorgänge" (ebd.) verständlich macht. Die Dinge – ließe sich interpretieren – haben einen – wenn man so will – eigenen, hermeneutisch zu erschließenden Charakter und verstehen es, den Menschen über die Tätigkeiten, die er mit ihnen vollführt, verstehbar, erklärbar, interpretierbar zu machen. Sie lassen ihn über den ihnen eingeschriebenen Sinn selbst sinnhaft werden. Mit anderen Worten ist der Sinn der interpretative Mehrwert in der Deutung des Menschen, den die Dinge in sich tragen oder: Die Dinge bergen ein diffuses, hermeneutisches Substrat, das sich der Mensch zugänglich machen muss, um – gespiegelt durch die Dinge – sich selbst verständlicher zu werden.

Auch Karl Marx arbeitet in seiner Ökonomie mit den Dingen: „Eine Ware scheint auf den ersten Blick ein selbstverständliches, triviales Ding. Ihre Analyse ergibt, daß sie ein sehr vertracktes Ding ist, voll metaphysischer Spitzfindigkeit und theologischer Macken" (Marx/Engels 1867/1972, S. 85). Marx tröstet sich mit dem Gebrauchswert, der das Ding da wieder einfängt, wo es zu „vertrackt" wird: „Soweit sie Gebrauchswert, ist nichts Mysteriöses an ihr" (ebd.). Das von Marx gewählte Beispiel – ein Tisch – „bleibt [...] Holz, ein ordinäres, sinnliches Ding" (ebd.). Schwierig wird es, wenn dieser Tisch mehr als nur einen direkten Gebrauchswert hat, denn „sobald er als Ware auftritt, verwandelt er sich in ein sinnlich übersinnliches Ding. Er steht nicht nur mit seinen Füßen auf dem Boden" (ebd.).

Es gibt also für Marx einerseits einen Sinn des Dinges, der auf die sinnlich erfahrbare Welt weist und angestrengte Denker*innen beschwichtigt. Und doch ist der Tisch trügerisch, denn er kann sich von der Erfahrbarkeit durch die Sinne lösen und zu etwas Übersinnlichem werden. Dieses Übersinnliche scheint noch mehr Probleme als „der besondere Sinn" (Weber 1922/1976, S. 31) bei Weber zu bereiten, denn es ist noch uneindeutiger als jener. Es scheint den Menschen genau da zu dominieren, wo er nicht dominiert werden möchte: in seiner Fähigkeit, die Dinge zu verstehen und nicht darauf angewiesen zu sein, sie zu brauchen, um sich selbst zu verstehen oder eine Übermacht der Hermeneutik der Dinge ertragen zu müssen, die den Menschen bei Mängeln der Verstehbarkeit, der eigenen Kognition unterstützt.

Marx beklagt die metaphysische Vertracktheit (vgl. Marx/Engels 1867/1972, S. 85) des Dings, die Hegel, auf den sich Marx bezieht, seinerseits auflösen kann. Hegel nimmt – was sonst nur wenige der neueren Ding-Forscher*innen tun – eine weitere Unterscheidung vor: Es gibt natürliche Dinge, also nicht vom Menschen gemachte, wie einen Stein, einen Baum etc., und im Gegensatz dazu das künstliche, vom Menschen gemachte Ding (vgl. Kojève 1975, S. 42). Hegel erklärt das nach Kojèves Hegel-Interpretation so: Dieses vom Menschen ge-machte Ding wird vor dem Hintergrund von Hegels Verständnis der unauflös-lichen Dialektik des menschlichen Bewusstseins als entscheidendes Merkmal des menschlichen Geistes wichtig, insofern es das Produkt ist, das der Mensch transformiert (aus Holz wird z. B. ein Tisch) und durch das er sich transzen-diert (der Mensch verdrängt seine Triebe, sublimiert sie und erschafft für einen anderen und nicht nur für sich ein Ding), und das erschafft er, indem er sich daran abarbeitet, ohne es zu „verzehren" (ebd.), isst es also – einfach gesagt – nicht auf, verzehrt sich auch nicht selbst daran, sondern stellt es her und lässt es bestehen (vgl. ebd., S. 42 f.). „Das Arbeitsprodukt ist das Werk des Arbeitenden, die Verwirklichung seines Planes, seiner Idee, er ist es also, der sich in und durch das Produkt verwirklicht hat und infolgedessen betrachtet er sich selbst, wenn er es anschaut" (ebd.).

Genau an diesem Punkt hätte Lacan vom „Spiegelstadium" (Lacan 1975) ge-sprochen – und denken wir wie Lacan an dieser Stelle weiter und erinnern uns dabei an Kojèves Hegel-Auslegung, dann wäre der Spiegel das versinnbildlichte, ja materialisierte Ding des Zurückwerfens einer Erkenntnis des Menschen zu sich selbst, die dieser nicht in sich, sondern auch außer sich findet, insofern das Selbstbewusstsein des Menschen beides kann und braucht: an sich sein und für etwas anderes sein (vgl. Kojève 1975, S. 42). Der Spiegel als Ding ist also deshalb so wichtig, weil er dem Menschen eine Erkenntnis bietet, die dieser nie und unter keinen Umständen anderswo – also: nicht in sich – gefunden hätte. Noch pointierter könnte man sagen: Der Mensch braucht den Spiegel in einer absolut unbedingten Weise. Der Mensch hat also nicht nur eine Ding-Fähigkeit (vgl. Wieser 2004, S. 72), sondern unserem Verständnis nach auch eine Ding-Notwendigkeit. Diese Ding-Notwendigkeit versinnbildlicht gleichzeitig das Unheimliche an den Dingen: Sie spiegeln dem Menschen etwas über sich zu-rück, was dieser so nicht auf anderem Weg erfahren hätte.

Hegel klärt letztlich in seiner Konzeption die von Marx beklagte metaphysi-sche Vertracktheit (vgl. Marx/Engels 1867/1972, S. 85) und macht deutlich, dass den Dingen ein hermeneutisches Substrat eingeschrieben ist, insofern sie als künstliche Dinge Produkte der Arbeit des Menschen sind, und dieses Produkt in seiner Ding-Form ist so nirgendwo sonst – auf jeden Fall nicht im Menschen selbst oder den menschlichen Akteur*innen – zu finden. Damit ist klar, dass das Erklärungspotenzial bzw. das hermeneutische Substrat der Dinge in seiner Vielschichtigkeit und Aussagekraft einzigartig ist.

Diese Perspektive nehmen auch aneignungstheoretische Überlegungen (vgl. Holzkamp 1973) in der Sozialpädagogik seit den 1970er-Jahren intensiv auf. Sie werden z. B. in sozialraumbezogenen Ansätzen (vgl. Krisch 2009; Deinet 1990; Reutlinger 2003) oder in kritischen Ergänzungen zur Kompetenzorientierung (vgl. Oehme 2007) diskutiert. Zudem sind sie in aktuellen Studien zur sozialen Ungleichheit oder zum Lebensstil zu finden. So wird bei Bourdieu und Douglas kleinen, klar abgrenzbaren Objektgruppen eine Relevanz zugeschrieben, die sich so nur in ihnen akkumuliert und aus ihnen deutlich wird (vgl. Hahn 2015, S. 63). In und um eine kleine Anzahl von Dingen sammeln sich „Sinnbezüge und Objektbeziehungen" (ebd., S. 62). Nicht nur der alltägliche Gebrauch von Dingen in der Praxis müsse darum untersucht und analysiert, sondern die „Bedeutung, die Beurteilung einer Sache" (Douglas/Isherwood 1979, S. 82) solle verstanden werden. Bourdieu geht noch einen Schritt weiter und widmet seine Aufmerksamkeit auch der Art und Weise, wie mit den Dingen umgegangen wird (vgl. Bourdieu 1979). Douglas und Bourdieu teilen die Auffassung, dass der Gebrauch von Dingen soziales Handeln darstelle (vgl. ebd.; Douglas/Isherwood 1979).

2 Theoretische Zugänge zu multiprofessionellen Dingen

Dinge können – führt man diese dingphilosophischen Spuren fort – in eigener Weise Multiprofessionalität erklären, wenn wir Multiprofessionalität als besondere Ausformung menschlicher Arbeit betrachten, die etwas ist, was verschiedene Gruppen von Menschen unterschiedlicher Professionszugehörigkeit in ihrer Arbeit und auch gleichzeitig in ihrer Abarbeitung an den Dingen diesen einschreiben bzw. eingeschrieben haben. Angesichts des hermeneutischen Potenzials der Dinge und ihrer sozialen Herstellungsbedeutung müssen sie befragt werden, um die Komplexität von Handlungskonstellationen analysieren zu können und in einigen Fällen auch um Rückschlüsse nicht nur auf das Produkt der Arbeit eines Menschen, sondern auf das Produkt der Arbeit mehrerer Menschen zu verstehen.

Man kann auch fragen, ob die Dinge nun „trivial" (Marx/Engels 1867/1972, S. 85) oder doch „metaphysisch" so „vertrackt" (ebd.) sind, dass eine Beschäftigung mit ihnen ganz ungeahnte Erkenntnisse zutage brächte. Die aktuelle Forschung zur material culture schreckt weder vor der „Trivialität" noch der gleichzeitigen Vertracktheit und „metaphysische[n] Spitzfindigkeit" der Dinge zurück, vielmehr versucht sie, die von Marx beklagte „metaphysische Spitzfindigkeit und theologischen Mucken" (ebd.) mit den Dingen anhand unterschiedlicher theoretischer Zugänge zu entschlüsseln.

Bei der wissenschaftlichen Annäherung an die Dinge lässt sich folgender Unterschied im Zugang erkennen: Die neuere Forschung zu den Dingen rückt konkret einzelne, materielle Dinge, welche in erster Linie vom Menschen gemacht sind, „seine Artefakte" (Hörnig 2001, S. 67), in den Mittelpunkt. Das Interesse der material culture studies gilt dabei vor allem Einzeldingen, -objekten und -sachen (vgl. Hahn 2015, S. 64). Vor dieser Wende galt die Forschung zu den Dingen nur dann als „theoriefähig" (ebd.), wenn die untersuchten Dinge einen besonderen Status in ihrer Singularität als einzelnes Objekt hatten. Ein Beispiel dafür bilden Roland Barthes' Untersuchungen des Citroën D. S. und des Eiffelturms, denen er als singulären Objekten Aufmerksamkeit schenkte (Barthes 1970, S. 76–81). Der Status des Einzelobjekts rechtfertigte die Betrachtung von einzelnen Sachen, Dingen, Objekten, Artefakten. Doch in den material culture studies der neueren Zeit stehen nicht nur einzelne, besondere Dinge im Zentrum, sondern auch Ding-Gruppen, also mehrere Dinge in ihrer gegenseitigen Bezogenheit.

Vor diesem Hintergrund kann festgehalten werden, dass (Einzel-)Dinge auch in der multiprofessionellen Konstellation fungieren. Dinge z. B. der technischen Ausstattung und Form der Digitalisierung strukturieren heute vielfach multiprofessionelle Kooperationsverhältnisse sowie das raum-zeitliche Arrangement mit. Interessant sind sie auch dann, oder gerade dann, wenn sie durch multiprofessionelle Konstellationen herausgefordert werden, wenn sie Konflikte der Einschreibungen in das Ding spiegeln oder angesichts von Veränderungen in der nunmehr multiprofessionellen Bearbeitung nicht mehr in der gewohnten Art und Weise wirken oder sich mitunter einer multiprofessionellen Zusammenarbeit sperren.

Zudem sind es Konzepte, die als Dinge in der Multiprofessionalität mitarbeiten. Wir sehen die Dingwelt eben nicht nur auf materialisierte Dinge – wie in den traditionellen Überlegungen – begrenzt. So tauchen auf organisationaler Ebene transprofessionelle Konzepte auf, die neben anderen stehen und nun in der Un-Ordnung mitspielen. Und ein konzeptioneller Zugang – wie die Vorstellung einer gleichberechtigten Partizipation als normativer Rahmen – kann zu vielfältigen Irritationen führen, wenn sie nicht geteilt wird. Insgesamt entstehen neue, „mehr oder weniger institutionalisierte Netzwerke", die neue Un-Ordnung bilden und in denen Multiprofessionalität eine „spezifische Sozialform" (Bauer 2014, S. 276) sein kann. Daher sind zu einem Verständnis multiprofessioneller Arbeitszusammenhänge, so unsere Auffassung, v. a. jene dingtheoretischen Zugänge relevant, die das Zusammenwirken menschlicher und dinglicher Akteur*innen fokussieren.

Für die Untersuchung multiprofessioneller Konstellationen lässt sich also insgesamt fragen, wie darin Menschliches und Nichtmenschliches zusammenwirken, interagieren und damit soziales und pädagogisches Handeln gemeinsam herstellen. Im Folgenden diskutieren wir eine dingtheoretische Perspektive auf Multiprofessionalität in drei Zugängen, die dieses Zusammenspiel von Mensch und Ding beschreibbar machen: Grenzobjekte, epistemische Dinge,

Assemblagen. Dabei verstehen wir Multiprofessionalität zunächst im konventionellen Sinne als Zusammenarbeit von Fachkräften unterschiedlicher fachlicher und professioneller Hintergründe (vgl. ebd., S. 273), die jedoch um nicht-menschliche Aspekte zu ergänzen ist.

2.1 Grenzobjekte der Multiprofessionalität

Für die Untersuchung von Dingen im Kontext von Multiprofessionalität erscheint es zunächst notwendig, sich von den material culture studies insoweit zu entfernen, dass nicht nur materialisierte Dinge gemeint sind. Für Multiprofessionalität können darüber hinaus Objekte – Medien, Verfahren, Begriffe – grundlegend sein, die eine organisierende Bedeutung erfüllen und in die verschiedene Vorgänge eingeschrieben sind, sowie Dinge, die Zusammenarbeit, Auseinandersetzung oder Abgrenzung ermöglichen. So ist es eine zentrale Herausforderung jeder multiprofessionellen Praxis, Orte, Medien und Verfahren – Dinge – der Verständigung und Abgrenzung zu finden, um auf dieser Basis Arbeits-, Hilfe-, Lern- und Unterstützungsprozesse zu gestalten (Hörster et al. 2013). Das Problem der Verständigung und Abgrenzung stellt sich auf unterschiedlichen Ebenen, es tritt auch und gerade an den Grenzen zwischen den jeweils beteiligten Disziplinen, Organisationen und Professionen auf. Um das Zustandekommen solcher intersystemischer Kooperationen, Abgrenzungen und Verständigungen zu erklären, die weitgehend ohne Konsens bzw. wechselseitiges Verstehen auskommen müssen, hat Star (2010) das Konzept des Grenzobjekts entwickelt (Hörster et al. 2013).

„Boundary objects are objects which are both plastic enough to adapt to local needs and the constraints of the several parties employing them, yet robust enough to maintain a common identity across sites. They are weakly structured in common use, and become strongly structured in individual site use. These objects may be abstract or concrete. They have different meanings in different social worlds but their structure is common enough to more than one world to make them recognizable, a means of translation. The creation and management of boundary objects is a key process in developing and maintaining coherence across intersecting social worlds" (Star/Griesemer 1989, S. 383).

Wegen der Leichtigkeit des Zugriffs auf das Objekt können sich recht unterschiedliche Bezugssysteme auf ein solches Grenzobjekt beziehen und sich so im Sinne einer losen Kopplung zusammen- (und zugleich auf Distanz) halten (vgl. Schröer/Wolff 2017). In diesem Sinne erfolgreiche Grenzobjekte sind vage, provisorisch und interpretativ flexibel.

Wir möchten ein Beispiel aus der griechischen Mythologie als Grenzobjekt deuten, um zu zeigen, dass Grenzobjekte nicht nur vermitteln, sondern auch

Auseinandersetzungen hervorbringen können: den goldenen Apfel der Eris. Er war es, der den Trojanischen Krieg auslöste. Ein Objekt, das im Umfang wohl höchstens 20 Zentimeter messen dürfte, in Höhe und Breite maximal ebenso viel, dem etwas eingeschrieben war: der Schönsten. Die Göttin Eris warf ihn dem Mythos nach unter die Gäste, die zur Hochzeit der Thetis und des Peleus eingeladen waren, aus Ärger darüber, dass sie selbst nicht zu den Gästen gehörte. Drei Göttinnen stritten sich um den rechtmäßigen Besitz des Apfels: Hera, Athene und Aphrodite. Da sie sich nicht entscheiden und ihren Streit schlichten konnten, wählten sie Paris, den Sohn des Königs Priamos von Troja, und erklärten sich bereit, seine Entscheidung, wer die Schönste sei, zu akzeptieren. Paris wählte Aphrodite, die ihm als Belohnung für seine Wahl die schönste Frau der Welt versprach: Helena, die Gattin des Königs Menelaos von Sparta. Paris nahm sich das ihm zugesprochene Recht und raubte Helena und der Krieg um Troja begann mit einer griechischen Armada, die unter Menelaos Führung nach Troja aufbrach, um Helena zurückzuholen.

Was ist so bemerkenswert an dem kleinen Apfel, der den verhältnismäßig großen Krieg auslöste? Wie genau stehen Grenzobjekt (Apfel) und Folge (Streit zwischen drei Göttinnen) mit einer weiteren Folge (Krieg bzw. Streit zwischen zwei Völkern) zueinander?

Der Apfel repräsentiert etwas, was ihm im wahrsten Sinne des Wortes auch eingeschrieben ist, insofern er die Aufschrift „der Schönsten" trägt. Das Objekt, der Apfel (es gibt nur diesen einen Apfel, nicht jedoch mehrere Äpfel), verbindet und suggeriert Gemeinsamkeit. Mit der Vagheit der Aufladung „der Schönsten" können die unterschiedlichen Beteiligten sich in einen Zusammenhang bringen, da es eine Mehrzahl an weiblichen Gästen gab, die Anspruch auf die mit einer solchen Zueignung verbundene gebührende Anerkennung erhoben. Das „Schönste" konkurriert mit dem Plural der weiblichen Gäste, die sich alle für die „Schönste" hielten, während der Apfel doch zu sagen schien, dass es nur eine Schönste gäbe. Sinnlos wäre ein Apfel mit einer materiell-empirischen Aufschrift im Plural „den Schönsten", da so die sinnfällige Verbindung zwischen Apfel und Aufschrift nicht gegeben wäre und das Grenzobjekt Apfel im Weiteren nicht die Wirkung hätte entfalten können, die es aber tatsächlich hatte. Die Wirkung des Apfels ist die, die in der Mythologie die Schöpferin des Grenzobjekts, die Göttin Eris, intendiert: Es entsteht Streit und Streit will eine Göttin, die die Göttin des Streits ist.

Hier wird deutlich, dass sich verschiedene Ebenen der Sinngebung, der Auseinandersetzung und Aneignung mit dem Grenzobjekt wechselseitig miteinander verklammern. Gleichzeitig ist das Grenzobjekt nicht unbegrenzt verarbeitbar, es schafft einen Gestaltungsraum, der aber in einem Handlungsmodus liegt. Eris ist die Göttin des Streits und damit ist der Modus des Spielraums abgesteckt. Ermöglicht wird der Streit durch die Aneignung und Bearbeitung des Objekts, welches mehrere Göttinnen für sich reklamieren. Hier zeigt sich, dass das Grenzobjekt nur einen begrenzten Spielraum lässt und nicht alle Positionen miteinander vermittelt werden können.

Die Aufschrift und Wirkung des Dings wiederum steht in unmittelbarer Verbindung zu den am Ding Beteiligten, den Göttinnen Hera, Athene und Aphrodite. Sie manifestieren bzw. realisieren durch ihren Streit die Dingwirkung, den Streit. Zugleich eröffnet das Grenzobjekt eine – wenn man so will – multiprofessionelle Auseinandersetzung: Hera als Göttin der Ehe, Athene als Göttin von Wissenschaft und Weisheit, Aphrodite, die Göttin der Liebe. Dabei verstehen wir die Handlungsbereiche der Göttinnen als etwas, was ihre Professionalität repräsentiert und in der gegenseitigen Abgrenzung dieser Bereiche als ein Mehr an Professionalität, das wir als eine Form von Multiprofessionalität deuten.

Der Apfel fungiert als Grenzobjekt einer Inbezugsetzung von Sinnebenen und eines Ermöglichungsraumes, den die einzelnen Sinnebenen für sich betrachtet nicht in einer dem Objekt eigenen Gesamtheit hätten beanspruchen können. Er ermöglicht insofern mehr als die jeweils einzelnen Bezugssinnebenen von Schöpferin, Aufschrift, Gestaltung und Bezugnahme. Das Grenzobjekt repräsentiert dieses Mehr dadurch, dass alle Bezugsebenen in ihm zusammenfließen und durch es ermöglicht werden. Freilich muss es nicht ein multiprofessioneller Streit sein, wie in der griechischen Mythologie, doch so mancher Diagnosebogen könnte eine ähnliche Wirkung entfalten.

2.2 Epistemische Dinge in der Multiprofessionalität

Das Konzept der Grenzobjekte verweist also bereits auf Funktionen einzelner Dinge, die über ihre Materialität hinausgehen, und bietet interessante Möglichkeiten für Forschungen zu Multiprofessionalität. Ein weiterer Zugang zu nicht (nur) materiellen Dingen eröffnet sich mit Jörg Rheinbergers Konzept der epistemischen Dinge (Rheinberger 2001).

Rheinberger betrachtet Arrangements wissenschaftlicher Forschung, in denen sich „Materialien, Forschungstechnologien, [...] kollektives Erfahrungswissen" befinden, die „dazu nötig sind, einen [...] Experimentierprozess in Bewegung zu setzen und ihn in Gang zu halten" (Rheinberger 2016, S. 20). In diesen Systemen sind Dinge von zentraler Bedeutung, deren Gestaltung letztlich nicht absehbar ist, da sie erst im Prozess geformt werden: Fragen und Theorien, aber auch „Strukturen, Reaktionen, Funktionen" (Rheinberger 2001, S. 24). Indem man den Prozess der experimentellen Genese solcher Aspekte fokussiert, werden sie als epistemische Dinge in ihrer Unschärfe und Vorläufigkeit sichtbar. Im Folgenden geht es um dieses Konzept der epistemischen Dinge sowie abschließend um die Frage, inwiefern es als (Teil-)Heuristik für Multiprofessionalität nutzbar gemacht werden kann.

Seine Betrachtungsweise des Dinglichen entwickelte Rheinberger aus der mehrjährigen Beobachtung naturwissenschaftlicher Forschungsteams: Exemplarisch beschreibt er in seiner „Geschichte der Proteinsynthese im Reagenzglas" (Rheinberger 2001) die Entwicklung einer Forschungsmethode innerhalb der praktischen Forschung, im Kontext des Labors. Das Labor mitsamt der darin tätigen Forscher*innen, der ihnen jeweils zur Verfügung stehenden technischen Gerätschaften, ihres Wissens, ihrer Konventionen und Forschungsobjekte, formt dabei das Experimentalsystem – ebenfalls ein zentraler Begriff in Rheinbergers Theorie. Experimentalsysteme sind „die eigentlichen Arbeitseinheiten der gegenwärtigen Forschung. In ihnen sind Wissensobjekte und die technischen Bedingungen ihrer Hervorbringung unauflösbar miteinander verknüpft" (ebd., S. 8).

Epistemische Dinge sind, so die kompakteste Definition des Autors, „Dinge, denen die Anstrengung des Wissens gilt" (ebd., S. 24) – also dasjenige, das innerhalb des Forschungsprozesses entdeckt, beschrieben, untersucht und somit konstituiert wird. Aus Rheinbergers Schriften geht nicht eindeutig hervor, ob er epistemische Dinge stets als materiell beschaffen oder zumindest repräsentiert auffasst. Sind sie zunächst „nicht Objekte im engeren Sinn, es können auch Strukturen, Reaktionen, Funktionen sein" (ebd.), so stellt er an anderer Stelle fest: „According to my position, scientific or epistemic objects are clearly material things" (Rheinberger 2005, S. 406).

Diese nicht ganz aufzulösende Unklarheit (vgl. Rossler 2016, S. 49), die manche Unschärfe auch von Übertragungen des Konzepts auf andere Bereiche erklärt, begründet sich teils aus dem zeitlich-relationalen Charakter der epistemischen Dinge. Sie sind Produkte der dynamischen Relationen im Experimentalsystem, werden also im Prozess des Forschens bemerkt oder tauchen zunächst als nebensächliche Erscheinung auf. Eigentlich sind epistemische Dinge also zunächst „ereignishaft" (Rossler 2016, S. 48); erst ihr wiederholtes Bemerken und Bearbeiten im Experimentalsystem verleiht ihnen einen sozusagen handfesten Dingstatus.

Rheinberger bezeichnet dies als „konstitutive Nachträglichkeit" (Rheinberger 1999, S. 276; vgl. auch Rossler 2016, S. 48). Das Paradoxe (und auch die Erklärungsmacht) des epistemischen Dings liegt also gerade darin, dass der Begriff das etikettiert, was noch nicht gewusst ist. Diese Dinge „haben den prekären Status, in ihrer experimentellen Präsenz abwesend zu sein; aber sie sind nicht einfach verborgen und durch ausgeklügelte Manipulationen ans Licht zu bringen" (Rheinberger 2001, S. 25). Durch solche Manipulation, durch ihre Erforschung, Definition und Eingrenzung also, können epistemische schließlich als technische Dinge Teil des Experimentalsystems werden. Als etablierter Teil eines methodisch-technischen Instrumentariums von Forscher*innen haben sie dann das Potenzial, zur Suche nach neuen epistemischen Dingen beizutragen; gleichsam geht mit der Neuheit auch ihr Status als epistemisches Ding verloren (vgl. Rossler 2016, S. 49).

Die technischen Dinge sind den epistemischen in Rheinbergers begrifflicher Topologie kontrastierend gegenüber platziert, sie bilden den „Rahmen für den Prozess ihrer Bestimmung" und „determinieren [so] die Wissensobjekte, vor allem aber auch den gesamten Forschungsprozess" (Neumaier 2013, S. 27). Der technisch-methodische Kontext der Wissenshervorbringung und damit ihre Determinanten werden demnach erweitert, indem alte epistemische Dinge als neue technische Dinge in den Prozess Eingang finden: Sie werden zu Instrumenten, Kulturen, Methodologien der Forschung (vgl. Tyberg 2015, S. 273).

Epistemische Dinge, so lässt sich für diesen Kontext zusammenfassen, sind erstens nicht (nur) materiell, entstehen zweitens aus temporalen Relationen in Experimentalsystemen (sie sind neu) und können drittens im Prozess zu technischen Dingen werden, die wiederum der Hervorbringung von Neuem dienen. Somit sind sie in spezifischer Weise zeitlich bzw. verlieren ihre epistemische Funktion, wenn sie als bekanntes Ding zum Bestandteil des wissensgenerierenden Systems geraten.

Hier wird deutlich, dass Rheinberger die Dualismen von Natur und Kultur sowie Subjekt und Objekt ablehnt. Er bezeichnet epistemische Dinge nicht als Objekte, weil das Forschungsobjekt ein forschendes Subjekt und damit eine direktiv-dualistische, eine geklärte und prädeterminierte Beziehung suggeriert. Entsprechend dieser Hybridität ist auch im epistemischen Ding das Materielle mit Theorie und Methodik verschränkt: Ein Virus lässt sich als Genom oder als Molekül sehen, was andere „experimentelle Zugriffsweisen" impliziert (Rossler 2016, S. 51; vgl. Rheinberger 2005, S. 408).

Bevor diese Dinge versuchsweise auf multiprofessionelle Kontexte übertragen werden, lohnt sich ein Blick darauf, wie sie bereits auf anderes übertragen werden. Dabei ist zunächst festzustellen, dass das Konzept epistemischer Dinge auch im Hinblick auf andere Wissenschaften diskutiert wird. So befasst sich Steffen Martus (2015) mit epistemischen Dingen in den Literaturwissenschaften und resümiert, dass dort durchaus Transformationen von epistemischen zu technischen Dingen bzw. Begriffen geschehen, z. B. „die Vernachlässigung von etablierten Epochenbegriffen oder die Trivialisierung, Normalisierung und Routinisierung von bestimmten Theoriebegriffen" (ebd., S. 27). Die Vagheit und Undefiniertheit dieser Dinge sieht er für die Literaturwissenschaft insbesondere darin begründet, dass sie als relevante Forschungsgegenstände dauerhaft mit der wissenschaftlichen Community verhandelt werden (müssen) (vgl. ebd., S. 25 f.).

Analog nutzt Herbert Kalthoff (2003) epistemische und technische Dinge als Reflexionsfolie zur Entwicklung ethnografischer Forschung: Hier wird das Soziale durch die Methodik der Verschriftlichung und Publikation, welche für Kalthoff die technischen Dinge der Ethnografie darstellen, stabilisiert. Zwischen Beobachtung und Verschriftlichung muss der Referenzrahmen durch die Forschenden gewechselt werden: Im Erstellen eines Abbildes wird soziale Wirklichkeit mit dem Urteil der Forschenden abgeglichen (vgl. ebd., S. 87). Dies ist eine Übersetzungsleistung von epistemischen in technische Dinge bzw. von „Repräsentation" in die „Analyse der Praktiken", d. h., die „Darstellungsleistung, die eine Ethnografin in ihrer Übersetzung vollzieht [...], verknüpft sich mit dem, was sie repräsentiert, und sie bringt das Repräsentierte erst zur Existenz" (ebd., S. 88).

Mit Objekten, die bereits teilweise außerhalb der Wissenschaften angesiedelt sind, befasst sich Karin Knorr Cetina (1998). Für sie sind Wissensobjekte wie z. B. Computer und Software konstanten Transformationen vom epistemischen zum technischen Ding und zurück unterworfen. Sie „erscheinen am Markt in ständig neuen ‚updates' [...] und ‚Versionen' [...]. Sie sind sowohl präsent [...] als auch abwesend (Objekt weiterer Forschung und Entwicklung), dieselben und nicht dieselben" (ebd., S. 96). Expert*innen sind mit ihrer Analyse und Entwicklung befasst, gleichsam wird menschliches Tun durch sie strukturiert, denn „gerade die Komplexität technischer Objekte fordert zu immer neuen Suchbewegungen heraus und [...] strukturiert die folgenden Situationen, in denen diese Entzifferungen, Analysen und Weiterentwicklungen erfolgen" (Grenz 2014, S. 142).

Anhand einer Untersuchung der Praxis von Sicherheits- und Gesundheitsinspektor*innen in Finnland wenden schließlich Miettinen und Virkkunen (2005) das Konzept der epistemischen Dinge auf organisationalen Wandel an. Konkret erforschten sie die Veränderung einer inadäquaten Berufspraxis der Professionellen. Der Forschungsprozess selbst war partizipativ angelegt: Zunächst wurden die Routinen der Arbeit der Inspektor*innen zum gemeinsamen Untersuchungsobjekt einer Gruppe von Forscher*innen, Inspektor*innen und Mitarbeiter*innen des Managements erklärt, die künftige Praxis also wurde zum epistemischen Objekt. Aus der gemeinsamen Untersuchung heraus wurde schließlich ein neues analytisches Instrument (technisches Ding) entwickelt, welches in der Praxis Verwendung fand und ihre Veränderung ermöglichte.

Zusammenfassend lässt sich – auch für eine Anwendung auf multiprofessionelle Kontexte – fragen, was hier eigentlich aus Rheinbergers Theorie übertragen wird. Bezogen auf diese Fragestellung kommt Doris Schweitzer zu dem Schluss, dass es in der Regel nicht alle Aspekte der begrifflichen Topologie sind, welche den neuen Bereich strukturieren, sondern zumeist „die mit dem Begriff implizierte Relativierung der Objektivität der Untersuchungsgegenstände aufgrund ihres vagen, instabilen Prozesscharakters" (Schweitzer 2014, S. 5). Die kontrastierende Unterscheidung zwischen einer Welt innerhalb und außerhalb des Labors sowie die Gegenüberstellung zwischen epistemischen und technischen Dingen werden mit unterschiedlicher Deutlichkeit vollzogen.

Wie aber äußert sich Rheinberger selbst zu einer Verwendung seiner Begrifflichkeiten außerhalb der Naturwissenschaften? Mit gewissen Anpassungen überträgt er sein Konzept der Experimentalsysteme von den Naturwissenschaften auch auf forschende Prozesse in den Künsten und fordert dazu auf, „die jeweiligen Konfigurationen wissenschaftlicher und künstlerischer Hervorbringung in der ihnen eigenen Temporalität auszuloten und sie unter Dauerreflexion zu stellen" (Rheinberger 2016, S. 26).

Wir schlagen in diesem Sinne vor, bestimmte multiprofessionelle Handlungsfelder als Experimentalsysteme zu untersuchen, d. h. zu fragen, ob und wie in ihnen welches Neue generiert wird. Die beiden von Rheinberger benannten Aspekte zusammenbringend, müsste man für diese Übertragung zunächst fragen: Was sind die jeweiligen, zeitlich eingebetteten Konfigurationen? Und inwiefern lässt sich die spezifische Topologie der epistemischen Dinge jeweils auf sie übertragen?

Die Betrachtungsweise der epistemischen Dinge eignet sich v. a. für multiprofessionelle Kontexte, in denen es „um das Verständnis eines Produktionsprozesses mit ungewissem Ausgang" (ebd., S. 26) geht. Gerade in Systemen, die sich als multiprofessionell verstehen, wird in den Sozialen Diensten auf verschiedenen Ebenen Neues in Aushandlungs- und Erprobungsprozessen hervorgebracht oder zumindest eine Hervorbringung angestrebt.

Erstens drängen sich als Antwort auf diese Frage direkte, zielorientierte Kooperationen von Praktiker*innen mit Forscher*innen auf: formative Evaluationen, participant action research und begleitete Organisationsentwicklung, um drei Beispiele konkreter Handlungsfelder zu nennen. Zweitens kommen multiprofessionelle Teams des sozialen Sektors infrage, die Techniken anwenden, um lokales und situiertes Wissen zu generieren, wie kollegiale Beratung und diagnostische Verfahren. Drittens formieren sich auch Kollaborationen Professioneller verschiedener Hintergründe, die sich in der Zusammenarbeit mit Laien Forschungsvorhaben außerhalb der Wissenschaften widmen, oder Forschung, die an den Schnittstellen von Wissenschaften und Künsten geschieht. Beispiele finden sich in der Zusammenarbeit von Pädagog*innen und Künstler*innen, die ästhetische und performative Forschung gemeinsam mit Gruppen von Kindern und Jugendlichen realisieren.

Auch ist die Hervorbringung neuartiger Problemlösungs- und Versorgungsstrategien ein häufig mit multiprofessionellen Teams verknüpftes Phänomen, das sich in Leitbildern und Werbematerial der Organisationen als Innovationsversprechen manifestiert, z. B. „innovative Leistung jenseits Regelversorgung", „innovative Planungs- und Organisationsprozesse" oder auch „Multiprofessionalität und innovative Behandlungsrahmen", wie es derzeit häufiger in aktuellem Informationsmaterial von Anbieter*innen im sozialen Sektor heißt. Viertens kann das Konzept der epistemischen Dinge dann auch als kritische Reflexionsfolie auf solche Teams oder Kollegien angewandt werden, die unter solchen Prämissen zusammenkommen. Auch hier lässt sich fragen, ob bzw. wie diese Konstellationen als Experimentalsysteme fungieren, inwiefern sie Neues generieren und ob dieses Neue dem Kontext der Multiprofessionalität zuzuordnen ist.

Neben dem Blick auf naheliegende Forschungsfragen und -felder einer Heuristik epistemischer Dinge lohnt auch ein Umsehen nach möglichen Forschungsmethoden. Betrachtet man bisherige Forschungen (insbesondere Rheinbergers sowie die Arbeiten von Miettinen und Virkkunen, s. o.), so zeigt sich, dass entsprechende Forschungsprojekte bislang im Rahmen ethnografischer Methodologie stattfinden. Das liegt nahe, da die Ethnografie eine zunächst breite Betrachtungsweise anbietet und Arbeitszusammenhänge in ihrer Prozesshaftigkeit, Produkte also in der Temporalität ihrer Entstehung sichtbar werden. Daher schlagen wir vor, sich multiprofessionellen Experimentalsystemen zunächst ethnografisch anzunähern. Weitere Aspekte könnten aber z. B. im Rahmen eines rekonstruktiven Ansatzes mittels der Interpretation von Interviews fokussiert werden, etwa Veränderungen in den Wissensbeständen von Organisationen. Eine mögliche Forschungsperspektive wäre dann, zu fragen, inwiefern Problemlösungsstrategien, die durch entsprechende multiprofessionelle Teams hervorgebracht werden, im Sinne von Betriebswissen von epistemischen zu technischen Dingen transformiert werden.

2.3 Multiprofessionalität als Assemblage

In einem dritten Zugang soll verdeutlicht werden, dass – wie mit dem Experimentalsystem schon angesprochen – nicht nur das einzelne Ding im Mittelpunkt einer fruchtbaren Untersuchung stehen muss. Gerade in der Analyse von multiprofessionellen Kontexten geht es, wie in den sog. „Science and Technology Studies", um die „soziale Situiertheit der Wissensproduktion" (vgl. Amelang 2012) und damit auch um die (Un-)Ordnung der Ding-Mensch-Welt im Alltag, also um mehrere Dinge und ihre Verbindung mit den Menschen, die von diesen Dingen umgeben sind.

Hier soll an das von Deleuze und Guattari (Deleuze/Guattari 1972, 1980) entwickelte Konzept der Assemblagen angeknüpft werden. Assemblagen werden von ihnen als Ordnungsmodi beschrieben, die unterschiedliche, heterogene Einheiten in ihrer Vielheit zu einem Ganzen zusammenfassen (vgl. ebd.). Unter Einheiten werden sowohl Menschen als auch Tiere, Dinge und Konzepte verstanden, die ihrerseits nicht vorab hierarchisch, sondern gleichberechtigt nebeneinander bestehen können, wobei Hierarchien nicht dem eigentlichen Wesen und Wert der Einheiten der Assemblagen entspringen, sondern Produkt der Organisation disparater Einheiten sind (vgl. Grosz 1994, S. 167).

Müller (2015, S. 28 f.) fasst Deleuzes und Guattaris Konzept der Assemblagen wie folgt: Sie haben bewusst keine einheitliche Theorie der Assemblagen schaffen wollen, sondern lediglich ein Analyseinstrument. Assemblagen sind Deleuzes und Guattaris Konzept nach erstens durch die Bezogenheit unterschiedlicher Teile aufeinander gekennzeichnet, zweitens durch ihre Produktivi-

tät, insofern sie neue Organisationen, neue Verhaltensweisen, neue Ausdrucks-
formen, neue Akteure etc. hervorbringen; sie sind drittens dahin gehend heterogen, dass sie sowohl in einer Materialität bestehende Komponenten wie Menschen, Tiere, Objekte umfassen können als auch soziale Komponenten wie
Vorstellungen, Konzepte, Ideen; damit stellen sie einen Zusammenhang jener
materiellen wie auch der immateriellen Teile her; sie sind viertens einer ständigen Entwicklungsdynamik unterworfen und stellen Funktionszusammenhänge,
Ordnungen, Systeme her, zerstören sie aber auch wieder; fünftens manifestieren
sich Assemblagen über Bestrebungen und Ziele, die Fragmentarisches aneinan-
derbinden, aus etwas, das nicht zusammenhängt, etwas anderes machen; damit
sind Assemblagen darauf ausgerichtet, eine körperlich orientierte Ganzheit
herzustellen (vgl. ebd.).

Hahn greift Deleuzes und Guattaris Konzept der Assemblagen unter Kritik
der Vereinzelung der Dinge auf: „Die Herauslösung einzelner [...] Objekte aus
dem Zusammenhang des Sachbesitzes steht [...] im krassen Widerspruch zu
ihrer tatsächlichen Einbettung in eine vielschichtige Lebenswelt" (Hahn 2015,
S. 64). Diesem von ihm so bezeichneten „Verfahren der selektiven Analyse"
(ebd.) setzt er ein Modell gegenüber, „das stärker der Komplexität des Materiellen in alltäglichen Situationen gerecht wird" (ebd.). „Assemblage, Plethora oder
die Anhäufung der Dinge" (ebd.) bzw. Sachuniversen sind bedeutungstragend,
insofern sie die „Vielschichtigkeit des materiellen Besitzes und die Unterschiedlichkeit von auf ihn bezogenen Relevanzsetzungen" (ebd.) deutlich machen. In
der Eröffnung eines Zugangs zu jenen Assemblagen, ihrer Interpretation und
Analyse läge nach Hahn die eigentliche, Gewinn versprechende Herausforderung der Studien zur materiellen Kultur (vgl. ebd.).

Dieser Zugang steht in kritischer Auseinandersetzung mit der von Latour
begründeten Akteur-Netzwerk-Theorie (ANT), in der ebenfalls einzelne Dinge
nicht herausgehoben werden, sondern die Betrachtung von Dingen (Aktanten)
als Netzwerke und ‚flache' Kulturen beschrieben wird. Eine solche Perspektive
ermöglicht zwar eine Analyse jener materiellen Objekte, die in schweigender
Präsenz menschliche Handlungsziele umdefinieren. Handlung selbst wird dann
zu einem Ergebnis des komplexen Zusammenspiels menschlicher und nichtmenschlicher Akteur*innen im Netzwerk. Latours Aktanten sind „something
that acts or to which activity is granted by others" (Latour 1996, S. 373). Die
ANT lenkt so mit ihrer Frage danach, wie viel Geschichte und Potenzial in
einem Ding steckt, den Blick also auf die black boxes jener Netzwerke auch der
Multiprofessionalität, auf materielle blinde Flecken in der Herleitung und Gestaltung von Geschehen.

Während die ANT die Widerspenstigkeit der Aktanten in den Vordergrund
stellt und sie als scheinbar eigene Agenda betrachtbar werden lässt, kann sie
aber auch eigene blinde Flecken mit sich bringen: Übergeordnete Machtstrukturen etwa, die sich nicht direkt aus den Relationen und der Ausdehnung des

jeweils betrachteten Netzwerks erklären lassen, bleiben ggf. verdeckt (vgl. Wieser 2004, S. 103). Zudem unterstellt die Netzwerk-Metapher ein Beziehungsgeflecht: Harman weist darauf hin, dass die Idee, es gäbe ein Netzwerk, in die Irre führte, denn dadurch würde aus allen Dingen in ihrer Gesamtheit eine kategoriale Einheit, die zulasten des einzelnen Dings geht (Harman 2010, S. 772 ff.). Damit würde das Netzwerk außerdem zu einem Wegweiser, der den Dingen das Merkmal zuweist, Netzwerke zu bilden (vgl. Hahn 2015, S. 29). Anders ausgedrückt wäre die ANT so betrachtet eine neue Form der Metaphysik (Harman 2009).

Wir sehen daher in unserem Zugang insgesamt multiprofessionelle Konstellationen als Assemblage von menschlichen Akteur*innen, ihren Körperlichkeiten, materialisierten Dingen, raum-zeitlichen Konstruktionen und epistemischen und konzeptionellen Perspektiven. Zumindest kann aber auch nicht jeder mehrprofessionellen Assemblage – in unserer Perspektive – eine multiprofessionelle Ordnung oder Beziehungsverflechtung unterstellt werden: Gerade die „Unordnung der Dinge" (Hahn 2015, S. 29) in ihrem gemeinsamen Auftreten erscheint für uns ein Charakteristikum auch multiprofessioneller Konstellationen. So erscheint es ebenfalls für eine Gestaltung von multiprofessionellen Zusammenhängen von grundlegender Bedeutung, zunächst die Assemblage zu betrachten und sich auch als Forschende in Beziehung zu dieser zu setzen.

Als Beispiel für eine multiprofessionelle Konstellation im Sinn einer Assemblage nach Hahn (2015) und damit einer (Un-)Ordnung von menschlichen Akteur*innen, deren raum-zeitlichen Eigenkonstruktionen und epistemischen sowie konzeptionellen Perspektiven soll folgende Schilderung dienen: Ein Professionsträger mit zweifachem Professionshintergrund ist sowohl Jurist als auch Sozialarbeiter und übt beide Professionen als zugelassener Anwalt und Dozent an einer pädagogischen Hochschule aus[1]. Dieser Akteur hatte zuerst die juristische Ausbildung abgeschlossen und als Anwalt gearbeitet, sich für Sozialrecht interessiert und ein Studium der Sozialen Arbeit aufgenommen und abgeschlossen. Er ist mehrfach professionell, insofern er zwei Professionsausbildungen abgeschlossen hat und in zwei Professionsfeldern tätig ist.

Im Anwaltsbüro des Akteurs fallen ein großer, rechteckiger Schreibtisch mit Computer in der hinteren Mitte des Raums und seitlich davon ein Regal mit juristischen Fachbüchern auf. Zusätzlich dazu gibt es noch einen weiteren Tisch, der rund ist und um den der vier Stühle stehen. An diesem sitzt die Forscherin mit dem Akteur beim Interview. Die Aufteilung des Raums wird durch die unterschiedlichen, ja konträren Formen der Tische – der eine rund, der andere eckig – sichtbar. Es besteht der Eindruck, dass am eckigen Tisch, der von den

---

1   Der Akteur bzw. die Beobachtung seines Arbeitszimmers ist Teil der empirischen Erhebung einer noch nicht publizierten Dissertation einer der Verfasser*innen.

Bücherregalen flankiert wird, die juristische Arbeit getan wird und sich die juristische Selbstkonzeption formiert. Gleichzeitig scheint der eckige Schreibtisch auch der Arbeit gewidmet, die der Akteur allein ausführt. Der runde Tisch ist dagegen klar auf Kontakt mit Klient*innen ausgerichtet und hat einen einladenden Charakter.

Auch ohne die Selbstkonstruktion des Akteurs zu kennen, erschließt sich der Raum als ein in zwei Hälften aufgeteilter, die sich an den zwei Professionalitäten orientieren, verortet sich doch der Akteur als Fachmann an der Schnittstelle von Sozialer Arbeit und Recht, der in der Lage ist, bei sozialrechtlichen Problemen auf allen Ebenen beraten zu können. Dies geschieht unter ständigem Perspektivwechsel zwischen einer von ihm als typisch juristisch und einer anderen als typisch sozialarbeiterisch herausgearbeiteten und formierten Perspektive. Während im Konstrukt dieses Akteurs die juristische Perspektive auf die Subsumtion von Sachverhalten unter Rechtsnormen mit der Sachverhaltsdarstellung und der gesetzlich begründeten Rechtsfolge fokussiert ist, nimmt die sozialarbeiterische Perspektive die Ganzheit der Problemlagen des Gegenübers auf und versucht mit unterschiedlichen Methoden die jeweiligen Probleme herauszuarbeiten, Klient*innenbedarfe wahrzunehmen und Lösungsmöglichkeiten aufzuzeigen. Die juristische Subsumtion scheint sich in den schweren Gesetzestexten und dem großen quadratischen Schreibtisch auch räumlichdinghaft zu manifestieren, während die sozialarbeiterische Eigenkonstruktion dem runden Tisch mit den Stühlen entspricht, an dem es keine Seiten gibt, die trennen, sondern einen gemeinsamen, verbindenden Kreis, den der Akteur nutzt, um sein ganzheitlich und stark an Klient*innenbedarfen orientiertes sozialrechtliches Angebot im räumlichen Beieinander mit den Klient*innen wirksam werden zu lassen. Das verbindende Rund des Tisches symbolisiert das Selbstverständnis des Akteurs, der sich als jemand begreift, der eine sozialarbeiterische Kompetenz und eine juristische Kompetenz besitzt, die er jeweils dann, wenn es nötig ist, zur effizienteren Erarbeitung von Lösungsansätzen anwenden kann. Der Akteur sieht sich in seinem Selbstkonzept als Manager der Schnittstelle zwischen den beiden epistemischen Professionswelten des Rechts und der Sozialen Arbeit, die er als differente, voneinander abgrenzbare, aber anschlussfähige Wissenskontexte mit etablierbaren Schnittstellen versteht. Er fasst sich selbst als jemand auf, der in seinem epistemischen Selbstverständnis auf eine Pluralität an Wissensbeständen zugreifen und beide erlernten Wissenshintergründe nutzbar machen kann, um für Klient*innen bestmögliche Lösungen zu erarbeiten.

Die raum-zeitliche Konstruktion des Akteurs ist so angelegt, dass die juristische Ausbildung und anschließende Arbeit als Jurist zwar zeitlich zuerst kam, jedoch zeitlich-umfänglich bezogen auf einen Rahmen der Wochenarbeitsstunden der Tätigkeit als Sozialarbeiter mehr Raum gegeben hat, sodass das von ihm so benannte „Wochenarbeitsbild" von Sozialer Arbeit dominiert ist. Der

Akteur arbeitet sowohl in seiner Anwaltskanzlei als auch seinem Büro in der Hochschule und hat ein Raumkonstrukt, das von ihm das Zurücklegen weiter Wege erforderlich macht. Salopp und in seinen eigenen Worten formuliert, versteht er sich im Hinblick auf die raum-zeitlichen Anforderungen als „Jongleur", der viele Bälle in der Luft halten muss.

Die multiprofessionelle Assemblage besteht also zunächst in dem Akteur mit seinen Professionshintergründen an sich. Zusätzlich kommen die Komponenten der Raumaufteilung und Markierung durch Mobiliar und Bücher hinzu, die in ihrer Formhaftigkeit die multiprofessionelle Eigenkonstruktion als Assemblage im Sinne einer Verbindung von Mensch und Dingen im Raum transportieren und ermöglichen. Die zeitliche Eigenkonstruktion des Akteurs ist organisationsaufwendig, da es lange Anfahrtswege zu Arbeitsstellen und zu Klient*innen gibt, die er im Rahmen seiner sozialarbeiterischen Tätigkeit betreut. Es besteht die Vermutung, dass die zeitliche Eigenkonstruktion zur Verankerung und Stabilisierung den Raum und sein Mobiliar braucht, um das gesamte Konstrukt der intrapersonalen Multiprofessionalität des Akteurs zu stabilisieren, herzustellen und zu ermöglichen.

So lässt sich vermuten, dass die juristischen Fachbücher in ihrem einfachen Vorhandensein schon stabilisierend wirken und gleichzeitig eine epistemische Perspektive eröffnen, die bei dem Akteur auf einer klar herausgearbeiteten Differenz der Perspektiven seiner beiden Professionen beruht. Deleuze und Guattari verstehen Assemblagen als dynamische und ständig im Wandel befindliche Zusammenhänge einer sich stets verschiebenden Ordnung (vgl. Müller 2015, S. 28 f.). Tatsächlich hat sich das Bücherregal des Akteurs und dessen Inhalt im Laufe eines guten Jahres dahin gehend verändert, dass sich der Anteil der juristischen Fachbücher verringert hat. Die Bücher sind weniger geworden und nehmen nun auch weniger Raum und Aufmerksamkeit ein. Es scheint, als habe sich eine Balance verschoben und als sei das Büro in seiner Räumlichkeit noch mehr zum sozialarbeiterischen Raum geworden.

3   Einladung zur Analyse multiprofessioneller Un-Ordnung

Forschungen zu multiprofessionellen Konstellationen fokussieren bisher die Zusammenarbeit menschlicher Professionsträger*innen. Wie wir gezeigt haben, ist die Herstellung von Multiprofessionalität jedoch weit un-ordentlicher strukturiert und gerahmt, als es diese unterstellte Perspektive vermuten lässt; ihre Komplexität lässt sich vollständiger analytisch erschließen, wenn man nicht nur menschliche Akteure, sondern auch Dinge darin mitbedenkt.

Im vorliegenden Beitrag erweitern wir daher den Fokus durch die Perspektive, dass auch Gegenstände, Materialisierungen und Konzepte multiprofessionelle Konstellationen mit herstellen. Die eingangs dargelegte dingphilosophische

Spurensuche zeigt, dass eine Beschäftigung mit den Dingen nicht neu ist. Im Gegenteil, sie lässt sich in die Anfänge der Sozialwissenschaft zurückverfolgen und ist seit den 1990er Jahren mit den material culture studies wiederentdeckt sowie als Forschungsperspektive der Sozial- und Geisteswissenschaften ausformuliert worden. Insofern ist die vorgeschlagene Perspektive weniger als neue Entdeckung denn als Aktualisierung einer Forschungsperspektive zu sehen.

Im Sinne von Annäherungsmöglichkeiten an Multiprofessionalität aus einer dinglichen Perspektive betrachten wir vor allem drei theoretische Ansätze als fruchtbar. Grenzobjekte – als erste theoretische Perspektive – funktionieren komplex an den Schnittstellen mehrerer (auch professioneller) Systeme. Sie können mit multiplen sozialen Bedeutungen aufgeladen sein, verfügen aber gleichsam über eine aus verschiedenen Perspektiven wiedererkennbare Struktur. Objekte (auch Medien, Verfahren, Begriffe) können als Grenzobjekte verstanden werden, wenn sie organisierende Bedeutung erfüllen und wenn in sie verschiedene Vorgänge eingeschrieben sind. Gleichzeitig können Grenzobjekte auch Dinge sein, die Kooperation, Auseinandersetzung oder Abgrenzung möglich machen. Als Beispiel haben wir den goldenen Apfel der Eris, bekannt aus der griechischen Mythologie, als Grenzobjekt gedeutet.

Zum Zweiten nehmen wir das Konzept des epistemischen Dings auf, das nicht (nur) materielle Dinge in den Fokus rückt, um betracht- und beschreibbar zu machen, wie in komplexen (Experimental-)Systemen Neues entsteht, um dann (ggf. als technisches Ding) etabliert zu werden. Das Konzept wurde bereits als Untersuchungsfolie auf Organisationen angewandt.

Zum Dritten greifen wir das auf Deleuze und Guattari (1972, 1980) zurückgehende Konzept der Assemblagen auf. Eine Assemblage ist ein Miteinander von menschlichen Akteur*innen und den sie umgebenden Dingen, Materialisierungen und raum-zeitlichen Konzeptionen. Anhand eines empirischen Beispiels zeigen wir, inwieweit das Konzept der Assemblagen Multiprofessionalität begreifbar machen kann.

Insgesamt schlagen wir vor, Konstellationen multiprofessioneller Zusammenarbeit als Assemblagen von Menschen und Dingen zu betrachten und dabei die Dinge nicht auf ihre materiellen Aspekte zu reduzieren. Assemblagen können, sozusagen als heuristische Klammer, andere Konzepte, die auf die Materialisationen und Konzepte mit Ding-Bezug eingehen, integrieren. Sie sind offen genug, um den theoretischen Mehrwert von Grenzobjekten ebenso einfassen zu können. Auch Experimentalsysteme sind für Rheinberger „zugleich lokale, individuelle, soziale, institutionelle, technische, instrumentelle [...] Einheiten", folglich „durch und durch mischförmige, hybride Anordnungen" (Rheinberger 2001, S. 8). Man kann sie demnach als Assemblagen betrachten, deren jeweilige Konstellation dem Ziel der Wissenshervorbringung folgt. Das bedeutet: Multiprofessionelle Konstellationen als Experimentalsysteme zu betrachten lenkt den Fokus auf eine mögliche generative Seite bestimmter Assemblagen.

Eine solcherart strukturierte Forschungsperspektive eröffnet verschiedene Möglichkeiten: Dinge in ethnografischen Studien multiprofessioneller Assemblagen lassen sich z. B. als Grenzobjekte interpretieren; raum-zeitliche Arrangements werden als Konstituenten multiprofessioneller Arbeit sichtbar; manche Konstellationen der Kooperation lassen sich als generative Assemblagen beschreiben, die in spezifisch organisierter Weise Neues hervorbringen. Die gewählten Beispiele für die jeweiligen Konzepte machen deutlich, dass Multiprofessionalität so eine andere Dimension der Deutung erfahren kann: ein tieferes Verständnis der Details ihrer alltäglichen Un-Ordnung.

Literatur

Amelang, Katrin (2012): Laborstudien. In: Beck, Stefan/Niewöhner, Jörg/Sørensen, Estrid (Hrsg.): Science and Technology Studies. Eine sozialanthropologische Einführung. Bielefeld: transcript, S. 145–172.

Barthes, Roland (1970): Mythen des Alltags. Deutsch von Helmut Scheffel, Frankfurt am Main: Suhrkamp.

Bauer, Petra (2014): Kooperation als Herausforderung in multiprofessionellen Handlungsfeldern. In: Faas, Stefan/Zipperle, Mirjana (Hrsg.): Sozialer Wandel. Herausforderungen für Kulturelle Bildung und Soziale Arbeit. Wiesbaden: Springer VS, S. 273–286.

Bourdieu, Pierre (1979): La distinction. Critique sociale du jugement, Paris: Les Éditions de Minuit.

Deinet, Ulrich (1990): Raumaneignung in der sozialwissenschaftlichen Theorie. In: Böhnisch, Lothar/Münchmeier, Richard (Hrsg.): Pädagogik des Jugendraums. Zur Begründung und Praxis einer sozialräumlichen Jugendpädagogik. Weinheim und München: Juventa, S. 57–70.

Deleuze, Gilles/Guattari, Félix (1972): L'Anti-Œdipe: capitalisme et schizophrénie. Paris: Les Editions de Minuit.

Deleuze, Gilles/Guattari, Félix (1980): Mille Plateaux. Paris: Les Editions de Minuit.

Douglas, Mary/Isherwood, Baron (1979): The World of Goods. Towards an Anthropology of Consumption. London and New York: Routledge.

Grenz, Tilo (2014): Mediatisierung als Handlungsproblem. Eine wissenssoziologische Studie zum Wandel materialer Kultur. Wiesbaden: Springer VS.

Grosz, Elizabeth A. (1994): Volatile bodies: toward a corpore of feminisme. Bloomington: Indiana University Press.

Hahn, Hans Peter (2015): Der Eigensinn der Dinge – Einleitung. In: Hahn, Hans Peter (Hrsg.): Vom Eigensinn der Dinge. Für eine neue Perspektive auf die Welt des Materiellen. Berlin: Neofelis, S. 9–56.

Harman, Graham (2009): Prince of Networks: Bruno Latour and Metaphysics, Melbourne: re.press.

Harman, Graham (2010): I am of also the Opinion that Materialism Must be Destroyed. In: Environment and Planning D: Society and Space 28, H. 5, S. 772–790.

Holzkamp, Klaus (1973): Sinnliche Erkenntnis. Historischer Ursprung und gesellschaftliche Funktion der Wahrnehmung. Frankfurt am Main: Athenaeum Verlag.

Hörnig, Karl H. (2001): Experten des Alltags. Die Wiederentdeckung des praktischen Wissens, Frankfurt am Main: Shurkamp.

Hörster, Reinhard/Köngeter, Stefan/Müller, Burkhard (Hrsg.) (2013): Grenzobjekte. Soziale Welten und ihre Übergänge. Wiesbaden: Springer VS.

Kalthoff, Herbert (2003): Beobachtende Differenz. Instrumente der ethnografisch-soziologischen Forschung. In: Zeitschrift für Soziologie 32, H. 1, S. 70–90.

Knorr Cetina, Karin (1998): Sozialität mit Objekten. Soziale Beziehungen in post-traditionalen Wissensgesellschaften. In: Rammert, Werner (Hrsg.): Technik und Sozialtheorie. Frankfurt am Main: Campus, S. 83–120.

Kojève, Alexandre (1975): Hegel. Eine Vergegenwärtigung seines Denkens. Kommentar zur Phänomenologie des Geistes. Anhang. Herausgegeben von Iring Fetscher. Erw. Ausgabe. Frankfurt am Main: Suhrkamp.

Krisch, Richard (2009): Sozialräumliche Methodik der Jugendarbeit. Aktivierende Zugänge und praxisleitende Verfahren. Weinheim und München: Juventa.

Lacan, Jacques (1975): Das Spiegelstadium als Bildner der Ichfunktion, wie sie uns in der psychoanalytischen Erfahrung erscheint. Bericht für den 16. Internationalen Kongreß für Psychoanalyse in Zürich am 17. Juli 1949. In: Lacan, Jacques, Schriften I. Ausgewählt und herausgegeben von Norbert Haas, Frankfurt am Main: Suhrkamp, S. 61–70.

Latour, Bruno (1996): On Actor-Network Theory. A Few Clarifications. In: Soziale Welt 47, S. 369–382.

Martus, Steffen (2015): Epistemische Dinge in der Literaturwissenschaft? In: Albrecht, Andrea/Danneberg, Lutz/Krämer, Olav/Spoerhase, Carlos (Hrsg.): Theorien, Methoden und Praktiken des Interpretierens. Berlin, München und Boston: De Gruyter, S. 23–51.

Marx, Karl/Engels, Friedrich (1867/1972): Das Kapital. Kritik der politischen Ökonomie. Bd. 1. Buch 1. Der Produktionsprozeß des Kapitals. Werke Bd. 23. 7., unveränderter Nachdruck der ersten Auflage 1962, Hamburg: Institut für Marxismus-Leninismus.

Miettinen, Reijo/Virkkunen, Jaakko (2005): Epistemic Objects, Artefacts and Organizational Change. In: organization 12, H. 3, S. 437–456.

Müller, Martin (2015): Assemblages and Actor-networks: Rethinking Socio-material Power, Politics and Space. In: Geography Compass 9, H. 1, S. 27–41.

Neumaier, Ulrike (2013): Subjekte und Objekte in posttraditionalen Wissensgesellschaften: Bruno Latour, Karin Knorr Cetina und andere Aktanten. Hamburg: Diplomica Verlag.

Oehme, Andreas (2007): Übergänge in Arbeit. Hohengehren: Schneider.

Rammert, Werner (2004): Was ist Technikforschung? Entwicklung und Entfaltung eines sozialwissenschaftlichen Forschungsprogramms. https://www.ts.tu-berlin.de/fileadmin/fg226/Rammert/articles/Technikforschung.html (Abfrage: 13.12.2018).

Reutlinger, Christian (2003): Jugend, Stadt und Raum. Sozialgeographische Grundlagen einer Sozialpädagogik des Jugendalters. Opladen: Leske und Budrich.

Rheinberger, Hans-Jörg (1999): Alles, was überhaupt zu einer Inskription führen kann. In: Raulff, Ulrich/Smith, Gary (Hrsg.): Wissensbilder. Strategien der Überlieferung. Berlin: Akademie Verlag, S. 265–277.

Rheinberger, Hans-Jörg (2001): Experimentalsysteme und epistemische Dinge. Eine Geschichte der Proteinsynthese im Reagenzglas. Göttingen: Wallstein-Verlag.

Rheinberger, Hans-Jörg (2005): A Reply to David Bloor. „Toward a Sociology of Epistemic Things". In: Perspectives on Science 13, H. 3, S. 406–410.

Rheinberger, Hans-Jörg (2016): Episteme zwischen Wissenschaft und Kunst. In: Cairo, Milena/Hannemann, Moritz/Haß, Ulrike/Schäfer, Judith (Hrsg.): Episteme des Theaters. Aktuelle Kontexte von Wissenschaft, Kunst und Öffentlichkeit. Bielefeld: transcript, S. 17–27.

Rossler, Gustav (2016): Der Anteil der Dinge an der Gesellschaft. Sozialität – Kognition – Netzwerke. Bielefeld: transcript.

Schröer, Wolfgang/Wolff, Stephan (2017): Sozial- und Organisationspädagogik. In: Göhlich, Michael/ Schröer, Andreas/Weber, Susanne (Hrsg.): Handbuch Organisationspädagogik. Wiesbaden: Springer VS.

Schweitzer, Doris (2014): Zum Kritikpotential der Untersuchung sozialer Phänomene als epistemische Dinge. Präsentiert auf: 37. Kongress der Deutschen Gesellschaft für Soziologie, 2014, Routinen der Krise, Krise der Routinen, Trier, 1968–1978. http://publikationen.soziologie.de/index.php/kongressband_2014/issue/view/8 (Abfrage: 04.10.2018).

Star, Susan L. (2010): This is Not a Boundary Object: Reflections on the Origin of a Concept. Science, Technology & Human Values 35, H. 5, S. 601–617.

Star, Susan L./Griesemer, Jim (1989): Institutional Ecology, ›Translations‹, and Boundary objects: Amateurs and Professionals on Berkeley's Museum of Vertebrate Zoology. In: Social Studies of Science 19, S. 387–420.

Tyberg, Karin (2015): Exhibiting Epistemic Objects. In: Museum & Society 15, H. 3, S. 269–286.

Weber, Max (1922/1976): Wirtschaft und Gesellschaft: Grundriss der verstehenden Soziologie. Studienausgabe. 5., rev. Auflage, Studienausgabe. Tübingen: Mohr.

Wieser, Matthias (2004): Inmitten der Dinge. Zum Verhältnis von Sozialen Praktiken und Artefakten. In: Hörning, Karl H./Reuter, Julia (Hrsg.): Doing Culture. Neue Positionen zum Verhältnis von Kultur und Sozialer Praxis. Bielefeld: transcript, S. 92–107.

Teil 3 **Das Soziale**

Multiprofessionalität und Konflikt

Melanie Fabel-Lamla, Anna-Lena Lux, Anja Schäfer, Carina Schilling

1 Einleitung: Konflikte in der multiprofessionellen Kooperationspraxis

Multiprofessionalität gehört mittlerweile in vielen pädagogischen Feldern zum Alltag und ist sowohl in fachpolitischen als auch in wissenschaftlichen Diskursen ein eher positiv besetzter Begriff. Teams, Organisationen und Netzwerke profitieren – so die Annahme – von einer Zusammensetzung mit Personen aus unterschiedlichen Berufsgruppen bzw. Professionen, da bei der gemeinsamen Problembearbeitung die jeweils spezifischen Wissensbestände und Kompetenzen zusammengeführt und aufeinander bezogen werden können, diese Mehrperspektivität die Handlungsmöglichkeiten und Problembearbeitungsstrategien erweitert, vielfältige Synergien bei den Prozessen der Zusammenarbeit freigesetzt werden und sich zudem sowohl Entlastungen als auch Lern- und Professionalisierungseffekte bei den beteiligten Akteur*innen zeigen (vgl. Fröhlich-Gildhoff et al. 2014, S. 103; Boller/Fabel-Lamla/Wischer 2018). Damit wird zudem einer Fragmentierung der berufsgruppen-, professions- und organisationsspezifischen Problembearbeitungsstrategien entgegengewirkt und eine „koordinierte Bearbeitungsstrategie" (Bauer 2014, S. 273) verwirklicht, was letztlich dazu führen soll, dass Problemstellungen umfassender und wirkungsvoller bearbeitet werden können (vgl. Bauer 2018, S. 731).

Während an Multiprofessionalität hohe Erwartungen geknüpft werden und das Bild eines harmonischen Miteinanders zur gemeinsamen Bearbeitung von Problemstellungen entworfen wird, zeigen sich jedoch in der multiprofessionellen Kooperationspraxis wiederholt Irritationen, Schwierigkeiten und Konflikte bei der Zusammenarbeit der Professionsangehörigen in verschiedenen pädagogischen Handlungsfeldern. Die Kooperation von Akteur*innen mit unterschiedlichen beruflichen Hintergründen erfordert immer wieder erneut die Aushandlung der Zuständigkeiten und Aufgaben. Berufsgruppen-, professions- und organisationsspezifische Kompetenzen, Bearbeitungsstrategien sowie Perspektiven auf Problemlagen müssen gegenüber den anderen Akteur*innen behauptet und legitimiert werden (vgl. Bauer 2014, S. 274). Hieraus können Konkurrenzverhältnisse resultieren (vgl. Bauer 2018, S. 736), nicht zuletzt vor allem dann, wenn professionelle Akteur*innen ihre spezifischen Interessen durchsetzen wollen (vgl. Bauer 2014, S. 275).

Auch in verschiedenen empirischen Projekten der Autor*innen[1] thematisieren die befragten Akteur*innen wiederholt Konflikte auf unterschiedlichen Ebenen. Im Folgenden greifen wir exemplarisch Auszüge aus Interviews und schriftlichen Befragungen auf, um einen ersten Einblick in die Konflikthaftigkeit multiprofessioneller Praxis zu geben.

In der Schilderung einer Schulsozialarbeiterin werden Konfliktlinien zwischen ihr und der Schulleitung in der Organisation Schule deutlich markiert:

„da musst ich immer (.) selber auch gut aufpassen (.), dass ich das für mich getrennt kriege, also dass ich (.) einmal natürlich auch ne (.) sagen wir mal populäre Person bin, die da vieles anstößt und ähhm (.) bewegt und dafür auch (.) kritisiert werden kann (.), aber dass ich (1) auch Funktionen ausübe, ich bin Schul- (.) sozialarbeiterin, ich bin in dem Omnibus-Team, ich bin in der SV mit drin und ähm (.), dass ich manchmal einfach (.) eine Entscheidung eines Teams (.) mittrage (1) und das hat gar nichts mit meiner Person zu tun, aber (.) die Schulleitung sieht mich immer als R- (.) ich sach jetzt ma Rädelsführerin oder (.) oder äh (.) ich glaube manchmal hab ich so (.) so einen (.) Beigeschmack für die <ach die schon wieder> un (1) und was (.) tatsächlich is, dass ich oft Sachen wenn ich sie für sinnvoll erachte (1) dann mache (.) und nicht so lange rumfrage und das is sicher 'n Fehler, also da müsste ich mehr diese Autoritäten (.) einfach wahrnehmen, weil ich schon weiß, dass ähm (.) ähm (.) wenn man Leute nett fracht ham sie meistens nichts dagegen, aber wenn sie (.) in irgendeiner Weise (.) höher angesiedelt sind von der Hierarchie (.) und man missachtet das, das hat was sehr verletzendes also (.)."[2]

Im folgenden Ausschnitt aus einem Interview mit der Leiterin eines Familienzentrums werden frühere Konflikte zwischen Einrichtungen der frühkindlichen Bildung und der Institution Schule bzw. der ‚alten' Lehrer*innengeneration thematisiert:

„Weil die die die neuen/ neue Lehrergeneration hat ne andere, ne andere Auffassung auch von Kooperation da mit/ mit Kindertageseinrichtungen. Das muss man einfach sagen. Das läuft wertschätzender, das läuft mehr auf Augenhöhe. Ähm sonst wir ha-

---

1   In den empirischen Projekten der Autor*innen werden multiprofessionelle Konstellationen und ihre spezifischen Besonderheiten in unterschiedlichen pädagogischen Handlungsfeldern mit jeweils anderen Schwerpunkten thematisiert. Die Handlungsfelder reichen von frühkindlicher Bildung (Familienzentren) über Erziehungs- und Behindertenhilfe bis hin zur Organisation Schule (siehe auch Kapitel 3).
2   Der Interviewauszug stammt aus einer Einzelfallstudie, die unter dem Titel „Bildungsnetze für ‚Risikoschüler'. Innovationspotentiale interprofessioneller Zusammenarbeit von LehrerInnen und SozialpädagogInnen" von 2006 bis 2008 von Melanie Fabel-Lamla durchgeführt und durch die Zentrale Forschungsförderung der Universität Kassel gefördert wurde.

ben hier im Stadtteil lange Zeit damit gekämpft und es war auch wirklich gekämpft ähm äh (..) damit das wir bei diesen Kooperationsveranstaltungen äh äh häufig äh angesprochen wurden ähm (.) so mit dem mit dem Ziel und dem Wunsch so ,Ihr müsst uns jetzt die Kinder schulpflicht/ äh fähig machen. Und wir wünschen, dass die den Stift halten können, dass die dies jenes welches können. Alles andere interessiert uns nicht.' Ne? Und da ging es nur um um ganz ganz eingeschränkte ähm Fertigkeiten und Fähigkeiten von Kindern. Das Kind wurde nicht in seiner Gesamtheit und Ganzheit und in seinen (.) Stärken gesehen, sondern nur in dem was es für die Schule mitbringen soll an der Stelle, ne? Und da sind (.) einfach, ist das jetzt, die sind einfach, (.) einfach aus meiner Sicht so mehr open-minded, dass sie eben auch (.) ähm ihren Blick öffnen können auch für andere (.) ähm für andere (.) ähm (…) ja für andere Kompetenzen bei den Kindern, die nicht nur auf schulische äh Fähigkeiten beschränkt sind, sondern einfach auch sie sehen das Kind wirklich in seinem Spektrum auch in der Familie, sehen auch die pädagogische Aufgabe die sie haben, nicht nur die die die die die reine Wissensvermittlung, sondern es geht dann auch wirklich auch dahin zu gucken, was was müssen wir den Kindern auch an Lebensfertigkeiten noch mitgeben, ne? Und wo können wir das Kind wirklich in seiner Gänze weiter nach vorne bringen, ne? Da/ da ist ein anderes Bewusstsein da, ne?"[3]

Bei einer schriftlichen Befragung beschreibt eine Fachkraft aus einer Erziehungsberatungsstelle die Aufgabenverteilung und Zusammenarbeit im multiprofessionellen Team und deutet ebenfalls Konfliktpotenziale an:

„Dass wir, bis auf psychologische Diagnostik, genau die selben Aufgaben erfüllen oder erhebliche Gehaltsunterschiede (FH : Uniabschluss) haben, bringt immer wieder mal Unmut, Auseinandersetzung und Abgrenzungstendenzen mit sich, die weder für die Kollegenschaft noch für die Klienten von Vorteil sind."[4]

Dieser kurze Einblick in empirische Beispiele aus drei unterschiedlichen multiprofessionellen Settings zeigt verschiedene Konfliktlinien in der Zusammenarbeit von Professionellen bzw. in der Kooperation zwischen Einrichtungen auf. Konflikte können demnach in Face-to-Face-Beziehungen zwischen Akteur*in-

---

3 Bei dem Interviewausschnitt handelt es sich um Datenmaterial aus dem Dissertationsprojekt von Carina Schilling im Rahmen des Graduiertenkollegs „Multiprofessionalität in der Bildungsinfrastruktur und in Sozialen Diensten". Der Fokus der Dissertation mit dem Arbeitstitel „(Multiprofessionelle) Kooperationsstrukturen von Familienzentren" liegt dabei auf der netzwerkanalytischen Betrachtung der Gestalt von Kooperationsbeziehungen aus Sicht von Familienzentren.

4 Die Aussage stammt aus einer Onlinebefragung für das Dissertationsprojekt von Anja Schäfer, ebenfalls im Rahmen des Graduiertenkollegs, mit dem Arbeitstitel „Anerkennung in multiprofessionellen Teams". Ziel ist eine quantitative Analyse der Anerkennungsverhältnisse zwischen Berufsgruppen in der Erziehungshilfe.

nen auftreten, die in multiprofessionellen Settings zusammenarbeiten, und drehen sich z. B. um Fragen der Zuständigkeit und des Mandats. Konflikte zeigen sich innerhalb von Organisationen, wenn es um die Einhaltung von Verfahrenswegen, um Hierarchien sowie Prestige- und Statusunterschiede geht. Auch zwischen verschiedenen Einrichtungen, die miteinander kooperieren, zeigen sich Konfliktlinien, die z. B. auf unterschiedlichen Vorstellungen und Zielsetzungen sowie berufskulturellen Vorbehalten beruhen.

Ausgehend von diesen ersten empirischen Eindrücken vertiefen wir in diesem Beitrag die Frage danach, welche unterschiedlichen Konfliktlinien in multiprofessionellen Settings auftreten, wie sich Konflikte theoretisch einordnen und erklären lassen und welche Bedeutung Konflikten in der multiprofessionellen Zusammenarbeit zukommen kann. Hierfür klären wir zunächst, was aus einer sozialwissenschaftlichen Perspektive unter „Konflikt" gefasst werden kann (2). Im Anschluss geben wir einen Überblick über empirische Befunde zu Konflikten in der multiprofessionellen Zusammenarbeit in den pädagogischen Handlungsfeldern frühkindliche Bildung, Erziehungshilfe, Werkstätten für behinderte Menschen sowie allgemeinbildende Schule (3). In einem weiteren Schritt werden ausgewählte theoretische Ansätze vorgestellt, die aus unserer Sicht für die Erklärung von Konflikten auf unterschiedlichen Ebenen herangezogen werden können. Hierzu zählen neben einzelnen professions- und anerkennungstheoretischen Ansätzen das Konzept der negotiated order von Anselm Strauss und das Konzept der Grenzarbeit/boundary work (4). Abschließend diskutieren wir die Frage, inwieweit Konflikte vor dem Hintergrund der ausgewählten theoretischen Erklärungsansätze in der multiprofessionellen Kooperation nicht nur als „Normalfall" gelten, sondern sich unter bestimmten Bedingungen auch als funktional erweisen können (5).

2 Konflikte – eine sozialwissenschaftliche Annäherung

Konflikte können als „Grundtatsache menschlichen Zusammenlebens" (Niedenzu 1997, S. 174) gesehen werden, denn sie sind alltäglich und auf allen gesellschaftlichen Ebenen und in sämtlichen sozialen Bereichen gegenwärtig. Im alltagssprachlichen Gebrauch findet der Begriff „Konflikt" für Auseinandersetzungen, Streit bzw. widerstreitende Auffassungen oder Interessen Verwendung. Dabei gelten Konflikte gemeinhin als etwas Störendes, Negatives und als etwas, was Ordnungen und harmonische Verhältnisse bedrohen kann (vgl. Bonacker/Imbusch 2010, S. 67). Im sozialwissenschaftlichen Sinne bezeichnet ein Konflikt den „Interessengegensatz und die daraus folgenden Auseinandersetzungen und Kämpfe zwischen Individuen und Gruppen" (Fuchs-Heinritz et al. 1994, S. 356). Interessengegensätze können auf unterschiedlichen bzw. gegensätzlichen Zielsetzungen, Überzeugungen, Wertvorstellungen, Bedürfnissen,

Ansprüchen, Statuslagen oder Machtpositionen basieren sowie innerhalb und zwischen sozialen Rollen, sozialen Gruppen, Organisationen, Gesellschaftsbereichen, Staaten oder überstaatlichen Verbindungen auftreten (vgl. Hillmann 1994, S. 432). Soziale Konflikte als Interessengegensatz, Widerspruch oder Unvereinbarkeit zu bestimmen und sich lediglich den verschiedenen Kontexten ihres Auftretens zuzuwenden, in denen sich diese Unvereinbarkeiten spezifisch konstituieren, reicht jedoch nach Messmer (2003) nicht aus: So „bleiben Konflikte als *Black Box* dem reflexiven Zugriff verschlossen und werden stattdessen mit den spezifischen Kontexten ihres Erscheinens assoziiert" (Messmer 2003, S. 2; Hervorhebung im Original). Sozialwissenschaftliche Konflikttheorien wenden sich daher nicht nur den Erscheinungskontexten und den (spezifischen) Ursachen von Konflikten zu, sondern setzen sich mit Konflikten als sozialen Prozessen, der Klassifikation verschiedener Konfliktverläufe sowie unterschiedlicher Typen von Konfliktinteraktionen und den Wirkungen von Konflikten auseinander (vgl. Thiel 2003; Messmer 2003). Einige konflikttheoretische Ansätze diskutieren zudem die Frage nach „Funktionalität vs. Dysfunktionalität von Konflikten" (Thiel 2003, S. 8). So werden in theoretischen Diskursen Konflikte zum einen als durchaus nützliche soziale Grundtatsache thematisiert (vgl. Dahrendorf 1972): Konflikte können Veränderungen anstoßen, Wandlungsprozesse auslösen und Potenziale freisetzen. Während Dahrendorf Konflikte im Kontext gesellschaftlicher Strukturen und somit insbesondere Macht- und Herrschaftskonflikte thematisiert, die als Motor des sozialen Wandels fungieren können, werden in den Konflikttheorien von Simmel und Coser die positiven Vergesellschaftungsfunktionen primär im Hinblick auf kohäsive Prozesse von Gruppen in den Vordergrund gerückt. Simmel platziert den „Streit" als Form sozialer Interaktion, durch welche sich Akteur*innen wechselseitig aufeinander beziehen und somit Ordnungen (durch Normen und Regeln) verändern und herstellen, die positive Beziehungen (und somit Gruppen) generieren oder bewahren können (vgl. Messmer 2003, S. 16). Auch Coser greift diesen Aspekt auf und spricht Konflikten eine gruppenfestigende und -integrierende Funktion zu. So können Gruppengrenzen nach außen durch Konflikte erhalten und stabilisiert sowie Austritte innerhalb der Gruppe verhindert werden (vgl. Coser 2009, S. 10f.; siehe auch Heyer et al. in diesem Band). Im Gegensatz zu Simmel unterscheidet Coser zwischen echten und unechten Konflikten. Die Funktionalität ergibt sich ausschließlich aus echten Konflikten, da nur bei dieser Form der Konflikt als Mittel anzusehen ist, um ein bestimmtes Ziel zu erreichen (vgl. Coser 1996, S. 296f.). Die Konfliktparteien ergeben sich folglich aus den divergierenden Interessenlagen. Unechte Konflikte werden konträr dazu aufgrund von (einseitigen und u. U. aggressiven) Spannungen initiiert, die nicht durch unterschiedliche Interessenlagen der agierenden Parteien verursacht werden (vgl. ebd.; Thiel 2003, S. 18–23). Die Perspektive auf die (Dys-)Funktionalität von Konflikten zeigt also, dass Konflikte keinesfalls nur negative Auswirkungen haben und sich als hemmende Störung zeigen müssen.

Nach der nun folgenden Schilderung empirischer Befunde zu Konflikten in der multiprofessionellen Zusammenarbeit werden wir uns den Erklärungspotenzialen verschiedener konflikttheoretischer Ansätze für diese konflikthaften Erscheinungsformen sowie der Frage zuwenden, inwieweit sich Konflikte in multiprofessionellen Konstellationen auch als funktional erweisen und beispielsweise notwendige Klärungen und Veränderungen ermöglichen können.

3 Konflikte in der multiprofessionellen Zusammenarbeit in pädagogischen Handlungsfeldern – empirische Befunde

Empirische Studien aus unterschiedlichen pädagogischen Handlungsfeldern zeigen immer wieder auf, dass die Zusammenarbeit verschiedener Akteur*innen hohe Herausforderungen mit sich bringt, Spannungsmomente und Konflikte in sich birgt und sich verschiedene Hindernisse auftun. Welche konkreten Spannungslinien und Konfliktfelder in der multiprofessionellen Zusammenarbeit zeigen sich in verschiedenen pädagogischen Arbeits- und Handlungsfeldern?

3.1 Multiprofessionalität und Konflikt in der frühkindlichen Bildung

Im Bereich der frühkindlichen Bildung ist eine Ausdifferenzierung der Personalstruktur zu verzeichnen. Seit 2006 steigt der Anteil an akademisch ausgebildeten und nicht einschlägig qualifizierten Fachkräften (vgl. Autorengruppe Fachkräftebarometer 2017, S. 30f.). Dies führt zu einem Anstieg von „qualifikationsheterogenen" Teams und traditionelle Teams aus Erzieher*innen und Kinderpfleger*innen werden seltener (ebd., S. 10). Die Entwicklung ist zum einen Folge der Diskussion um die Professionalisierung der Frühpädagogik und zum anderen der Ausbaudynamik und dem damit einhergehenden Fachkräftemangel geschuldet. Zudem vernetzen sich Kindertageseinrichtungen auch im Zuge der Entwicklungen zu Familienzentren zunehmend mit familienunterstützenden und -beratenden Diensten, Schulen sowie Einrichtungen des Sozialraums. Aufgrund der noch relativ neuen Entwicklungen fehlt es bislang an empirischen Studien, die vor allem im Kontext von Familienzentren Herausforderungen, Arbeitsweisen, Spannungslinien und Konfliktfelder multiprofessioneller Kooperation in den Blick nehmen. Dennoch zeigen die wenigen empirischen Befunde im Bereich der Kindertagesbetreuung, dass sowohl auf Teamebene als auch bei der Zusammenarbeit von ebendiesen mit anderen Institutionen durchaus Konfliktpotenzial besteht.

Im Rahmen einer Studie zu multiprofessionellen Teams in Kindertageseinrichtungen berichtet mehr als die Hälfte der Fachkräfte von regelmäßigen Teamkonflikten (vgl. Weltzien et al. 2016, S. 106). Bei der Integration neuer Fachkräfte in die Teams zeigen sich zudem Differenzen nach dem Grad der Qualifikation. Einschlägig hoch qualifizierte, akademisch ausgebildete Fachkräfte werden eher wertgeschätzt als nicht einschlägig qualifizierte Fachkräfte, was in den ihnen zugeschriebenen Kompetenzen gründet. Dennoch scheint ein Einbringen von Spezialwissen nicht immer willkommen (vgl. ebd., S. 20). In einer Studie von Petry (2016) werden ebenfalls Konflikte ersichtlich. Hier erleben Fachkräfte die Zusammenarbeit mit solchen ohne pädagogische Qualifizierung als negativ und frustrierend, da diesen fachliches Wissen fehlen würde (vgl. ebd., S. 66). Ein wesentlicher Faktor für die Entstehung derartiger Konflikte scheint die Teamkohäsion zu sein. Wird diese über persönliche Beziehungen definiert, so werden Berufseinsteiger*innen oder auch neue Fachkräfte, die fachliche Impulse einzubringen versuchen, als „Störfaktor" angesehen (vgl. Viernickel et al. 2013, S. 68). Treffen in Teams von Kindertageseinrichtungen zwei sehr unterschiedliche Professionskulturen aufeinander, so zeigen sich in der Studie außerdem zum Teil Milieu- bzw. Orientierungsdifferenzen (vgl. ebd., S. 54). Konfliktpotenziale zeigen sich darüber hinaus auch bei übergreifenden Kooperationen, z. B. bei der Zusammenarbeit von Kindertageseinrichtung und Grundschule. Höke und Arndt (2015) berichten im Zuge dessen von fehlender gegenseitiger fachlicher Wertschätzung. Dies sei vor allem aufseiten der Lehrkräfte gegenüber der Erzieher*innentätigkeit zu beobachten. Erzieher*innen zeigen demgegenüber eine hohe Wertschätzung gegenüber Lehrkräften, sehen allerdings den Leistungsgedanken der Schule als kritisch an (vgl. ebd., S. 72ff.).

3.2 Multiprofessionalität und Konflikt in der Erziehungshilfe

Die Personalstruktur in den Hilfen zur Erziehung (als zweitgrößtes Arbeitsfeld der Kinder- und Jugendhilfe, §§ 28–35 SGB VIII) ist ebenfalls vielfältig. In Erziehungsberatungsstellen bspw. ist die multiprofessionelle Teamkonstellation selbst in den gesetzlichen Bestimmungen verankert. Je nach Leistung der Erziehungshilfe finden sich unterschiedlich gruppierte Teams mit Sozialarbeiter*innen/Sozialpädagog*innen, Psycholog*innen, Erzieher*innen und vielen weiteren Berufsgruppen. Dabei sind insbesondere Felder, in denen Beratung sowie kurzfristige Hilfen im Vordergrund stehen, durch vorwiegend akademisch ausgebildetes Personal gekennzeichnet. In den alltagsbezogenen Hilfen, wie stationärer oder teilstationärer Unterbringung, bilden fachschulausgebildete Fachkräfte einen Großteil der Beschäftigten (vgl. Fendrich/Pothmann/Tabel 2016, S. 42). Darüber hinaus ist es aufgrund komplexer Fälle und Anforderungen stets erforderlich, auch Kooperationen außerhalb der Teams und Organisationen einzugehen.

Angesichts dieser multiprofessionellen Teamkonstellationen in den Hilfen zur Erziehung können Spannungslinien und Konfliktfelder entstehen. Trotz der bereits lange bestehenden multiprofessionellen Teams wird die Frage der Zusammenarbeit der Berufsgruppen vergleichsweise wenig thematisiert. Im Feld der Erziehungsberatung zeigen die Studien von Kurz-Adam (1997) und Kühnl (2014), dass zum einen „Hierarchie- und Homogenitätseffekte" (Kurz-Adam 1997, S. 133) und der Druck der dominierenden Profession eine Rolle spielen (vgl. ebd.) und zum anderen, dass Unterschiede zwischen den Berufsgruppen durch organisationale Sozialisation zwar weitestgehend aufgehoben werden (meist zulasten der professionellen Identität von Sozialarbeiter*innen/Sozialpädagog*innen), die dennoch unterschiedliche Bezahlung aber für Missstimmung sorgt (vgl. Kühnl 2014, S. 135ff.). Auch in den teilstationären und stationären Hilfen sind Konfliktfelder aufgrund der vielfältigen beruflichen Hintergründe des Personals auszumachen. Barth (2007) bspw. beschreibt, dass durch die unterschiedlichen Rollen (die sich u. a. durch die berufliche Qualifikation ergeben) auch verschiedene Befugnisse und somit Handlungsmöglichkeiten entstehen. In den hierarchisch gegliederten multiprofessionellen Teams, wie sie in den Erziehungshilfen vorzufinden sind, müssen daher die aus den unterschiedlichen Befugnissen resultierenden Machtverhältnisse geklärt werden (vgl. ebd., S. 194).

Werden Kooperationsbeziehungen zwischen Einrichtungen der Erziehungshilfe und Organisationen anderer Felder thematisiert, sprechen Bütow/ Maurer (2013) sowie Bütow/Gries (2013) bei interorganisationaler Kooperation von Spannungszonen, in denen Fachkräfte (insbesondere der Sozialen Arbeit) besonders gefordert sind, „ihre Expertise und Zuständigkeit zur Geltung zu bringen" (Bütow/Maurer 2013, S. 300). Die Kooperation zwischen stationären Einrichtungen der Hilfen zur Erziehung mit Einrichtungen der Kinder- und Jugendpsychiatrie bspw. wird demnach wesentlich durch Hierarchie- und Machtverhältnisse beeinflusst (vgl. Bütow/Gries 2013, S. 231).

3.3 Multiprofessionalität und Konflikt in Werkstätten für behinderte Menschen (WfbM)

In Werkstätten für behinderte Menschen (WfbM) ist multiprofessionelle Zusammenarbeit durch gesetzliche Zielvorgaben im § 136 SGB IX und die Werkstättenverordnung (WVO) geregelt. Laut ihren Vorgaben vollzieht sich die Zusammenarbeit innerhalb eines Teams, das sich jedoch aus Berufsgruppen mit völlig unterschiedlichen Hintergründen zusammensetzt: Die Teamarbeit ist durch die zahlenmäßig wesentlich größere Gruppe aus Handwerker*innen, pflegerischen und erzieherischen Berufen in den Arbeitsbereichen und durch die kleinere Gruppe von Sozialarbeiter*innen/Sozialpädagog*innen im begleitenden Dienst einer WfbM geprägt.[5]

Aufgrund ihrer sozialwirtschaftlichen Zielbestimmungen agiert eine WfbM zugleich als ein Wirtschaftsbetrieb (ein oder mehrere Standorte) am allgemeinen Arbeitsmarkt, sodass neben den sozialen Zielen – Teilhabe am Arbeitsleben und berufliche Rehabilitation für Menschen mit Behinderungen – auch der Absatz von Gütern und Dienstleistungen primäres Ziel einer WfbM ist (vgl. § 12 WVO). Die Doppelrolle Soziale Einrichtung/Wirtschaftsbetrieb birgt Konfliktpotenzial in sich, da in der Praxis aus den vielschichtigen Zielaufträgen widersprüchliche, teilweise konkurrierende Zielorientierungen resultieren. Dies führt zu einem grundlegenden Zielkonflikt für WfbMs, welcher u. a. Auswirkungen auf die Zusammenarbeit und Zielerreichung haben kann (vgl. Thesing 2017). Doch zur multiprofessionellen Zusammenarbeit in WfbMs sowie zu möglichen Konfliktlinien in diesem Kontext liegen bisher keine empirischen Befunde vor. Ein Praxisbeitrag von Friedrich (2010) weist auf den bereits beschriebenen Zielkonflikt von WfbMs und Konfliktpotenzial in der Zusammenarbeit des Fachpersonals hin. Als Beispiel für den beschriebenen Zielkonflikt wird das Teilziel der Förderung des Übergangs auf den allgemeinen Arbeitsmarkt für geeignete Personen genannt. Dieses Ziel sowie die damit einhergehenden Teilziele der beruflichen Bildung und Persönlichkeitsentwicklung können sich in der Praxis auf das Ziel einer hohen Produktivität auswirken, da die entsprechenden Personen aus den Arbeitsprozessen herausgezogen werden und somit Arbeitskraft in den Arbeitsbereichen entfällt (vgl. ebd., S. 133). Dabei kann angenommen werden, dass die sozialberuflich geprägten Mitarbeiter*innen eher die Förderung des Übergangs sowie die Persönlichkeitsentwicklung der Menschen mit Behinderungen fokussieren, während die handwerklich, kaufmännisch oder technisch ausgebildeten Mitarbeiter*innen in den Arbeitsbereichen und in der Werkstattleitung eine möglichst hohe Produktivität in den Mittelpunkt ihrer Arbeit stellen (vgl. ebd., S. 133f.). Zudem sei zu vermuten, dass die FABs (mit zumeist handwerklicher o. ä. Ausbildung) hinsichtlich psychosozialer Probleme der Menschen mit Behinderungen keine fachspezifische Expertise beisteuern (vgl. ebd., S. 132). Dies wird darauf zurückgeführt, dass die Sozialberufe in ihrem professionellen Handeln eher systemtheoretisch ausge-

---

5   Das Team in einer WfbM arbeitet wie folgt zusammen: Es gibt eine Werkstattleitung und Fachkräfte zur Arbeits- und Berufsförderung (FAB) in Berufsbildungs- und Arbeitsbereichen. Die Werkstattleitung sollte eine kaufmännische oder technische Qualifikation auf mindestens Fachhochschulniveau innehaben, während FABs in der Regel Handwerker*innen mit einer berufsbegleitenden sonderpädagogischen Zusatzqualifikation sind. Heilerziehungspfleger*innen, Erzieher*innen (o.Ä.) können ebenfalls FABs sein (vgl. § 9 WVO). Sozialarbeiter*innen oder Sozialpädagog*innen arbeiten im begleitenden Dienst (§ 10 WVO).

richtet sind und daher die Komplexität der sozialen Ziele berücksichtigt wird, während die FABs aufgrund der eigenen Berufssozialisation „eher auf lineares Denken in Kausalketten und zügige Problemlösung trainiert sind" (ebd., S. 134).

Darüber hinaus kann die enge Verknüpfung zwischen Berufs- und Alltagswissen bei den Sozialarbeiter*innen/Sozialpädagog*innen im begleitenden Dienst zu Legitimationsproblemen in der Zusammenarbeit mit den FABs führen, da sich diese „oft nur dann an den begleitenden Dienst wenden [würden], wenn sie mit dem eigenen Alltagswissen an Grenzen stoßen" (ebd.). Im Zuge dessen gerät oftmals in Vergessenheit, dass die Mitarbeiter*innen im begleitenden Dienst „über eine wissenschaftlich fundierte Expertenschaft verfügen [...], die über das Alltagswissen von sozialen Problemen und Problemlösungen hinausgeht" (ebd.), weswegen sie u. a. auch eher in Leitungsstrukturen eingebunden sind als FABs (vgl. ebd., S. 136).

Hinzukommend wird die Zusammenarbeit des Fachpersonals ebenso durch ungleiche Zugänge zu Informationen, hierarchischen Aufbau der WfbM sowie durch eine ausbildungsorientierte Bezahlung negativ beschattet (vgl. ebd.).

3.4 Multiprofessionalität und Konflikt in der Schule

Multiprofessionelle Zusammenarbeit im Kontext Schule ist ein recht neues Phänomen, denn lange Zeit war die Institution Schule monoprofessionell strukturiert. Mit der Einführung von Schulsozialarbeit an ganztägigen Gesamtschulen in den 1970er-Jahren wurden erste Erfahrungen einer Zusammenarbeit zwischen Lehrkräften und Sozialarbeiter*innen/Sozialpädagog*innen gemacht, wobei die empirische Begleitforschung seit den 1980er-Jahren (Faulstich-Wieland/Tillmann 1984; Dithmar et al. 1999; Olk 2004) wiederholt auf die Schwierigkeiten und Konflikte in der Zusammenarbeit zwischen diesen beiden Professionen verweist. Die Kooperationshindernisse werden auf die differierenden gesellschaftlichen Funktionen und institutionellen Strukturen von Schule und Jugendhilfe, auf berufskulturell verankerte Unterschiede und gegenseitige Vorbehalte, auf Informationsdefizite über die jeweiligen Arbeitsfelder und Kompetenzen sowie auf das strukturelle Hierarchie-, Prestige- und Machtgefälle zwischen Lehrer*innen und sozialpädagogischen Fachkräften zurückgeführt (vgl. Dithmar et al. 1999; Olk 2004; Fabel-Lamla/Thielen 2011; Speck 2014). Zudem können auch Zielgruppen- und Aufgabenüberschneidungen der beiden pädagogischen Berufsgruppen Aushandlungsprozesse und Machtkämpfe um die jeweilige Zuständigkeit evozieren und Konkurrenzsituationen befördern. Diese Spannungsfelder und Differenzen führen vielfach zu Kooperationsbeziehungen, in denen die Sozialarbeiter*innen/Sozialpädagog*innen den Forderungen, Funktionszuschreibungen und Erwartungen der Institution Schule und der Lehrer*innen untergeordnet werden. So werden etwa an Sozialarbeiter*innen/Sozialpädagog*innen ungeliebte Arbeitsbereiche (z. B. Problemschüler*innen) delegiert, sie sollen eine „Feuerwehrfunktion" in Krisensituationen und Notlagen erfüllen, auffällige und sozial abweichende Kinder und Jugendliche disziplinieren, z. B. im Trainingsraum, oder als Pausenaufsicht und Hausaufgabenhilfe fungieren (vgl. Olk 2004; Speck 2014).

Im Zuge fortschreitender Ausdifferenzierung pädagogisch-professioneller Tätigkeiten und verschiedener bildungspolitischer Weichenstellungen seit den 2000er-Jahren – wie z. B. der Ausbau von Ganztagsangeboten, die Umgestaltung der Grundschuleingangsphase sowie die Einführung der inklusiven Schule – steigt die Präsenz anderer Professionen bzw. Berufsgruppen an Schulen. Ferner werden seit den 1990er-Jahren neue Steuerungsmodelle im Bildungssystem propagiert, die u. a. in der Lehrer*innenkooperation einen wichtigen Schlüssel für die Qualitätsentwicklung von Schule, Unterricht und pädagogischer Professionalität sehen. Auch empirische Ergebnisse zeigen, dass an nachweislich guten Schulen das Ausmaß höher und die Art der Kooperation zwischen den Lehrkräften anspruchsvoller ist als an weniger erfolgreichen Schulen (vgl. Terhart/Klieme 2006).

Empirische Befunde zu den an Schulen aktuell zu beobachtenden Kooperations- und Arbeitsprozessen in multiprofessionellen Settings liegen erst in Ansätzen vor. Diese nehmen vor allem biprofessionelle Arbeitszusammenhänge – also z. B. die Zusammenarbeit zwischen Regel- und Förderschullehrkräften, zwischen Lehrer*innen und sozialpädagogischen Fachkräften, zwischen Lehrkräften und Schulbegleiter*innen, zwischen Lehrer*innen und Erzieher*innen – in den Blick. Die Ergebnisse verweisen auf differierende Formen der Zusammenarbeit, die sich jedoch vor allem als Relation von Lehrkräften als Leitprofession und anderen als Hilfsprofessionen beschreiben lassen. Elaborierte Formen multiprofessioneller Zusammenarbeit lassen sich kaum finden, vielmehr zeigen sich neben hinderlichen Rahmenbedingungen Spannungsfelder und eher konflikthafte Auseinandersetzungen bei der Zusammenarbeit und gemeinsamen Gestaltung von pädagogischen Prozessen. Die Ursachen hierfür werden vor allem in den fehlenden (Zeit-)Ressourcen, Informationsdefiziten, berufskulturellen Vorbehalten, aber auch ungeklärten Zuständigkeiten gesehen (vgl. z. B. Speck/Olk/Stimpel 2011, 2011a; Arndt/Werning 2013; Bauer 2013, 2014; Breuer 2015; Lübeck/Demmer 2017).

3.5 Zusammenführung der empirischen Befunde: Konflikte in der multiprofessionellen Zusammenarbeit

Die bereits bei den eigenen empirischen Beispielen sichtbar gewordenen Konfliktlinien in der Zusammenarbeit von Professionellen bzw. in der Kooperation zwischen Einrichtungen zeigen sich auch in den hier dargestellten Befunden. Gründe für konfliktbehaftete Verhältnisse in interorganisationalen Kooperationen werden demnach in mangelnder Anerkennung sowie in Hierarchie- und Machtverhältnissen gesehen. Auf der Akteurs- bzw. Teamebene verweisen die dargestellten empirischen Studien auf weitere Konfliktlinien: Nicht immer werden z. B. eingebrachte berufsbezogene Expertisen als erwünscht angesehen. Dies kann u. a. mit Dominanzverhältnissen von Leit- und Hilfsprofessionen in Teams oder Arbeitsfeldern zusammenhängen. Diese entstehen z. B. durch eine Überzahl in den Organisationen oder durch „alte Muster" und Denktraditionen. Hierarchien sowie Prestige- und Statusunterschiede bilden daher nicht nur in der interorganisationalen Kooperation ein Konfliktpotenzial, sondern führen auch innerhalb von Organisationen häufig zu Auseinandersetzungen. In einigen Teamkonstellationen sorgen auch Homogenitätseffekte für Unstimmigkeiten, da sich einige Professionen an anderen orientieren und somit eine Angleichung der Arbeitsweisen stattfindet. Vielfach sind auch unterschiedliche Handlungs- und Deutungsmuster und damit zusammenhängend voneinander abweichende Zielvorstellungen in den multiprofessionellen Teams und Organisationen anzutreffen, wodurch Auseinandersetzungen bzgl. der Arbeitsweisen und den damit verbundenen Zielen entstehen können. Dies hängt unmittelbar mit differierenden gesellschaftlichen Funktionen zusammen: Diese können sich nicht nur unterscheiden, sondern teilweise sogar widersprechen. Mit den unterschiedlichen Abschlüssen der Professionen gehen zudem auch differente Befugnisse und Handlungsmöglichkeiten einher, die sich bspw. in organisationalen Regeln manifestieren. Zudem bilden Fragen der Zuständigkeit und des Mandats Problembereiche. Nicht zuletzt sind es berufskulturelle Unterschiede und Vorbehalte gegenüber anderen Professionen, die in multiprofessionellen Konstellationen Konfliktpotenzial in sich bergen.

Auf das Konfliktpotenzial, das aus diffusen Zuständigkeiten in pädagogischen Handlungsfeldern resultiert, hat Kunze (2016; 2018) wiederholt aufmerksam gemacht. Auf Basis ihrer Analysen und Beobachtungen kommt sie zu dem Schluss, dass „die Zuständigkeitsfrage" (Kunze 2018, S. 71) ein Zentralproblem multiprofessioneller Kooperation in pädagogischen Handlungsfeldern bilde. Die Mischung und Überlagerung von Zuständigkeitsbereichen in der Kooperation unterschiedlicher pädagogischer Berufsgruppen sei ein strukturelles Problem, das in der Institutionalisierung der gesellschaftlichen Zuständigkeit der pädagogischen Berufe angelegt sei. Dies führe zu Zuständigkeitsdiffusionen und verlange den Akteur*innen systematisch und kontinuierlich ab, immer wieder neu Unklarheiten zu bearbeiten und Grenzarbeit zu leisten, was durchaus mit Konflikten einhergehen könne. Bei diesen Aushandlungsnotwendigkeiten handele es sich daher um ein von den Akteur*innen nur bearbeitbares, aber nicht auflösbares Problem. Aus dieser Perspektive „stellen sich Spannungen und Konflikte nicht als Problemfall, sondern als Normalfall" (ebd., S. 72) dar.[6]

Ausgehend von den zuvor zusammengeführten unterschiedlichen Konfliktlinien und der Perspektive, Konflikte als ein ‚normales' und strukturelles Phänomen in multiprofessionellen Kooperationen zu betrachten, werden wir im anschließenden vierten Kapitel ausgewählte theoretische Ansätze hinzuziehen, die einerseits unterschiedliche Erklärungen für die nachgezeichneten Konfliktlinien aus den empirischen Befunden liefern können. Andererseits können die verschiedenen theoretischen Ansätze hilfreich sein, spezifische Konfliktursachen auf unterschiedlichen Ebenen von multiprofessioneller Kooperation auszudifferenzieren.

4 Konflikte in der multiprofessionellen Zusammenarbeit in pädagogischen Handlungsfeldern – theoretische Ansätze

Wie lassen sich die vorgestellten Befunde aus Perspektive verschiedener professions-, organisations- bzw. anerkennungstheoretischer Ansätze einordnen? Wie können Konflikte sowie ihre Ursachen aus der Perspektive der verschiedenen Ansätze theoretisch hergeleitet, präzisiert und erklärt werden? Im Folgenden ziehen wir ausgewählte Ansätze heran, die auf unterschiedlichen Ebenen der Kooperation hier Antworten geben können.[7] Neben machttheoretischen und wissenssoziologischen Ansätzen der Professionssoziologie werden hierfür das Konzept der negotiated order von Anselm Strauss, das Konzept der Grenzarbeit/boundary work sowie anerkennungstheoretische Ansätze skizziert. Dabei unterscheiden wir zwischen verschiedenen sozialen Aggregationsebenen (vgl. auch Husi 2017): Auf der Makroebene sind Professionen bzw. das „System der Professionen" (Abbott 1988) anzusiedeln, auf der Mesoebene Kooperationen

---

6 Konflikte können selbstverständlich auch zwischen Professionellen und Adressat*innen auftreten (vgl. z. B. May/Schütte-Bäumner 2018), stehen hier aber nicht im Fokus. Zu Adressat*innen siehe auch Hollweg et al. in diesem Band.

7 Mithilfe der ausgewählten theoretischen Ansätze sollen unter anderem die konflikthaften Verhältnisse in multiprofessionellen Teams eingeordnet werden. In diesem Kontext ist auch auf Teamentwicklungsmodelle hinzuweisen, bei denen Phasen des Konflikts immanent sind (vgl. bspw. Tuckman/Jensen 1977). Auf eine allgemeine Betrachtung von Gruppenprozessen wird hier jedoch verzichtet, um multiprofessionelle Settings und ihre konfliktspezifischen Ursachen und Wirkungen in den Fokus zu stellen. Dazu siehe Heyer et al. in diesem Band.

zwischen verschiedenen Einrichtungen bzw. Organisationen, in denen Angehörige verschiedener Professionen zusammenarbeiten, und auf der Mikroebene direkte Arbeitsbeziehungen zwischen Professionellen. Die für diesen Beitrag ausgewählten theoretischen Ansätze lassen sich diesen drei sozialen Aggregationsebenen zuordnen, wobei anerkennungstheoretische Ansätze und das Konzept der Grenzarbeit auf allen drei Ebenen herangezogen werden können (vgl. Abb. 1).

soziale Aggregationsebene	Ebenen multiprofessioneller Kooperation	Theoretische Ansätze	
Makroebene	System der Professionen	machttheoretische/ wissenssoziologische Ansätze der Professionssoziologie	
Mesoebene	Organisation	Konzept der negotiated order	
Mikroebene	Professionsangehörige/ Professionelle	Grenzarbeit anerkennungstheoretische Ansätze	

Abb. 1: Übersicht zu verschiedenen theoretischen Ansätzen, die für das Themenfeld „Multiprofessionalität und Konflikt" auf den unterschiedlichen sozialen Aggregationsebenen herangezogen werden können

4.1 Professionstheoretische Ansätze

Aus Sicht machttheoretischer Ansätze der Professionssoziologie sind interprofessionelle Auseinandersetzungen generell kennzeichnend für das System der Professionen. So führt Abbott (1988) die Entstehung von Professionen sowie ihre Entwicklung auf einen ständigen Wettkampf zwischen Professionen bzw. Berufsgruppen um die Zuständigkeit (jurisdiction) für die autonome Bearbeitung relevanter sozialer Problembereiche in einer Gesellschaft zurück. Professionen müssen plausibel machen, dass ihr Wissen und ihre Fähigkeiten für die Lösung des anstehenden Problems in einem bestimmten Feld wichtig sind. Zugleich müssen sie ihre Zuständigkeiten und Aufgabenfelder gegenüber anderen an der Problembearbeitung beteiligten Professionen profilieren und abgrenzen. Bei Divergenzen von Zuständigkeitsansprüchen und -zuschreibungen sowie bei Überschneidungen von Zuständigkeitsansprüchen kann es zu einem „professional war" (ebd., S. xii) kommen, in welchem Professionelle bestimmte Zuständigkeiten für sich erringen, legitimieren bzw. verteidigen wollen. Es lässt sich davon ausgehen, dass im Zuge fortschreitender Ausdifferenzierung (pädagogisch-)professioneller Tätigkeiten und politischer Reformen die gewachsenen Zuständigkeiten der verschiedenen betroffenen Professionen bzw. Berufsgruppen unter Druck geraten können, daher Zuständigkeitsbereiche und Expertisen neu voneinander abgegrenzt und ausgehandelt werden müssen und diese Aushandlungsprozesse sicherlich nicht konfliktfrei verlaufen.

In ähnlicher Weise lässt sich auch aus einer wissenssoziologisch orientierten professionstheoretischen Perspektive argumentieren, dass das Feld der Professionen konkurrenz- und konflikthaft strukturiert ist und Professionen stets in den Kampf um die Durchsetzung und Reklamation von Deutungshoheit und Lösungsmonopolen involviert sind, der darauf zielt, Einfluss zu erringen, zu erhalten bzw. auszuweiten und sich in der gesellschaftlichen Hierarchie der Professionen und Berufe entsprechend zu platzieren. Auf der Ebene der professionellen Akteur*innen arbeitet Pfadenhauer (2003) als Kern der professionellen Konkurrenz um Definitionsmacht und Zuständigkeit eine „Kompetenzdarstellungskompetenz" heraus, also die Fähigkeit, Sachkompetenz und Zuständigkeit zu inszenieren. Sie beschreibt Professionelle als Akteur*innen, „die Probleme, mit denen sie sich auseinandersetzen, so zu definieren vermögen, dass diese eben möglichst weitgehend den Lösungen entsprechen, über die sie je (professionell) verfügen" (Pfadenhauer 2005, S. 14). Gerade in multiprofessionellen Settings lässt sich davon ausgehen, dass Professionsangehörige gegenüber den ‚Professionsanderen' Problemlösekompetenzen für sich reklamieren und aktuelle Handlungsaufforderungen so interpretieren und definieren, dass das Problem mit den vorhandenen Handlungsroutinen bearbeitet werden kann. Hier können dann Konflikte um Definitionsmacht, Zuständigkeit und ‚Marktanteile' entstehen. Für machttheoretische und wissenssoziologische Ansätze der Professionstheorien sind also Kämpfe und Konflikte konstitutiver Bestandteil des Systems der Professionen und bedingen auf der Ebene der Professionen wie auch auf der Ebene zwischen den Angehörigen unterschiedlicher Professionen Auseinandersetzungen, Aushandlungsprozesse, aber auch Prozesse des Wandels der Profession(en).

4.2 Konzept der negotiated order (Anselm Strauss)

Einen möglichen theoretischen Ansatz zur Verortung und Erklärung der dargestellten Befunde zu Spannungslinien und Konfliktfeldern multiprofessioneller Kooperation in den verschiedenen Feldern auf organisationaler Ebene bietet das von Anselm Strauss et al. entwickelte Konzept der negotiated order (Strauss et al. 1963; Strauss et al. 1964; Strauss 1978) bzw. des processual ordering (1993). Diese Konzepte verweisen darauf, dass im Prinzip jede soziale Ordnung eine *ausgehandelte* Ordnung ist. Insofern lässt sich auch multiprofessionelle Kooperation als Herstellung einer ausgehandelten Ordnung betrachten, wobei die Akteur*innen in bereits ausgehandelten Ordnungsstrukturen agieren, aber nicht im Sinne zwingender Strukturen und Handlungslimitationen. Vielmehr stützen sie mit ihren aktuellen Aushandlungen gleichzeitig die bestehende ausgehandelte Ordnung oder aber modifizieren diese (vgl. Strübing 2007). Denn diese „interaktive[n] Aushandlungsprozesse [bilden] die Möglichkeit, Spielräume innerhalb gegebener Strukturen auszuloten aber auch Strukturen zu verändern" (Bauer 2014, S. 278).

Multiprofessionelle Kooperation als Arbeitsprozess kann vor dem Hintergrund dieses Ansatzes als Aushandlungsprozess begriffen werden, welcher der Herstellung einer ausgehandelten Ordnung dient. Die Zusammenführung verschiedener Professionen in Bezug auf einen geteilten Arbeitsauftrag erfordert Aushandlungen über gemeinsame oder geteilte Zuständigkeiten und Aufgaben. Dies erscheint aufgrund einer Zusammenführung von Professionellen, die die Expertise für bestimmte Zuständigkeitsbereiche und Fragen für sich beanspruchen, als grundsätzlich spannungsreich – insbesondere mit Blick auf professionell-pädagogische Handlungsfelder: „Das Aushandeln von Zuständigkeiten und die Gestaltung phasenweise arbeitsteiliger Prozesse ist in professionell-pädagogischen Handlungsfeldern besonders herausfordernd, da die Bezugnahme auf Problemlagen von Kindern und Jugendlichen als gemeinsame Adressat_innen letztlich kaum teilbar erscheint" (Fabel-Lamla/Haude/Volk 2019, S. 229). Dies lässt darauf schließen, dass multiprofessionelle Arbeitszusammenhänge möglicherweise einer besonders intensiven und immer wiederkehrenden Aushandlung bedürfen, da die Professionellen ihr Alleinstellungsmerkmal fortlaufend begründen und in Abgrenzung zu anderen Professionen setzen müssen.

Spannungslinien und Konflikte können dann entstehen, wenn die Einteilung von Arbeitsbereichen entgegen der Vorstellung einzelner Akteur*innen geschieht, Handlungsspielräume eingeschränkt sind und es somit zu einer (subjektiven) Benachteiligung kommt. Auch die Frage, welche Akteur*innen letztlich die Entscheidungsmacht besitzen oder Anweisungen erteilen, könnte gerade bei einem Aufeinandertreffen verschiedener (pädagogischer) Professionen zu Spannungen führen. Die Art und Weise der verbalen oder auch nonverbalen Aushandlungen, die wertschätzend, aber auch abwertend sein können, stellt einen weiteren Bereich dar, den es in multiprofessionellen Kooperationsprozessen zu betrachten gilt.

4.3 Boundary work / Grenzarbeit

Das Konzept der „Grenzarbeit" oder auch boundary work (vgl. Gieryn 1983) nimmt insbesondere die Abgrenzungen wissenschaftlicher Disziplinen bzw. mögliche Grenzverschiebungen zwischen Disziplinen in den Blick. Eine Übertragung des Konzeptes auf die Zusammenarbeit verschiedener Berufsgruppen im Gesundheitssystem führt Allen (2000) an. Grenzarbeit wird den theoretischen Konzeptionen zufolge als interaktiver Prozess betrachtet, der von den Akteur*innen Aushandlungen bzgl. ihrer Aufgaben, Befugnisse und Zuständigkeiten einfordert. Grenzen werden demnach nicht als starre Gebilde betrachtet, sondern als dynamisch und beeinflussbar. Durch bspw. Positionierungen und die Darstellung der eigenen Perspektive können Akteur*innen sich abgrenzen und (Arbeits-)Bereiche definieren und rahmen. Auf diese Weise können auch (Berufs-)Gruppenzugehörigkeiten (inklusive professioneller Identitäten) in multiprofessionellen Konstellationen hergestellt bzw. dargestellt werden. Grenzarbeit bietet den Akteur*innen dadurch die Möglichkeit, sich in einem differenten Arbeitsfeld zu orientieren, und hat somit Relevanz, wenn es um die Gestaltung von Arbeitsabläufen etc. und die Beziehungen zwischen den Akteur*innen geht.

Auch Bauer (2014) verweist bezüglich multiprofessioneller Konstellationen auf das Konzept der Grenzarbeit und bezeichnet Grenzarbeit als einen zentralen Aspekt der interaktiven Prozesse. Dass die ständige Aushandlung zwischen Akteur*innen verschiedener Berufsgruppen und Professionen auch konflikthaft sein kann, deutet Bauer ebenfalls an: „Kooperation findet nicht zwischen in sich als abgeschlossen und unveränderbar zu denkenden Professionen statt, sondern zwischen professionellen Akteuren, die ihre spezifischen Aufgabenstellungen, Zuständigkeiten und Befähigungen kontinuierlich bestimmen, miteinander und zum Teil auch gegeneinander immer wieder neu verhandeln und legitimieren müssen" (ebd., S. 274).

Neben einer miteinander stattfindenden Aushandlung werden Aushandlungsprozesse entsprechend auch gegeneinander geführt. So geht es schließlich um die „Durchsetzung spezifischer Interessen und Positionen" (ebd., S. 275), womit immer auch Be- und Eingrenzungen anderer Akteur*innen sowie Kompromisse verbunden sind. Grundsätzlich ist Grenzarbeit als per se spannungsreicher Prozess dennoch notwendig, um ein gemeinsames konstruktives Miteinander zu gestalten. Ohne die interaktive Aushandlung der Grenzen zwischen den Zuständigkeitsbereichen wäre multiprofessionelle Kooperation vielmehr ein unproduktives ‚Nebeneinander' als ein gewinnbringendes ‚Miteinander'. Darüber hinaus kann Grenzarbeit zu Grenzverschiebungen führen, welche insbesondere im Hinblick auf Veränderungen und Fortschritt erforderlich sind (vgl. Bütow/Maurer 2013, S. 233).

4.4 Anerkennungstheoretische Ansätze

Um die Ursachen von Konflikten theoretisch herzuleiten und zu präzisieren, lohnt sich auch der Blick auf anerkennungstheoretische Ansätze. So werden Konflikte in multiprofessionellen Teams bzw. Organisationen häufig auf mangelnde Anerkennung zwischen den Berufsgruppen und Professionen zurückgeführt.

In der Anerkennungstheorie von Axel Honneth wird (reziproke) Anerkennung auf der Ebene der Liebe (welche sich durch Fürsorge und emotionale Zuwendung äußert), der Ebene des Rechts (welche die kognitive Achtung der jeweiligen Rechte und wechselseitigen Pflichten beinhaltet) und der Leistung lokalisiert (vgl. Honneth 2016, S. 211). Auf der Ebene der Leistung oder auch Wertschätzung geht es anders als bei den vorherigen Ebenen um subjektive Fähigkeiten und Eigenschaften von Personen, bei denen aufgrund normativer Bezugspunkte Differenzierungen zwischen „anerkennungswürdigen" und „nicht anerkennungswürdigen" Eigenschaften gemacht werden. Neben den positiven Auswirkungen erfahrener Anerkennung (Steigerung des Selbstbewusstseins, der Selbstachtung und des Selbstwertgefühls) weist Honneth auf negative Konsequenzen bei mangelnder Anerkennung hin (Misshandlung, Ausschließung und Beleidigung) und verdeutlicht dadurch die Motivation und Mobilisierung der Subjekte zu einem „Kampf um Anerkennung" (vgl. ebd., S. 209f.). Die Entstehung von Kämpfen und Konflikten basiert dieser Theorie zufolge daher weniger auf unterschiedlichen Interessenlagen als mehr auf moralischen Unrechtsempfindungen: „An den kollektiven Unrechtsempfindungen setzt [...] ein Konfliktmodell an, das die Entstehung und den Verlauf sozialer Kämpfe auf die moralische Erfahrung zurückführt, die gesellschaftliche Gruppen angesichts der Vorenthaltung von rechtlicher oder sozialer Anerkennung machen" (ebd., S. 265).

Angrenzend und aufbauend auf dieser basistheoretischen Verortung findet der Diskurs um Anerkennung auch im arbeitssoziologischen Kontext statt. Insbesondere in Bezug auf die (durch gesellschaftliche Prozesse) immer relevanter werdende Ebene der Leistung spielt der Beruf bzw. das Arbeitsleben eine wesentliche Rolle (wenngleich auch die Ebenen der Liebe und des Rechts auf Arbeitskontexte übertragbar sind). So ist nicht nur das Ausüben eines Berufs an sich anerkennungsträchtig, auch der Arbeitskontext selbst bildet einen bedeutenden Bezugsrahmen, in dem Anerkennung erworben werden kann. So lassen sich neben den Interaktionen mit Kolleg*innen und Vorgesetzten, in denen Anerkennung bspw. durch Lob, Dankbarkeit und gegenseitige Akzeptanz geäußert werden kann (Mikroebene), auch organisationale Formen der Anerkennung ausmachen, welche u. a. durch Beschäftigungsregeln, Leistungsbewertungssysteme oder Karrierewege deutlich werden (Mesoebene). Zudem ist das gesellschaftliche Prestige des Berufs relevant und somit letztlich die Normen, nach welchen entschieden wird, wofür (d. h. auch für welche Berufe) und in welchem Ausmaß Anerkennung gewährt wird und wofür nicht (Makroebene) (vgl. Voswinkel 2014, S. 4f.).

In Organisationen und Teams, in denen verschiedene Berufsgruppen und Professionen tätig sind, können demnach auf mehreren Ebenen Differenzen zwischen den Professionen bzgl. gewährter/nicht gewährter oder unterschiedlich stark ausgeprägter Anerkennung bestehen, die auf die genannte multiprofessionelle Konstellation zurückzuführen sind. So sind bspw. Karrierewege oder das gesellschaftliche Prestige von Berufen aufgrund unterschiedlicher Abschlüsse und damit einhergehend z. B. auch von divergenten Befugnissen immanent unterschiedlich. Zudem und auch basierend auf solchen Bedingungen bildet „eine Organisation eine Arena des Vergleichs unter Kollegen, eines Vergleichs, der von Organisationen mitgestaltet und gesteuert wird. Daher sind es gerade die Anerkennungsbeziehungen und Gerechtigkeitsvergleiche in Organisationen, die im Zentrum von Missachtungserfahrungen und Ungerechtigkeitsklagen organisierter Arbeit stehen" (Voswinkel/Wagner 2013, S. 85).

Das Ringen um Anerkennung verschiedener Professionsangehöriger aufgrund von Ungleichverhältnissen ist somit als eine Ursache für soziale Konflikte in multiprofessionellen Teams und Organisationen zu bezeichnen. Darüber hinaus werden durch die Kämpfe möglicherweise Anerkennungsverhältnisse und -beziehungen verändert, wodurch ein sozialer Wandel initiiert werden kann.

4.5 Theoretische Ansätze als Zugang zu Konflikten in der multiprofessionellen Kooperationspraxis

In der Einleitung wurden Auszüge aus zwei Interviews und einer schriftlichen Befragung zitiert, in denen Konflikte zwischen Professionellen bzw. Professionen zur Sprache kommen. Mithilfe der skizzierten theoretischen Ansätze lassen sich diese Konflikte näher bestimmen, analysieren und einordnen – dies soll im Folgenden zumindest kurz angerissen werden:

Für die von der Schulsozialarbeiterin angedeuteten Konflikte lassen sich zum einen (macht-)professionstheoretische Ansätze heranziehen, die für die Frage nach der Stellung, dem Status und den Zuständigkeiten der Schulsozialarbeit im Gefüge der Organisation Schule sensibilisieren. Zum anderen verweist das Konzept der negotiated order auf die Prekarität mehr oder weniger ausgehandelter Ordnungen bzgl. Verantwortlichkeiten und Verfahrensabläufen in der Schule, die von der Schulsozialarbeiterin als hierarchisch strukturiert wahrgenommen werden, wobei sie im Arbeitsalltag bei der Erfüllung der von ihr als sinnvoll erachteten Tätigkeiten diese nicht immer berücksichtigt, was zu Konflikten führt.

Zur Erklärung des von der Leitung eines Familienzentrums dargestellten Konflikts mit der Schule lassen sich durchaus mehrere der von uns dargestellten theoretischen Ansätze heranziehen. Auf der Mikroebene erscheint das Konzept der „Grenzarbeit" bzw. der boundary work ertragreich. Der von den Lehrkräften der Schule zugeschriebene Zuständigkeitsbereich der frühkindlichen Bildung, nämlich die Vorbereitung auf die schulische Laufbahn, wird als unzulänglich empfunden. Dies führt dazu, dass die Befragte die unterschiedlichen Perspektiven voneinander abgrenzt. Es erfolgen Aushandlungen über Zuständigkeitsbereiche mit dem Ziel, den eigenen Beitrag bezogen auf die kindliche Entwicklung auszuweiten. Gleichzeitig scheint auch ein Kampf um Anerkennung stattzufinden. Die neue Lehrer*innengeneration wird als wertschätzender wahrgenommen, diese kommuniziere mehr ‚auf Augenhöhe'. Ein für die Befragte bedeutender Aspekt für das Gelingen von Kooperation scheint zu sein, dass geleistete Arbeit wahrgenommen und gewürdigt wird und somit seine Daseinsberechtigung entfaltet. Die Darstellung der Bedeutsamkeit der eigenen Tätigkeit könnte aus Sichtweise dieses Ansatzes aufgrund des Unrechtsempfindens erfolgen. Auf der Makroebene kann weiterhin die wissenssoziologisch orientierte professionstheoretische Perspektive herangezogen werden. Durch die Darstellung der eigenen Sichtweise versucht die Befragte die eigene Disziplin und die damit verbundene Kompetenz als bedeutsam und ebenbürtig gegenüber der Profession der Schule darzustellen.

Im letztgenannten empirischen Beispiel der Einleitung sind ebenfalls Verbindungen zu den dargestellten theoretischen Bezügen herzustellen. Die befragte Fachkraft weist auf die Diskrepanz zwischen (angeglichener) Aufgabenverteilung, Gehalt und der jeweiligen Ausbildung hin. Unter Berücksichtigung anerkennungstheoretischer Ansätze kann abgeleitet werden, dass Konflikte zwischen den Professionen u. a. auf Unrechtsempfindungen zurückzuführen sind. Während sich die Zuständigkeiten weitestgehend angeglichen haben (was im Hinblick auf multiprofessionelle Settings und damit implizierte Ziele durchaus auch kritisch zu reflektieren ist), ist die organisationale und gesellschaftliche Anerkennung in Form monetärer Wertschätzung in einem Missverhältnis. Dieses Missverhältnis, welches zunächst auf der Meso- und Makroebene (durch tarifliche und organisationale Einstufungen) entsteht, scheint letztlich für konfliktbehaftete Verhältnisse zwischen den Kolleg*innen und somit auf der Mikroebene zu sorgen.

5 Ausblick – Konflikte in multiprofessionellen Settings und ihre funktionale Bedeutung

Der hier gegebene Überblick über die empirischen Befunde zu Konflikten in multiprofessionellen pädagogischen Settings und die Sichtung verschiedener Theorieansätze zeigt, dass Konflikte weniger als etwas zwingend Störendes oder Begrenzendes, sondern als ‚Normalfall' zu betrachten sind. Dieses Wissen um die Konflikthaftigkeit multiprofessioneller Kooperation könnte bereits zu einer Entschärfung oder Entlastung aufseiten der beteiligten Akteur*innen beitragen (vgl. Kunze 2018). Die empirischen wie theoretischen Annäherungen an das Phänomen der Konflikte in multiprofessionellen Settings machen auch deutlich, dass es in der aktuellen Diskussion in erster Linie um die Ursachen und Erklärungen etc. von Konflikten und ihrer Entstehung geht. Hingegen liegen zu den Konflikten selbst – z. B. ihre Formen und Verläufe, die Strategien ihrer Bearbeitungen, ihre Deeskalation, Lösung bzw. Stillstellung – sowie zu den (spezifischen) Wirkungen und Funktionen von Kooperationen nur wenige Hinweise vor. Es fehlt eine Prozessperspektive, die multiprofessionelle Zusammenarbeit im Spannungsfeld von Konsens und Konflikt analysiert und die Dynamiken in der Zusammenarbeit fokussiert. Erst eine solche Prozessperspektive könnte den Blick für die empirisch weiter zu klärenden Fragen öffnen, inwieweit Konflikte und ihre Bearbeitung unter Umständen auch als ‚Motor' für multiprofessionelle Zusammenarbeit angesehen werden und sich damit als durchaus nützlich und funktional erweisen können.

In Bezug auf die eingangs vorgestellten drei empirischen Beispiele wäre z. B. denkbar, dass sich Konflikte wie folgt als nützlich erweisen können: Konflikte, die wie im ersten empirischen Beispiel u. a. aus der Konstellation entstehen, dass die Weisungsbefugnis gegenüber der Schulsozialarbeit nicht bei der Schulleitung, sondern beim Anstellungsträger liegt, können zur Sichtbarmachung damit einhergehender Widersprüche und zur Vereinbarung von Verfahrensabläufen und neuen organisationalen Regeln führen. Auch der Konflikt zwischen dem Familienzentrum und der Schule könnte sich durchaus als funktional erweisen. Die Aushandlungen über die Zuständigkeitsbereiche und die Darstellung der eigenen Perspektive macht eine Veränderung im professionellen Gefüge überhaupt erst möglich und positioniert die frühkindliche Bildung als Einrichtung mit einem eigenen Bildungsauftrag. Dies wiederum kann zu einem Anstieg von Anerkennung und Wertschätzung führen, sowohl aufseiten anderer Professionen als auch gesellschaftlich. Hinsichtlich des dritten empirischen Beispiels sind ebenfalls Funktionalitäten der angesprochenen Konfliktlinie denkbar. In Verbindung mit dem entstandenen Unrechtsempfinden aufgrund gleicher Tätigkeiten und dennoch unterschiedlicher monetärer Anerkennung werden laut der Fachkraft Abgrenzungstendenzen zwischen den Berufsgruppen sichtbar. Zwar betitelt die Fachkraft diese als wenig vorteilhaft, dennoch – so die These – können Kämpfe um Anerkennung und damit verbunden auch Abgrenzungen (der evtl. höher entlohnten Berufsgruppe) dafür sorgen, dass die unterschiedlichen Professionen sich (wieder) mehr auf ihre Kernkompetenzen beziehen und Homogenitätseffekte dadurch aufgespalten werden. Ziele multiprofessioneller Kooperation – wie die Zusammenführung verschiedener Kompetenzen, um Mehrperspektivität zu bezwecken – können somit evtl. eher erreicht werden. Zudem kann auf organisationaler oder gesellschaftlicher Ebene u. U. ein Handlungsbedarf erkannt werden und dies zu einer Angleichung der Bezahlung führen.

Diese Überlegungen müssen an dieser Stelle notwendigerweise skizzenhaft bleiben, zeigen aber auf, dass es sich durchaus lohnen würde, sich der Frage nach der Funktionalität von Konflikten in multiprofessionellen Kontexten aus einer Prozessperspektive weiter empirisch zu nähern.

Literatur

Abbott, Andrew (1988): The System of Professions. An Essay on the Division of Expert Labor. Chicago und London: University of Chicago Press.

Allen, Davina (2000): Doing occupational demarcation. The ‚boundary work' of nurse managers in a district general hospital. In: Journal of Contemporary Ethnography 29, H. 3, S. 326–356.

Arndt, Ann-Kathrin/Werning, Rolf (2013): Unterrichtsbezogene Kooperation von Regelschullehrkräften und Lehrkräften für Sonderpädagogik. Ergebnisse eines qualitativen Forschungsprojektes. In: Werning, Rolf/Arndt, Ann-Kathrin (Hrsg.): Inklusion: Kooperation und Unterricht entwickeln. Bad Heilbrunn: Verlag Julius Klinkhardt, S. 12–40.

Autorengruppe Fachkräftebarometer (2017): Fachkräftebarometer Frühe Bildung 2017. Weiterbildungsinitiative Frühpädagogische Fachkräfte. München. www.fachkraeftebarometer.de/file admin/Redaktion/Publikation_FKB2017/Fachkraeftebarometer_Fruehe_Bildung_2017_web. pdf (Abfrage: 09.04.2018).

Barth, Andrea (2007): Systemisches Denken in der Kinder- und Jugendhilfe aus dem Fokus des teilstationären sowie stationären Bereiches der Rummelsberger Dienste für junge Menschen. Universität Erlangen-Nürnberg. Verfügbar unter: urn:nbn:de:bvb:29-opus-8552 (Abfrage: 09.08.2016).

Bauer, Petra (2013): Multiprofessionelle Kooperation und institutionelle Vernetzung in der (Ganztags-)Schule. In: Bohl, Thorsten/Meissner, Sybille (Hrsg.): Expertise Gemeinschaftsschule. Weinheim: Beltz, S. 161–176.

Bauer, Petra (2014): Kooperation als Herausforderung in multiprofessionellen Handlungsfeldern. In: Faas, Stefan/Zipperle, Mirjana (Hrsg.): Sozialer Wandel. Wiesbaden: Springer Fachmedien, S. 273–286.

Bauer, Petra (2018): Multiprofessionalität. In: Graßhoff, Gunther/Renker, Anna/Schröer, Wolfgang (Hrsg.): Soziale Arbeit. Eine elementare Einführung. Wiesbaden: VS Verlag für Sozialwissenschaften, S. 727–739.

Boller, Sebastian/Fabel-Lamla, Melanie/Wischer, Beate (2018): Kooperation in der Schule. Ein einführender Problemaufriss. In: Boller, Sebastian/Fabel-Lamla, Melanie/Feindt, Andreas/ Kretschmer, Wilfried/Schnebel, Stefanie/Wischer, Beate (Hrsg.): Kooperation. Friedrich Jahresheft 36. Seelze: Friedrich Verlag, S. 6–9.

Bonacker, Thorsten/Imbusch, Peter (2010): Zentrale Begriffe der Friedens- und Konfliktforschung: Konflikt, Gewalt, Krieg, Frieden. In: Imbusch, Peter/Zoll, Ralf (Hrsg.): Friedens- und Konfliktforschung. Eine Einführung. 4., überarb. und erw. Auflage. Wiesbaden: VS Verlag für Sozialwissenschaften, S. 67–142.

Breuer, Anne (2015): Lehrer-Erzieher-Teams an ganztägigen Grundschulen. Kooperation als Differenzierung von Zuständigkeiten. Wiesbaden: Springer VS-Verlag.

Bütow, Birgit/Gries, Eva-Maria (2013): Zur Bearbeitung von professionellen Grenzen in der Jugendhilfe – eine empirische Analyse von Gruppendiskussionen. In: Soziale Passagen, H. 2, S. 229–244.

Bütow, Birgit/Maurer, Susanne (2013): Kontextuelle Herstellungsbedingungen von Partizipation im organisationalen Schnittfeld von Sozialer Arbeit und Psychiatrie. In: Weber, Susanne/ Göhlich, Michael/Schröer, Andreas/Fahrenwald, Claudia/Macha, Hildegard (Hrsg.): Organisation und Partizipation. Wiesbaden: Springer VS, S. 263–271.

Coser, Lewis A. (1996): Echter und unechter Konflikt. In: Bonacker, Thorsten (Hrsg.): Konflikttheorien. Eine sozialwissenschaftliche Einführung mit Quellen. Wiesbaden: VS Verlag für Sozialwissenschaften, S. 296–303.

Coser, Lewis A. (2009): Theorie sozialer Konflikte. Wiesbaden: VS Verlag für Sozialwissenschaften.

Dahrendorf, Ralf (1972): Konflikt und Freiheit. München: Piper.

Dithmar, Ute/Meier-Warnke, Helga/Rose, Lotte (1999): Und konnten zusammen nicht kommen …? Knotenpunkte im Kooperationsaufbau zwischen Schule und Jugendarbeit und ihre Lösungen. In: neue praxis 29, H. 2, S. 157–169.

Fabel-Lamla, Melanie/Haude, Christin/Volk, Sabrina (2019): Schulsozialarbeit an inklusiven Schulen: (Neu-)Positionierungen und Zuständigkeitsklärungen in der multiprofessionellen Teamarbeit. In: Cloos, Peter/Fabel-Lamla, Melanie/Kunze, Katharina/Lochner, Barbara (Hrsg.): Pädagogische Teamgespräche. Methodische und theoretische Perspektiven eines neuen Forschungsfeldes. Weinheim und Basel: Beltz Juventa, S. 225–246.

Fabel-Lamla, Melanie/Thielen, Marc (2011): Interprofessionelle Kooperation. In: Thielen, Marc (Hrsg.): Pädagogik am Übergang. Arbeitsweltvorbereitung in der allgemeinbildenden Schule. Bad Heilbrunn: Verlag Julius Klinkhardt, S. 61–69.

Faulstich-Wieland, Hannelore/Tillmann, Klaus-Jürgen (1984): Schulsozialarbeit zwischen Konflikt und Akzeptanz. Erfahrungen in der Region Kassel. München: Verlag Deutsches Jugendinstitut.

Fendrich, Sandra/Pothmann, Jens/Tabel, Agathe (2016): Monitor Hilfen zur Erziehung 2016. Dortmund: Eigenverlag Forschungsverbund DJI/TU Dortmund.

Friedrich, Andrea (2010): Personalarbeit in Organisationen Sozialer Arbeit. Theorie und Praxis der Professionalisierung. Wiesbaden: VS Verlag für Sozialwissenschaften, S. 129–139.

Fröhlich-Gildhoff, Klaus/Weltzien, Dörte/Kirstein, Nicole/Pietsch, Stefanie/Rauh, Katharina/Reutter, Annegret/Tinius, Claudia (2014): Aufgabendifferenzierung in multiprofessionellen Teams in Kindertageseinrichtungen. In: Fröhlich-Gildhoff, Klaus/Nentwig-Gesemann, Iris/Neuß, Norbert (Hrsg.): Forschung in der Frühpädagogik VII. Schwerpunkt: Professionen und Professionalisierung. Freiburg: FEL Verlag Forschung Entwicklung Lehre, S. 101–133.

Fuchs-Heinritz, Werner/Lautmann, Rüdiger/Rammstedt, Otthein/Wienold, Hanns (Hrsg.) (1994): Lexikon zur Soziologie. 3., völlig neu bearb. und erw. Auflage. Opladen: Westdeutscher Verlag.

Gieryn, Thomas F. (1983): „Boundary-Work and the Demarcation of Science from Non-Science: Strains and Interests in Professional Ideologies of Scientists". In: American Sociological Review 48, H. 6, S. 781–795.

Hillmann, Karl-Heinz (1994): Wörterbuch der Soziologie. 4., überarb. und erg. Auflage. Stuttgart: Kröner.

Höke, Julia/Arndt, Petra A. (2015): Gegenseitige Wertschätzung als Gelingensbedingung für professionsübergreifende Kooperationsprozesse von Kindergarten und Grundschule. In: Journal for educational research online 7, H. 3, S. 54–85.

Honneth, Axel (2016): Kampf um Anerkennung. Zur moralischen Grammatik sozialer Konflikte. 9., überarb. u. erw. Auflage. Frankfurt am Main: Suhrkamp Verlag.

Husi, Gregor (2017): Mikro-, Meso- und Makro-Professionalisierung Sozialer Arbeit – ein etwas ausholender Kommentar zu Epple & Kersten. In: Schweizerische Zeitschrift für Soziale Arbeit (SZfSA) 12, H. 21/22, S. 79–105.

Kühnl, Bernhard (2014): Subjektive Theorien der Erziehungsberatung. Eine qualitative Studie über Angebote und Effekte der Erziehungsberatung aus Sicht von Praktikern. 2. Auflage. München: Herbert Utz Verlag.

Kunze, Katharina (2016): Multiprofessionelle Kooperation – Verzahnung oder Differenzierung? Einige Einwände gegen die Polarisierungstendenz einer Diskussion. In: Idel, Till-Sebastian/Dietrich, Fabian/Kunze, Katharina/Rabenstein, Kerstin/Schütz, Anna (Hrsg.): Professionsentwicklung und Schulstrukturreform. Zwischen Gymnasium und neuen Schulformen in der Sekundarstufe. Bad Heilbrunn: Verlag Julius Klinkhardt, S. 261–277.

Kunze, Katharina (2018): „Niemandem die Scheibe Brot vom Teller ziehen". Zuständigkeitsunsicherheit als Herausforderung multiprofessioneller Kooperationsbeziehungen. In: Boller, Sebastian/Fabel-Lamla, Melanie/Feindt, Andreas/Kretschmer, Wilfried/Schnebel, Stefanie/Wischer, Beate (Hrsg.): Kooperation. Friedrich Jahresheft 36, S. 70–72.

Kurz-Adam, Maria (1997): Professionalität und Alltag in der Erziehungsberatung. Institutionelle Erziehungsberatung im Prozeß der Modernisierung. Wiesbaden: VS Verlag für Sozialwissenschaften.

Lübeck, Anika/Demmer, Christine (2017): Unüberblickbares überblicken – ausgewählte Forschungsergebnisse zu Schulbegleitung. In: Laubner, Marian/Lindmeier, Bettina/Lübeck, Anika (Hrsg.): Schulbegleitung in der inklusiven Schule. Grundlagen und Praxishilfen. Weinheim: Beltz, S. 11–27.

May, Michael/Schütte-Bäumner, Christian (2018): Macht- und Wissensverhältnisse in der spezialisierten ambulanten Palliativversorgung. In: Stehr, Johannes/Anhorn, Roland/Rathgeb, Kerstin (Hrsg.): Konflikt als Verhältnis – Konflikt als Verhalten – Konflikt als Widerstand: Widersprüche der Gestaltung Sozialer Arbeit zwischen Alltag und Institution. Wiesbaden: Springer VS, S. 519–531.

Messmer, Heinz (2003): Der soziale Konflikt. Kommunikative Emergenz und systemische Reproduktion. Stuttgart: Lucius und Lucius.

Niedenzu, Heinz-Jürgen (1997): Konflikttheorie: Ralf Dahrendorf. In: Morel, Julius u. a. (Hrsg.): Soziologische Theorie. Abriß der Ansätze ihrer Hauptvertreter. 5., überarb. und erw. Auflage. München und Wien: Oldenbourg, S. 171–189.

Olk, Thomas (2004): Kooperation von Jugendhilfe und Schule – das Verhältnis zweier Institutionen auf dem Prüfstand. In: Hartnuß, Birger/Maykus, Stephan (Hrsg.): Handbuch Kooperation von Jugendhilfe und Schule. Ein Leitfaden für Praxisreflexionen, theoretische Verortungen und Forschungsfragen. Berlin: Lambertus, S. 69–101.

Petry, Sarah (2016): Der Wandel zu multiprofessionellen Teams – vor dem Hintergrund eines sich ändernden Berufsfeldes – aus der Perspektive von ErzieherInnen und KinderpflegerInnen. In: Weltzien, Dörte/Fröhlich-Gildhoff, Klaus (Hrsg.): Perspektiven der empirischen Kinder- und Jugendforschung. Freiburg: FEL, S. 55–72.

Pfadenhauer, Michaela (2003): Professionalität. Eine wissenssoziologische Rekonstruktion institutionalisierter Kompetenzdarstellungskompetenz. Opladen: Leske und Budrich.

Pfadenhauer, Michaela (2005): Die Definition des Problems aus der Verwaltung der Lösung. Professionelles Handeln revisited. In: Pfadenhauer, Michaela (Hrsg.): Professionelles Handeln. Wiesbaden: Springer VS-Verlag, S. 9–26.

Speck, Karsten (2014): Schulsozialarbeit – Eine Einführung. 3., überarb. und erw. Auflage. München: Reinhardt.

Speck, Karsten/Olk, Thomas/Stimpel, Thomas (2011): Auf dem Weg zu multiprofessionellen Organisationen? Die Kooperation von Sozialpädagogen und Lehrkräften im schulischen Ganztag. In: Zeitschrift für Pädagogik 57, Beiheft, S. 184–201.

Speck, Karsten/Olk, Thomas/Stimpel, Thomas (2011a): Professionelle Kooperation unterschiedlicher Berufskulturen an Ganztagsschulen – Zwischen Anspruch und Wirklichkeit. In: Speck, Karsten/Olk, Thomas/Böhm-Kasper, Oliver/Stolz, Heinz-Jürgen/Wiezorek, Christine (Hrsg.): Ganztagsschulische Kooperation und Professionsentwicklung. Studien zu multiprofessionellen Teams und sozialräumlicher Vernetzung. Weinheim: Juventa, S. 69–84.

Strauss, Anselm L. (1978): Negotiations: Varieties, Contexts, Processes and Social Order. London: Jossey-Bass.

Strauss, Anselm L. (1993): Continual Permutations of Action. New York: Aldine de Gruyter.

Strauss, Anselm L./Schatzman, Leonard/Ehrlich, Danuta/Bucher, Rue/Sabshin, Melvin (1963): The hospital and it's negotiated order. In: Freidson, Eliot (Hrsg.): The Hospital in Modern Society. New York: Free Press, S. 147–169.

Strauss, Anselm L./Schatzman, Leonard/Bucher, Rue/Ehrlich, Danuta/Sabshin, Melvin (1964): Psychiatric Ideologies and Institutions. London: The Free Press.

Strübing, Jörg (2007): Anselm Strauss. Konstanz: UVK-Verlagsges.

Terhart, Ewald/Klieme, Eckhard (2006): Kooperation im Lehrerberuf – Forschungsproblem und Gestaltungsaufgabe. Zur Einführung in den Thementeil. In: Zeitschrift für Pädagogik 52, H. 2, S. 163–166.

Thesing, Stefan (2017): Berufliche Bildung im Zielkonflikt. Umsetzungsbedingungen des gesetzlichen Auftrags der WfbM. Marburg: Lebenshilfe-Verlag.

Thiel, Ansgar (2003): Soziale Konflikte. Bielefeld: transcript.

Tuckman, Bruce W./Jensen, Mary Ann C. (1977): Stages of small group development revisited. In: Group and Organizational Studies 2, H. 4, S. 419–427.

Viernickel, Susanne/Nentwig-Gesemann, Iris/Nicolai, Katharina/Schwarz, Stefanie/Zenker, Luise (2013): Schlüssel zu guter Bildung, Erziehung und Betreuung. Bildungsaufgaben, Zeitkontingente und strukturelle Rahmenbedingungen in Kindertageseinrichtungen. Berlin: Der Paritätische Gesamtverband.

Voswinkel, Stephan (2014): Formwandel von Institutionen der Anerkennung in der Sphäre der Erwerbsarbeit. In: Ethik und Gesellschaft – Politiken der Anerkennung 2014, H. 1, 31 Seiten.

www.ethik-und-gesellschaft.de/ojs/index.php/eug/article/view/1-2014-art-5/48)   (Abfrage:
16.05.2017).

Voswinkel, Stephan/Wagner, Gabriele (2013): Vermessung der Anerkennung. Die Bearbeitung
unsicherer Anerkennung in Organisationen. In: Honneth, Axel/Lindemann, Ophelia/
Voswinkel, Stephan (Hrsg.): Strukturwandel der Anerkennung. Paradoxien sozialer Integration
in der Gegenwart. Frankfurt am Main: Campus-Verlag, S. 75–120.

Weltzien, Dörte/Fröhlich-Gildhoff, Klaus/Strohmer, Janina/Reuter, Annegret/Tinius, Claudia
(2016): Multiprofessionelle Teams in Kindertageseinrichtungen. Evaluation der Arbeitsprozesse und Arbeitszufriedenheit von multiprofessionell besetzten Teams in Baden-Württemberg.
Weinheim: Beltz Juventa.

Entwürfe der Zusammenarbeit zwischen Vergemeinschaftung und Vergesellschaftung: wie Multiprofessionalität hergestellt werden soll

Ein handlungsfeldvergleichender Blick

Lea Heyer, Peter Cloos, Senka Karic, Anna Korth

1 Einleitung

Wer Multiprofessionalität herstellen will, muss bisher Unverbundenes zusammenführen – so lautet die implizite These vieler Beiträge in Diskursen um Multiprofessionalität. Diese Annahme hat im Laufe der letzten Jahre zunehmend an Bedeutung gewonnen und mittlerweile in vielfältigen Bereichen der Bildungsinfrastruktur und der Sozialen Dienste eine prominente Stellung erlangt. Multiprofessionalität gehört in den meisten Handlungsfeldern zum fachlichen Standard und meint, so leitet Bauer (2018) ihren Artikel zu selbigem Thema in einem grundlegenden Handbuch Sozialer Arbeit ein, „die gezielte Zusammenführung von Personen aus unterschiedlichen Berufsgruppen und Professionen" (ebd., S. 731).

Dass im Rahmen von Multiprofessionalität zuvor getrennt oder unverbunden nebeneinander Stehendes zu etwas Gemeinsamem zusammengebracht, sprich: ‚vergemeinschaftet' werden soll, leuchtet ein. Schließlich verweist der Begriff Multiprofessionalität im weitesten Sinne auf eine besondere Qualität der Zusammenführung verschiedener Kompetenzen, Wissensbestände oder Perspektiven in der Zusammenarbeit unterschiedlicher Professionen unter dem gemeinsamen Ziel einer Optimierung der Problembearbeitung (vgl. etwa van Santen/Seckinger 2005, S. 208; vgl. Bauer 2014, S. 273; vgl. Hochuli Freund 2015, S. 139).

Dabei kann diese besondere Qualität – also der Modus, das Wie der Zusammenführung – sich auf unterschiedliche Ebenen sowie auf unterschiedliche Kontexte beziehen. Multiprofessionalität kann durch die Zusammenarbeit unterschiedlicher Professionsträger*innen, die Zusammenführung verschiedener Perspektiven von Personen und Institutionen, das Zusammenwirken unterschiedlicher Berufsgruppen oder auch die Vernetzung zuvor getrennter Handlungsfelder hergestellt werden. Auch kann sie durch den Aufbau persönlicher Beziehungen in multiprofessionellen Teams, durch die lokale Zusammenführung unterschiedlicher Professionsträger*innen oder Berufsgruppen an einem Ort oder durch die Etablierung interorganisationaler Kooperationsformen ermöglicht werden. Wie Milbert et al. in diesem Band zeigen, lassen sich Perspektiven auf Multiprofessionalität zudem gar auf dingliche Akteur*innen ausweiten und sind damit nicht auf menschliche oder organisationale Akteur*innen begrenzt.

Dem Begriff der Multiprofessionalität wird trotz seiner Präsenz und Wirkmacht aktuell noch zugeschrieben, weder theoretisch noch empirisch über einheitliche Perspektiven auf seine Gegenstände zu verfügen. Dies gilt auch für den Aspekt der unterschiedlichen Arten des Aufbaus und der Etablierung multiprofessioneller Zusammenarbeit. Kurzum: Es mangelt an fundierten Perspektiven darauf, wie Multiprofessionalität hergestellt werden soll. Mit der Vermutung, dass hier Prozesse zentral sind, die unter dem Begriff ‚Vergemeinschaftung‘ zusammengefasst werden können, fragen wir deshalb nach der Art der Vergemeinschaftung von Professionellen und Professionen in Entwürfen multiprofessioneller Zusammenarbeit.

So werden in der wissenschaftlichen Diskussion um Multiprofessionalität bspw. Chancen und Herausforderungen des Teambuildings oder Prozesse der Herstellung von Kohärenz in multiprofessionellen organisationalen Settings aufgeworfen, ohne diese konzeptuell näher zu bestimmen (vgl. u. a. Bauer 2019). Bislang fehlen sowohl theoretische als auch empirische Vergewisserungen darüber, welche Prozesse der Herstellung und Aufrechterhaltung von vergemeinschafteter Zusammenarbeit in multiprofessionellen Handlungsfeldern bestehen und welche Perspektiven auf Multiprofessionalität diese eröffnen, ergänzen oder hinterfragen helfen können.

Der Beitrag fragt deshalb mit einem Fokus auf Formen und Prozesse nach dem Zusammenhang zwischen den Zielen, der Herstellung und der Aufrechterhaltung der multiprofessionellen Zusammenarbeit verschiedener Berufs- und Statusgruppen und analysiert dazu exemplarisch die in unterschiedlichen sozialpädagogischen Handlungsfeldern entsprechend vorgebrachten Konzepte von Multiprofessionalität. Dabei nehmen wir an, dass Vergemeinschaftung im Zusammenhang mit Multiprofessionalität grundsätzlich eine Rolle spielt und in den unterschiedlichen Handlungsfeldern je unterschiedlich hergestellt werden soll.

Wir nähern uns dieser Thematik sowohl aus einer theoretischen als auch aus einer empirischen Perspektive. An den Anfang setzen wir theoretische Annäherungen an den Begriff der Vergemeinschaftung nach Weber, aus der gruppendynamischen Forschung sowie aus der Organisationstheorie. Hierdurch ausgerüstet mit einem Begriffsverständnis von Vergemeinschaftung im Spannungsfeld zwischen den zwei Polen Vergemeinschaftung und Vergesellschaftung werfen wir einen Blick auf Entwürfe multiprofessioneller Praxis. Dazu untersuchen wir programmatische Schriften aus vier Handlungsfeldern der Bildungsinfrastruktur und der Sozialen Dienste, in denen der Zusammenarbeit unterschiedlicher Professionen und Berufsgruppen eine tragende Rolle zugewiesen wird. Nachdem so die jeweiligen Ziele und Arten der Herstellung sowie der Aufrechterhaltung multiprofessioneller Zusammenarbeit identifiziert werden, arbeiten wir Modi der Vergemeinschaftung in den Programmatiken heraus und setzen diese mit den theoretischen Perspektiven in Bezug. In einem abschließenden Vergleich dieser Modi machen wir Gemeinsamkeiten der jeweiligen Entwürfe einer Herstellung von Multiprofessionalität deutlich. Wir können zeigen, dass diese in den untersuchten Handlungsfeldern vorwiegend an der Herstellung zweckrationaler Interessenverbindungen und damit als Modus der Vergemeinschaftung mehr in Richtung des Pols Vergesellschaftung tendieren. Weniger verbreitet sind Entwürfe von Vergemeinschaftung im Sinne der Herstellung von subjektiver und affektiver Zusammengehörigkeit oder der Sozialisation in eine bestimmte organisationale Kultur. Gleichzeitig kommen wir zu dem Schluss, dass eben jene Prozesse, die dem Pol der Vergemeinschaftung zuzuordnen sind, nicht minder relevant für gelingende multiprofessionelle Zusammenarbeit gesetzt werden könnten und weiterer Beachtung bedürfen.

2 Theoretische Vergewisserungen

2.1 Vergemeinschaftung und Vergesellschaftung bei Max Weber

Multiprofessionalität als Begriff stellt zunächst einmal Professionen bzw. Berufsgruppen in den Mittelpunkt. Sie sollen multipel zusammengeführt werden und auf diese Weise Multiprofessionalität herstellen. Ob nun auf der Team-, der Organisations- oder der Netzwerkebene[1] – die zusammenzuführenden Professionen und Professionalitäten bleiben vielfach an Individuen gebunden. Professionelle aus verschiedenen Bereichen kommen mit dem Ziel der übergreifenden und ergänzenden Zusammenarbeit zusammen, um ihre Expertise auszutauschen und zu erweitern, Kompetenzen zusammenzuführen oder gemeinsam eine Problemstellung zu bearbeiten. Hierbei ist multiprofessionelle Zusammenarbeit nicht lediglich auf Kooperation im Sinne eines harmonischen Zusammenwirkens aller Beteiligten ausgerichtet, sondern beinhaltet ebenso Konkurrenzverhältnisse zwischen Zuständigkeit, Einfluss und Definitionsmacht (vgl. Bauer 2018, S. 736).

Das Gelingen oder Misslingen einer derart angelegten Zusammenarbeit wird aus einer solchen Perspektive also zunächst von zwei wesentlichen Elementen bestimmt. Diese können als Ausrichtung des gemeinsamen Handelns

---

1   Auf diese Unterscheidung verweist Bauer (2018) und macht damit deutlich, dass sich Ausformungen von Multiprofessionalität danach unterscheiden, ob sie sich auf die Zusammenarbeit im Team, in einer Organisation oder einem Netzwerk bezieht.

sowie als die soziale Beziehung bezeichnet werden – zwei Kategorien, wie sie von Max Weber in seinen ‚Soziologischen Grundbegriffen' unter dem Stichwort der Vergemeinschaftung sowie der dieser gegenübergestellten Vergesellschaftung verwendet werden (vgl. Weber 1922/1980, S. 21f.). Weber macht folgende Formunterscheidung: „Vergemeinschaftung soll eine soziale Beziehung heißen, wenn und soweit die Einstellung des sozialen Handelns – im Einzelfall oder im Durchschnitt oder im reinen Typus – auf subjektiv gefühlter (affektueller oder traditionaler) Zusammengehörigkeit der Beteiligten beruht" (ebd., S. 21f.). Vergesellschaftung dagegen ist gefasst als „[…] eine soziale Beziehung […], wenn und soweit die Einstellung des sozialen Handelns auf rational (wert- oder zweckrational) motiviertem Interessenausgleich oder auf ebenso motivierter Interessenverbindung beruht" (ebd.). Nach Weber handelt es sich bei Vergemeinschaftung also um die Form einer sozialen Beziehung, die mit einer bestimmten Einstellung des sozialen Handelns einhergeht. Im Unterschied zu der auf einem rational motivierten Interessenausgleich oder einer Interessenverbindung basierenden Vergesellschaftung gründet Vergemeinschaftung in einer subjektiv gefühlten, möglicherweise über eine gewisse Zeitdauer hinweg gewachsenen Zusammengehörigkeit der Beteiligten (vgl. ebd.).

Die theoretische Definition des Begriffs der Vergemeinschaftung nach Weber ermöglicht es nun, diesen in Abgrenzung von jenem der Vergesellschaftung zu schärfen. Anschlüsse an Formen der multiprofessionellen Zusammenarbeit versprechen beide Begriffe, insofern beide unterschiedliche Formen, Beweggründe und Ziele der Zusammenkunft oder der Zusammengehörigkeit beschreiben, wie sie auch in multiprofessionellen Teams, Kooperationen, oder auch in multiprofessionellen Netzwerken stets in unterschiedlicher Ausprägung vorzufinden sind. Weber liefert Beispiele: Unter den „reinste[n] Typen der Vergesellschaftung" (ebd., S. 22) findet sich bspw. der „reine, frei paktierte Zweckverein[,] eine nach Absicht und Mitteln rein auf Verfolgung sachlicher (ökonomischer oder anderer) Interessen der Mitglieder abgestellte Vereinbarung kontinuierlichen Handelns" (ebd.). Dies könnte der Form der Zusammenkunft bspw. von multiprofessionellen Netzwerken nahekommen. Unter Webers Beispielen für Vergemeinschaftung findet sich „eine kameradschaftlich zusammenhaltende Truppe" (ebd.). Eine derartige Form der Zusammenkunft im Kontext von Multiprofessionalität wäre bspw. auf Ebene eines Teams innerhalb einer Organisation zu vermuten oder im Hinblick auf das Gefühl der Zugehörigkeit zu einer Organisation mit ihrer besonderen Kultur. Der Begriff der Vergemeinschaftung ist bei Weber jedoch absichtlich als „sehr heterogene Tatbestände umfassend" definiert (ebd., S. 22); Vergemeinschaftung und Vergesellschaftung sind selten in reiner Form vorzufinden. Es handelt sich eher um Idealtypen, welche vorrangig dazu dienen, den analytischen Blick auf den jeweiligen Gegenstand zu schärfen: „Die große Mehrzahl sozialer Beziehungen aber hat teils den Charakter der Vergemeinschaftung, teils den der Vergesellschaftung" (ebd., S. 22).

Mit den Kategorien der Vergemeinschaftung und Vergesellschaftung nach Weber ist es möglich, den Begriff der Vergemeinschaftung im Hinblick auf Multiprofessionalität zu schärfen als eine soziale, auf ein gemeinsames Handeln eingestellte Beziehung zwischen Professionellen. Dabei lässt sich die Art des ‚Zusammen' der Multiprofessionalität zwischen dem Pol der zweckrationalen Interessenverbindung als Vergesellschaftung und dem Pol eines subjektiven Zusammengehörigkeitsgefühls als Vergemeinschaftung verorten. Mit Weber ist davon auszugehen, dass in den verschiedenen Formen von Multiprofessionalität stets sowohl Vergemeinschaftung als auch Vergesellschaftung eine Rolle spielen, und dies in unterschiedlichem Maße. Gleichzeitig und insofern reicht eine Bezugnahme auf die von Weber formulierten Begriffe nicht aus, da hiermit lediglich eine Formunterscheidung von sozialen Beziehungen vorgenommen wird. Dadurch können die Herstellungsweisen der Zusammenarbeit, die die Unterschiede in den sozialen Beziehungen hervorbringen, nicht analysiert werden. Hier können gruppendynamische Ansätze zu einer Perspektiverweiterung beitragen.

2.2 Gruppendynamische Perspektiven

Während Weber Vergemeinschaftung als Kategorie sozialer Beziehung einführt und damit der Fokus auf die Ausrichtung des sozialen Handelns gelegt werden kann, ermöglichen Erkenntnisse aus der Gruppenforschung eine dynamische Perspektive auf die Herstellungsweisen des selbigen Handelns. Um den Prozess der Annäherung von Individuen bis hin zur Entstehung eines Gemeinschaftsgefühls auf Gruppenebene theoretisch zu erhellen, werden die Grundbegriffe Webers daher im Folgenden um Perspektiven aus der Gruppendynamik ergänzt.

Multiprofessionalität ist besonders auf Teamebene mit Erwartungen an die Fähigkeit von Gruppen verknüpft, mit komplexen Problemen besser umzugehen als der oder die Einzelne. Gerade wenn „eine große Vielfalt von Können oder Wissen erforderlich ist, um eine Aufgabe zu lösen", seien „Gruppen oder Teams für viele komplexe Aufgaben die sinnvollste Arbeitsform" (Kuhn 2015, S. 124). Gleichzeitig legt eine gruppendynamische Perspektive nahe, dass die Beauftragung von Fachkräften zur multiprofessionellen Teamarbeit noch nicht zwingend zu einem tatsächlichen Mehrwert führen muss. Vielmehr besteht gerade in heterogen besetzten Teams eine größere Gefahr des Scheiterns, da hier „das Konfliktpotenzial aufgrund der Unterschiedlichkeit höher ist als in Teams, deren Mitglieder sich fachlich, professionell und persönlich ähnlicher sind" (vgl. Kuhn 2015, S. 152). Schließlich sind Gruppen in besonderem Maße durch „Diffusität" und „Unmittelbarkeit" gekennzeichnet (vgl. Preyer 2012, S. 98) und daher auf Kontaktpflege und Ritualisierungen angewiesen (vgl. ebd.).

Insbesondere in multiprofessionell zusammengesetzten Arbeitsgruppen ist die Kenntnis von Beziehungsstrukturen und deren gruppendynamischen Auswirkungen sowie die Pflege der persönlichen Kommunikation im Sinne einer sukzessiven Vergemeinschaftung daher entscheidend, um den Mehrwert der Diversität der Beteiligten optimal auszuschöpfen.

Aus Perspektive der Forschung zur Gruppendynamik braucht die Entwicklung zu einer arbeitsfähigen Gruppe Zeit. Heterogene Teams müssen zunächst eine gemeinsame Arbeitsbasis entwickeln (vgl. Kuhn 2015, S. 152). Dies beinhaltet nicht nur das Kennenlernen der verschiedenen fachlichen Hintergründe und das Verteilen von Aufgaben. Die Beteiligten müssen sich vielmehr auch persönlich als Gruppe zusammenfinden. Diese Phase der Gruppenbildung muss jedes neue Team durchlaufen (vgl. ebd.). Santer (2006, S. 173) spricht hier von einem Prozess der Vergemeinschaftung: „Neben der expliziten Aufgabe, die eine Gruppe formal begründet, besteht das implizite Ziel der Kommunikation in der Gruppe […] darin, diese selbst im Sinne des intermediären Raumes zu vergemeinschaften" (Hervorhebung im Original). Es reicht also nicht, Professionen angesichts einer gemeinsamen Aufgabe oder Zielsetzung zu kombinieren und an einen Tisch zu setzen. Hierbei wäre die Gefahr inhärent, soziale Prozesse, die unweigerlich in Gruppen ablaufen und letztlich ihr Funktionieren bedingen, zu ignorieren. Für das Gelingen von multiprofessioneller Vergemeinschaftung auf Gruppen- oder Teamebene ist es notwendig, gruppendynamische Prozesse mitzudenken und diesen Raum zur Entfaltung und Bearbeitung zu geben. Nur wenn die Gruppe als „intermediärer Raum […] über die Zweckrationalität der Erreichung eines bestimmten Zieles hinaus" geht und für ihre Mitglieder sozialen Sinn erhält, kann sich das Team zu einer Gruppe entwickeln, die „im Idealfall selbst die beste Experten Lösung [sic!] übertreffen kann" (Santer 2006, S. 174f.). Diesem Gedanken trägt ein gruppendynamisches Verständnis von Vergemeinschaftung im Zusammenhang mit Multiprofessionalität Rechnung. Die Perspektive der Gruppendynamik ergänzt somit die Weber'sche Perspektive auf das Verhältnis der Pole der zweckrationalen Interessenvereinigung und des subjektiv empfundenen Zusammengehörigkeitsgefühls, indem sie eine Sensibilisierung für die Prozessdimension von Vergemeinschaftung ermöglicht.

Konkret bedeutet dies, dass im Prozess der Vergemeinschaftung einer Gruppe die internen Sozialbeziehungen reflexiv zum Gegenstand der Auseinandersetzungen gemacht werden müssen (vgl. Amann 2001, S. 30). In einem speziellen gruppendynamischen Lernsetting – welches Amann mit Bezug auf Weber als Lernformat insgesamt mit dem Begriff der Vergemeinschaftung bezeichnet (ebd.) – kann dieser Reflexionsprozess durch Trainer*innen unterstützt werden. Mit dem Ziel, die Teilnehmer*innen einer Trainingsgruppe zunehmend ohne schützende Untergruppen als Individuen zu exponieren und verstehen zu lernen, werden die Gruppenmitglieder dazu ermutigt, die jeweilig wirksamen „Vergemeinschaftungskräfte" der Gruppe reflexiv zu erforschen (vgl. Amann 2001, S. 39). Am Ende dieses Prozesses soll idealtypisch eine self-exploring community stehen, die sich durch das Mit-Teilen des „Hier und Jetzt der Gruppe" selbst zu untersuchen und zu Weiterentwicklung anzuregen vermag (vgl. ebd.).

Vergemeinschaftung bezeichnet aus gruppendynamischer Sicht somit zum einen den Prozess der Entwicklung einer Gruppe hin zu einer sich selbst reflektierenden, gruppenförmigen Gemeinschaft. Zum anderen meint Vergemeinschaftung im Kontext gruppendynamischen Lernens den Prozess des Zur-Verfügung-Stellens individueller Erfahrungen und Beobachtungen von Gruppenmitgliedern im Hier und Jetzt der Gruppe für die Gruppe.

2.3 Organisationspädagogische Perspektiven

Abgesehen von einer gruppendynamischen Perspektive sind Gruppen und Teams in den letzten Jahren ein zentraler Untersuchungsgegenstand organisationstheoretischer Analysen gewesen (vgl. Fahrenwald 2018, S. 398). Vergemeinschaftung ist dabei allerdings noch kein in der Organisationstheorie prominent verwendeter Begriff, wobei dort Herstellungsweisen von Kollektivität und der organisationalen Schließung durchaus in den Blick genommen werden. Dies ist insbesondere bei solchen Ansätzen der Fall, die Organisationen nicht als Strukturen oder Bürokratien denken, sondern davon ausgehen, dass diese sich als ‚menschliche Sozialgebilde' reproduzieren (vgl. Engel 2014, S. 106). Teams zeichnen sich in dieser Sichtweise dadurch aus, dass sie als gut eingespielte Gruppe eine geringe hierarchische Binnenstruktur sowie eine hohe Bindung der Mitglieder an ein gemeinsames Ziel aufweisen. Mit der Heterogenität der (multiprofessionellen) Teams, so konstatiert auch die organisationstheoretische Perspektive, wächst auch die Herausforderung, eine hohe Bindung an ein gemeinsames Ziel herauszubilden.

Organisationskulturelle Ansätze gehen z. B. davon aus, dass es der zentrale Gehalt von Organisationen als Organisationskulturen ist, dass die Organisationsmitglieder gemeinsame, unreflektierte Grundannahmen teilen, die sie in „umweltbezogenen Anpassungs- und internen Problemlösungsprozessen erlernen" (Engel 2018a, S. 239). In den Blick geraten hier die Herstellung des Kollektiven in Ritualen, Erzählungen, Routinen, impliziten Regeln und in Form von Habitualisierungen. Organisationskultur könnte in diesem Sinne als organisationale Enkulturation bzw. Sozialisation der Organisationsmitglieder mit dem Ergebnis gefasst werden, dass diese gemeinsame Grundannahmen und Werte teilen und praktizieren. Insbesondere interpretative Ansätze haben diese Betrachtungsweise von Organisationen erweitert, indem sie Organisationen als „(inter-)subjektive Realitätskonstruktionen" (ebd., S. 241) verstehbar werden lassen. Vergemeinschaftung wäre aus dieser Perspektive die Enkulturation von Individuen in eine Organisationskultur, die gemeinsame Werte und Praktiken teilt, ohne dass zwischen subjektiven Zusammengehörigkeitsgefühlen und zweckrationalen Motiven unterschieden werden müsste.

Der interpretative Ansatz hat aber nicht nur Herstellungsweisen der Vergemeinschaftung durch Habitualisierung von praktischen Gewohnheiten und Sichtweisen betont, sondern auch die Aushandlungsarenen in den Fokus gerückt, in denen um kollektive Identitäten gerungen wird und unterschiedliche Interessen und organisationale Positionierungen abgeglichen werden (vgl. Cloos 2008). Aus einer organisationspädagogischen Perspektive hat insbesondere Nicolas Engel mit Bezug auf Max Weber und Klaus Türk die Gleichzeitigkeit von Prozessen des doing culture und des doing difference betont. Engel diskutiert Vergemeinschaftung in Organisationen nach Weber als soziale Schließung. „Schließung kann dabei als ein Vorgang konkretisiert werden, der die Identität der Organisation bildet und sichert" (Engel 2016, S. 249). Schließung entsteht zum einen nach außen, z. B. im Rahmen einer Corporate Identity, und nach innen durch Selektion. Alles, was sich dann nicht dieser Corporate Identity anpasst, kann nicht zur Gemeinschaft gehören. Herstellungsweisen der Vergemeinschaftung gehen somit zugleich mit Prozessen der Ausgrenzung, der Differenzbildung und der machtvollen Durchsetzung von organisationalen, mehr noch: kapitalistischen Interessen einher. Vergemeinschaftung und Kooperation in Organisationen sind somit auch als ein Modus der Herrschaft zu fassen.

Wird nun das Verhältnis von organisationaler Vergemeinschaftung und Multiprofessionalität in den Blick genommen, muss noch beachtet werden, dass Multiprofessionalität als organisationales Phänomen in zweifacher Weise betrachtet werden kann. Bei multiprofessioneller Zusammenarbeit haben wir es entweder mit den bereits diskutierten Gruppen und Teams als Teil von Organisationen zu tun oder aber mit der interorganisationalen Kooperation. Im ersten Fall fällt es nicht schwer, organisationstheoretische Annahmen auf multiprofessionelle Teams zu beziehen, im zweiten Fall wird diese Perspektive oft erst nachrangig mit dem Begriff der Multiprofessionalität assoziiert.

Im Falle einer organisationsübergreifenden Kooperation, so z. B. im Rahmen von multiprofessioneller interorganisationaler Netzwerkarbeit, können zwar auch organisationstheoretische Annahmen herangezogen werden, denn die Akteur*innen dieser Zusammenarbeit sind in der Regel ebenso Mitglieder von Organisationen. Allerdings geht die Theorie organisationaler Vernetzung von einer loseren Koppelung aus: Netzwerke sind strukturell offen angelegt und haben in der Regel keine festen Außengrenzen. Sie sind somit durch einen Modus der Grenzarbeit bestimmt, der es erfordert, zugleich Vergemeinschaftung und Offenheit zuzulassen. „Die Akteur_innen befinden sich in einer Konstellation, in der fortlaufend die eigene Position verhandelt, hergestellt und gegenüber anderen Akteur_innen behauptet werden muss. So bewegen sich die

Akteur_innen nicht innerhalb von Grenzen, sondern erarbeiten sich durch ihre Positionierungen professionelle Abgrenzungen und Zugehörigkeiten" (Dieter et al. 2015, S. 13). Unter Grenzarbeit als Modus interorganisationaler Vergemeinschaftung können dann Praktiken, Methoden und Strategien gefasst werden, die das Innen und Außen der Netzwerke ‚machen', die Offenheit und Geschlossenheit, aber auch die ‚Beziehungsräume' eines Netzwerkes herstellen.

2.4 Zusammenfassung

Im Rahmen der theoretischen Annäherungen wurde zunächst Max Weber herangezogen, um den Blick auf Formen sozialer Beziehung im Kontext multiprofessioneller Zusammenarbeit zu schärfen. Mithilfe der Kategorien der Vergemeinschaftung und Vergesellschaftung nach Weber kann Vergemeinschaftung im Kontext von Multiprofessionalität nun als soziale und auf ein gemeinsames Handeln eingestellte Form der Beziehung zwischen Professionellen gefasst werden, welche zwischen den Idealtypen einer zweckrationalen Interessenverbindung sowie einem subjektiven Zusammengehörigkeitsgefühl zu verorten ist.

Zur Erweiterung dieser eher statischen, da kategorialen Perspektive auf Vergemeinschaftung als Form sozialer Beziehung wurden ergänzend Erkenntnisse aus der Forschung zu Gruppendynamik herangezogen. Damit weitete sich das Verständnis um die Bedeutung sozialer Prozesse der Vergemeinschaftung auf Teamebene sowie um die Vergemeinschaftung subjektiver Wahrnehmungen in der Gruppe im Kontext multiprofessioneller Zusammenarbeit. Abschließend wurde mithilfe organisationskultureller Ansätze die Herstellung des Kollektiven in Ritualen, Erzählungen, Routinen, impliziten Regeln und in Form von Habitualisierungen durch Organisationsmitglieder im Kontext von Multiprofessionalität in den Blick genommen. Ergänzend zur gruppendynamischen Perspektive hebt die Organisationskulturforschung damit auf Herstellungsweisen der Vergemeinschaftung im Sinne einer organisationskulturellen Ordnung über gemeinsam getragene Orientierungen und Praktiken ab. Und schließlich geraten hier – abseits von Ideen der Vergemeinschaftung als Zusammenführung, harmonischer Kooperation und Zusammenarbeit, bspw. mit Blick auf Formen der organisationsübergreifenden Kooperation und Vernetzung – Prozesse der Grenzarbeit, der Differenzbildung und der machtvollen Durchsetzung von organisationalen Interessen in den Fokus. Deutlich wurde dabei, dass alleinige Zielvereinbarungen im Sinne zweckrational motivierter Interessenverbindungen im Kontext multiprofessioneller Vergemeinschaftung nicht ausreichen, um den häufig durch Multiprofessionalität geforderten qualitativen, finanziellen etc. Mehrwert zu erlangen.

Vergemeinschaftung als Prozess der Herstellung multiprofessioneller Zusammenarbeit muss daher auf einem Kontinuum zwischen zwei Polen gedacht werden, wie sie der eingangs dargelegten Unterscheidung der Idealtypen der Vergesellschaftung und der Vergemeinschaftung nach Weber bereits inhärent sind: dem Pol einer zweckrational orientierten Zusammenführung von Kompetenzen, Wissensbeständen oder Perspektiven – im Folgenden: Vergesellschaftung – sowie dem Pol einer affektiv geprägten Beziehungsebene – im Folgenden: Vergemeinschaftung. Diese Formunterscheidung wird durch Bezugnahmen auf gruppendynamische oder organisationskulturelle Prozesse in Entwürfen multiprofessioneller Zusammenarbeit ergänzt und erlaubt somit eine theoretisch unterfütterte Betrachtung verschiedener Formen der Vergemeinschaftung im Sinne der Herstellung eines ‚Zusammen' im Kontext von Multiprofessionalität.

3 Modi der multiprofessionellen Zusammenarbeit in unterschiedlichen Handlungsfeldern

Im Folgenden stehen vier kontrastiv ausgewählte Handlungsfelder aus der Bildungsinfrastruktur und den Sozialen Diensten im Fokus, in welchen der multiprofessionellen Zusammenarbeit eine wichtige Rolle zugewiesen wird. Dazu werden, Bezug nehmend auf die skizzierten theoretischen Perspektiven, programmatische Schriften aus den Bereichen der Erziehungsberatung, der Schulsozialarbeit, der außerschulischen kulturellen Jugendbildung sowie der Frühen Hilfen im Hinblick auf die jeweils beschriebenen Arten der multiprofessionellen Zusammenarbeit betrachtet. Ziel ist die Herausarbeitung verschiedener Modi der Herstellung von Multiprofessionalität mit Blick auf Prozesse der Vergemeinschaftung. Mit dem Begriff des Modus, der lexikalisch Verfahrensweisen und Formen des Vorgehens einschließt, wird dabei insbesondere auf das Wie der Herstellung von multiprofessioneller Zusammenarbeit abgehoben.

Die Analyse erfolgt auf den Ebenen a) der Ziele multiprofessioneller Zusammenarbeit, b) der Form der Herstellung der multiprofessionellen Zusammenarbeit, c) der Art und Weise der Aufrechterhaltung der Zusammenarbeit und mündet jeweils in einer verdichtenden Beschreibung handlungsfeldspezifischer Modi. Diese sind jedoch nicht als in der handlungsfeldspezifischen Praxis vorzufindende ‚reine' Modi der multiprofessionellen Zusammenarbeit zu verstehen. Analysiert wurden ausschließlich programmatische Schriften mit den darin enthaltenen Ideen, Vorschlägen und schriftlich dokumentierten Ordnungsintentionen multiprofessioneller Zusammenarbeit. Die Analysen sind damit als Ausgangspunkt und Anregung zur erweiterten Auseinandersetzung mit den praktischen Modi der Herstellung einer Zusammenarbeit durch Vergemeinschaftung in unterschiedlichen Handlungsfeldern der Bildungsinfrastruktur und der Sozialen Dienste zu verstehen.

3.1 Erziehungs- und Familienberatung

Im Fokus dieses Abschnitts steht das Handlungsfeld der Erziehungs- und Familienberatung, in welchem die multiprofessionelle Zusammenarbeit eine lange Tradition aufweist. Bereits seit ihrer Re-Institutionalisierung nach dem Zweiten Weltkrieg in Anlehnung an das Modell der ursprünglich US-amerikanischen ‚Child Guidance Clinics' (vgl. Rey et al. 2015) ist die Erziehungs- und Familienberatung multidisziplinär angelegt (vgl. BKE 2016, S. 2).[2] So finden die Begriffe der Zusammenarbeit, des Zusammenwirkens sowie der Kooperation im Kontext von Multiprofessionalität in diversen Dokumenten von Einrichtungen und Trägern dieses Handlungsfeldes recht selbstverständlich Verwendung, um auf eine spezifische Qualität der Erziehungs- und Familienberatung zu verweisen: der Bearbeitung vielschichtiger, mehrdimensionaler Problemlagen oder Herausforderungen in stets individuellen Fällen durch multiprofessionelle Kompetenz.

Dies entspricht ebenfalls dem Tenor der durch das Bundesministerium für Familie, Senioren, Frauen und Jugend (BMFSFJ) geförderten Publikation der Bundeskonferenz für Erziehungsberatung (BKE[3]) mit dem Titel „Das multidisziplinäre Fachteam. Aufgaben, Kompetenzprofil und Arbeitsweise der Erziehungsberatung" (vgl. BKE 2016), welche als Grundlage der folgenden Ausführungen dient. Diese Broschüre wurde ausgewählt, da sie durch die BKE, den trägerübergreifenden Fachverband für Erziehungs-, Familien- und Jugendberatung auf Bundesebene, veröffentlicht wurde sowie das aktuellste, auf dieses Handlungsfeld bezogene fachwissenschaftlich fundierte Dokument darstellt, welches das Zusammenwirken verschiedener Berufsgruppen im Kontext von Multiprofessionalität beleuchtet. In seinem Fokus steht dabei insbesondere die Reflexion der Grundlagen und Bedingungen des multiprofessionellen Zusammenwirkens der jeweiligen Fachrichtungen und Professionen, notwendiger beraterisch-therapeutischer Zusatzqualifikationen sowie weiterer Qualifikatio-

---

2 Die Begriffe multiprofessionell und multidisziplinär bzw. Multiprofessionalität und Multidisziplinarität werden synonym verwendet; im Folgenden wird lediglich auf den der Multiprofessionalität Bezug genommen, um Redundanzen zu vermeiden.

3 Die BKE stellt den unabhängigen Zusammenschluss der Landesarbeitsgemeinschaften für Erziehungsberatung dar, in welchen Mitarbeitende verschiedenster Erziehungsberatungsstellen freiwillig organisiert sind (vgl. BKE o. J.). Die BKE ist ein seit 1962 bestehender eingetragener Verein. Dem weithin bekannten und anerkannten Akteur geht es um die Interessenvertretung der Adressat*innen von Erziehungs- und Familienberatung, den Austausch und die Fort- und Weiterbildung von Fachkräften sowie die regelmäßige Veranstaltung wissenschaftlicher Fachtagungen und die Schaffung und Aufrechterhaltung einer empirischen Basis für fachliche und fachpolitische Debatten (ausführlicher zu den Zielen und Aufgaben vgl. BKE o. J.).

nen der Fachkräfte hinsichtlich einer erfolgreichen Arbeit zum Wohle der Rat
suchenden Familien (vgl. ebd., S. 7).

3.1.1 Ziele multiprofessioneller Zusammenarbeit im Handlungsfeld
der Erziehungs- und Familienberatung

Die Zusammenarbeit von Fachkräften unterschiedlicher professioneller Hintergründe hat in der Erziehungs- und Familienberatung eine lange Tradition
und Geschichte – dies wird bereits durch die gewählte Einleitung der Broschüre
durch markante, historisch-rechtliche Entwicklungen im Handlungsfeld deutlich: über die 1973 eingeführten Grundsätze zur Gestaltung der Förderrichtli-
nien der Länder, welche das multidisziplinäre Team offiziell als Qualitäts-
merkmal der Erziehungsberatung etablierten, sowie über die 1990 im KJHG
rechtlich festgeschriebene Zusammenarbeit verschiedener Fachrichtungen in
der Erziehungsberatung (§ 28 SGB VIII) (vgl. BKE 2016, S. 7). In einer allgemeinen Erläuterung der rechtlichen Grundlagen der Erziehungs- und Familienberatung werden neben der zentralen Leistungsgrundlage nach § 28 SGB
VIII, die das multiprofessionelle Zusammenwirken von Fachkräften vorgibt,
noch weitere Paragrafen benannt, welche auf das breite Spektrum der Aufgabenfelder hinweisen, in denen die Erziehungs- und Familienberatung adressiert
werden kann. Diese reichen von der Beratung für schwangere Frauen und werdende Väter (§ 16 Abs. 3 SGB VIII) über die ambulante Eingliederungshilfe
(§ 35a SGB VIII) bis hin zur Hilfe für junge Volljährige (§ 41 SGB VIII) (vgl.
ebd., S. 9ff.). Daraus ergibt sich ein komplexes Aufgabenspektrum, welches die
Schwerpunkte Beratung und damit verbundene therapeutische Interventionen,
psychologische Testdiagnostik, Kinderschutz und Risikoeinschätzung, fach-
dienstliche Aufgaben, Prävention sowie Kooperation und Netzwerkarbeit – und
damit wiederum ein komplexes Spektrum an Konzepten und Methoden – umfasst (vgl. ebd., S. 11ff.). Die Komplexität des Aufgabenspektrums sowie der zu
dessen Bewältigung erforderlichen Konzepte und Methoden wird durch die
Komplexität des Familienalltags, in welchem Erziehungs- und Familienberatung agiert und welchem sie zu entsprechen hat, noch weiter gesteigert. Dieser
Komplexität – so die weitere Argumentation der Broschüre – kann schließlich
durch das multidisziplinäre Zusammenwirken verschiedener Professionen und
Berufsgruppen begegnet werden.

Das grundlegende Ziel ist es hierbei, „für jede Familie, jedes Kind, jede/n
Jugendliche/n und jede Problemkonstellation [...] über diese Besonderheit des
Teams in der Erziehungs- und Familienberatung eine sehr individuelle und
passgenaue Hilfe auf hohem pädagogisch-therapeutischen Niveau" (ebd.,
S. 20f.) anzubieten. Als klassische Fachrichtungen, welche hier zusammenwirken, werden Psychologie, Soziale Arbeit, Kinder- und Jugendlichenpsychothe-
rapie, Pädagogik/Erziehungswissenschaften sowie weitere, beraterisch-thera-
peutische Fachrichtungen benannt. Ergänzt wird diese Perspektive auf Mul-

tiprofessionalität durch weitere Zusatzqualifikationen wie bspw. die Weiterbildung in systemischer (Familien-)Therapie, Familienberatung oder Erziehungsberatung.

3.1.2 In welcher Form wird multiprofessionelle Zusammenarbeit hergestellt?

Eine Kernaussage zur Besonderheit des Zusammenwirkens von Akteur*innen mit verschiedenen Qualifikationen, (Professions-)Hintergründen sowie verschiedenen Zuständigkeiten, welche sich mehrfach in der Broschüre wiederholt, besteht in dem Verweis auf die gemeinsame Hervorbringung eines ‚Mehrwerts‘ durch das Zusammenfließen verschiedener Perspektiven, Fähigkeiten und Kompetenzen. Dieser Mehrwert wird auf drei Ebenen beschrieben, und zwar auf einer teambezogenen Ebene, einer interprofessionellen Ebene außerhalb des Teams sowie einer interorganisationalen Ebene.

Zunächst wird darauf verwiesen, dass durch die fachrichtungsübergreifende Kooperation innerhalb des Teams sichergestellt werde, dass das „Ganze mehr als die Summe seiner Teile" (ebd., S. 20) sei. „Es geht nicht nur um die unabhängige Aneinanderreihung der Arbeit von Fachkräften verschiedener Professionen, die je nach Ausgangslage unabhängig voneinander tätig werden, sondern um das koordinierte Zusammenwirken der Kompetenzen zum Wohle der Rat suchenden Familien und ihrer Kinder" (ebd.). Insbesondere durch die Avisierung des koordinierten, also gesteuerten oder planvollen Zusammenwirkens zum Zwecke des Wohls der Familien und ihrer Kinder gewinnt die Idee der Vergemeinschaftung in diesem Fall eine zweckrationale Kontur im Sinne von Webers Idee der Vergesellschaftung. Diese Kontur muss jedoch, so wird durch mehrfache Verweise deutlich, durch die multiprofessionellen Teams hergestellt werden, und zwar jeweils prozesshaft-fallbezogen. Damit wird im Rahmen der analysierten Broschüre die Herausforderung einer kontinuierlichen Verständigung zwischen den einzelnen Teammitgliedern angesprochen, welche in Anlehnung an Bauer (2018) mit dem Begriff der Kooperation zusammenzufassen ist (vgl. ebd., S. 735). Soll hierbei eine reine, nebeneinanderstehende Addition der Tätigkeiten von Fachkräften vermieden werden, das Ganze also auf Basis gleichberechtigter, wechselseitiger Abstimmung hinsichtlich eines gemeinsamen Ziels mehr sein als die Summe seiner Teile, so verweist dies zusätzlich auf eine Relevanz gruppendynamischer Prozesse.

Die besondere Qualität der multiprofessionellen Zusammenarbeit gestaltet sich jedoch nicht lediglich teambezogen, sondern in einer weiteren Weise, deren grundlegender Bezugspunkt weiterhin stets der Fall und das Wohl der Familien sowie ihrer Kinder ist (vgl. ebd., S. 51f.). Ausgehend von einzelnen Professionellen des Teams sollen über die unmittelbar teambezogene Zusammenarbeit hinausgehende Kooperationen mit weiteren regionalen Akteur*innen aufgebaut werden, wenn etwa weitere fachliche Abstimmungen notwendig erscheinen. Dies kann bspw. in kindschaftsrechtlichen Verfahren der Fall sein (vgl. ebd., S. 16; vgl. ebd., S. 50f.). Hier heißt es schließlich auch weiter: „Erziehungs- und Familienberatungsstellen pflegen kontinuierliche Kooperationsbeziehungen mit anderen Institutionen innerhalb und außerhalb der Jugendhilfe. Fallunabhängige Kooperation sichert auf einer allgemeinen Ebene fachliche Abstimmungen, […] und erleichtern [sic!] so das Hinzuziehen im konkreten Einzelfall bzw. Weiterverweisungen, wenn ergänzende Unterstützung oder andere Hilfen für die Rat suchenden Familien erforderlich werden" (ebd., S. 16). Damit bleibt die zweckrationale Kontur der Vergesellschaftung im Sinne Webers auch hier weiter bestehen, allerdings wird diese nun prozesshaft-fallbezogen durch einzelne Professionelle außerhalb des eigenen Teams realisiert. Waren es im vorausgehenden Abschnitt nun die gruppendynamischen Bezüge, welche im Kontext teaminterner Kooperation an Bedeutung gewinnen, lösen sich diese hier jedoch tendenziell zugunsten einer Idee interprofessioneller, beziehungsorientierter Netzwerkarbeit auf.

Den dritten Bezugspunkt stellt schließlich die fallunabhängige, interorganisationale Zusammenarbeit dar. Diese wird in wechselseitigen Gesprächen mit anderen Einrichtungen sowie in fachlichen und fachpolitischen Arbeitskreisen hergestellt (ebd., S. 16). Ebenso ist die Rede von der Arbeit in Netzwerken (vgl. ebd., S. 50). Hier tritt zwar der prozesshafte Fallbezug erstmalig in den Hintergrund, an seine Stelle rückt jedoch die wiederum einer optimierten Fallbearbeitung dienliche Schaffung und Aufrechterhaltung einer geeigneten Infrastruktur der Erziehungs- und Familienberatung. Hier wird schließlich eine Idee interorganisationaler – wiederum zweckrational auf die Erreichung des gemeinsamen, übergeordneten Ziels ausgerichteter – Vergemeinschaftung deutlich, welche in der Prozessierung von Gemeinsamkeit zunächst auf die Herstellung von Differenz angewiesen ist: Denn vernetzt wird sich schließlich mit Einrichtungen, Organisationen und weiteren Akteuren, welche sich in ihren Zielsetzungen, Angeboten und vor Ort gebündelten Kompetenzen von denen der jeweiligen Familien- und Erziehungsberatungsstelle unterscheiden (müssen), um diese sinnvoll zu ergänzen und das vorhandene Angebot zu erweitern. Damit soll eine vielfältige Infrastruktur für die Familien und ihre Kinder hergestellt und aufrechterhalten werden. Dies macht es erforderlich, Beziehungen zuweilen über die Herstellung organisationaler Differenz aufzubauen und innerhalb der Netzwerkarbeit fortlaufend Positionierungen, professionelle Abgrenzungen sowie Zugehörigkeiten zu verhandeln.

Hervorzuheben ist für alle drei dargestellten Ebenen, dass von einem bereits bestehenden Zustand der teambezogen-multiprofessionellen, der außerhalb des Teams ablaufenden interprofessionellen sowie der interorganisational-vernetzten Zusammenarbeit ausgegangen wird. Das Handlungsfeld wird als ein bereits vergemeinschaftetes beschrieben; dieser Zustand muss nicht erst initiiert oder gar legitimiert werden – lediglich eine fortlaufende und prozesshafte Herstellung seitens der Professionellen aus den Erziehungsberatungsstellen ist hierfür notwendig.

3.1.3 Wie wird multiprofessionelle Zusammenarbeit aufrechterhalten?

Die Aufrechterhaltung der multiprofessionellen Zusammenarbeit, der Kooperation oder der Vernetzung wird in die Verantwortung der jeweiligen am Projekt Erziehungs- und Familienberatung beteiligten (multi-)professionellen Akteur*innen übergeben. Ihrer je professionellen Einschätzung scheint es zu obliegen, welche Akteure wann und in welcher Form zusammenwirken, hinzugezogen werden oder kooperieren. Hier scheint von einer jeweils individuellen, grundlegenden Einheit professioneller Autonomie ausgegangen zu werden, von welcher die jeweilige Vergemeinschaftung stets neu und prozesshaft initiiert wird. Als Elemente, welche die Aufrechterhaltung der spezifischen Qualität des Zusammenwirkens von Fachkräften sowie Akteuren unterschiedlicher fachlicher und professioneller Hintergründe gewährleisten sollen, werden klassische Konzepte und Methoden wie die kollegiale Intervision, externe Supervision, Hospitationen und die Co-Beratung sowie Fallbesprechungen, die interne Hilfeplanerstellung und Gefährdungseinschätzungen aufgeführt (vgl. ebd., S. 51ff.). Wie bereits vorausgehend beschrieben, bleibt der multiprofessionellen Zusammenarbeit überwiegend der Fokus sowie der Einbezug des konkreten, individuellen Falles vorgeordnet, zusätzlich wird auch der weitaus längste Abschnitt zur Arbeitsweise der Erziehungs- und Familienberatung den spezifischen Wegen der Zusammenarbeit mit den Kindern, Jugendlichen, Eltern und Familien gewidmet (vgl. ebd., S. 45ff.). Die fallunabhängige Kooperation und Netzwerkarbeit wird zu den Elementen gezählt, welche ebenfalls die Qualität der Zusammenarbeit sicherstellen sollen (vgl. ebd.). Festzuhalten ist auch hier, dass der grundlegende Bezugspunkt nicht die Herstellung subjektiver und gefühlter Zusammengehörigkeit der Teammitglieder oder der Professionellen ist. Stattdessen dient der Fallbezug in jeweils unterschiedlichen und komplexen Konstellationen des Familienalltags sowie die Herstellung und Aufrechterhaltung einer geeigneten Infrastruktur jeweils als primärer, multiprofessioneller Fokus, an dem sich der konkrete Modus der Vergemeinschaftung auszurichten hat.

3.1.4 Modus der multiprofessionellen Zusammenarbeit im Handlungsfeld der Erziehungs- und Familienberatung

Auf Basis der betrachteten Broschüre der BKE kann der Modus der multiprofessionellen Zusammenarbeit in der Erziehungs- und Familienberatung zunächst als multiprofessionelle Kooperation beschrieben werden. Diese vollzieht sich a) teambezogen, b) mit weiteren regionalen, professionellen Akteur*innen sowie c) fallunabhängig als Vernetzung mit weiteren Institutionen/Organisationen. Initiiert (oder nicht initiiert) wird diese in jedem Fall durch einzelne, als relativ gleichberechtigt angenommene Professionelle, deren professionelle Autonomie in der Fallbearbeitung durchgehend gewahrt zu bleiben scheint. Auffallend ist, dass durch die stete Vorordnung des Ziels der Gewährleistung einer je fallbezogenen, passgenauen Hilfe in der multiprofessionellen Zusammenarbeit – und nicht etwa bspw. der reflexiven Selbstvergewisserung eigener professioneller Funktionen oder Rollen im Kontext eines Teamgefüges oder interprofessioneller (zwischenmenschlicher) Beziehungen – hier programmatisch vorwiegend auf eine zweckrationale Interessenverbindung der beteiligten Professionen und Berufsgruppen abgezielt wird. Im Sinne der eingangs aufgezeigten Formunterscheidung nach Weber in Ergänzung gruppendynamischer sowie organisationskultureller Perspektiven ist die an dieser Stelle herausgearbeitete Idee der multiprofessionellen Zusammenarbeit somit eher am Pol der Vergesellschaftung als an dem der Vergemeinschaftung anzusiedeln. Auf allen drei Ebenen der Kooperation wird von einer gleichberechtigten Begegnung Professioneller mit einem grundsätzlich identischen und von allen Seiten auch akzeptierten Ziel ausgegangen, ohne etwa affektive, teaminterne (gruppendynamische) Prozesse der Vergemeinschaftung oder aber organisationskulturelle Spezifika mit in die Erwägungen einzubeziehen. Diese können jedoch, abseits der lediglich zweckrationalen Zielformulierung, die Zielerreichung einer gelingenden Fallbearbeitung maßgeblich beeinflussen.

3.2 Schulsozialarbeit

Die Schulsozialarbeit als relativ junges Handlungsfeld der Sozialen Arbeit hat ihre Anfänge in den 70er-Jahren des vorigen Jahrhunderts (vgl. dazu überblicksartig Speck 2014, S. 11ff.). Seit Verabschiedung der Behindertenrechtskonvention im Jahr 2009 wurde die Schulsozialarbeit aufgrund der dort formulierten Forderung nach Inklusion insbesondere auch im Bildungssystem (Art. 24 Abs. 2a UN-Behindertenrechtskonvention o. J.) verstärkt ausgebaut. In diesem Abschnitt soll ein Positionspapier des Deutschen Vereins für öffentliche und private Fürsorge e. V. (DV) zur Schulsozialarbeit in Hinblick auf die darin vertretene Haltung zur Zusammenarbeit zwischen Lehrkräften und Schulsozialarbeiter*innen untersucht werden (DV 2014: Diskussionspapier des Deutschen Vereins zur Entwicklung und Verortung von Schulsozialarbeit). Der DV wurde ausgewählt, da dieser sich als „das Forum für alle Akteure in der Sozialen Arbeit, des Sozialrechts und der Sozialpolitik" (DV o. J.: Wir über uns) bezeichnet. Außerdem gibt der DV regelmäßig Empfehlungen und Stellungnahmen zum Thema Schulsozialarbeit heraus (DV o. J.: Empfehlungen/Stellungnahmen).

Das Positionspapier des DV nimmt Bezug auf die seit geraumer Zeit diskutierte rechtliche Verortung von Schulsozialarbeit und ihrer Trägerschaft (vgl. DV 2014, S. 11ff.). Schulsozialarbeit wird im Sozialgesetzbuch nicht explizit unter „Leistungen der Jugendhilfe" (§§ 11–15 SGB VIII) aufgeführt (vgl. DV

2014, S. 11ff.; Speck 2014, S. 67ff.). Die rechtliche Situation von Schulsozialarbeit ist daher nicht eindeutig. Dies führt zur Ausbildung zweier konträrer Auffassungen zur Verortung von Schulsozialarbeit: Zum einen besteht die Ansicht, dass Schulsozialarbeit eine Aufgabe der Kinder- und Jugendhilfe ist und von der Kinder- und Jugendhilfe getragen werden müsse, zum anderen, dass sie keine Aufgabe der Kinder- und Jugendhilfe sei und daher schulischer Trägerschaft unterliege (vgl. Speck 2014, S. 71). Eine einhellige Auffassung hat sich nach wie vor nicht durchgesetzt (vgl. ebd., S. 67ff.; DV 2014, S. 11ff.). Verbunden mit der noch immer strittigen Frage nach der Trägerschaft ist die Frage nach geeigneten, tragenden Finanzierungsstrukturen von Schulsozialarbeit (vgl. DV 2014, S. 11ff.). Vor diesem Hintergrund der finanziell wenig gesicherten Stellung von Schulsozialarbeit vertritt der DV die Haltung, auch zur Sicherung von Finanzierungsstrukturen der Schulsozialarbeit auf die Stabilität des Rahmens Schule zu setzen (vgl. ebd., S. 9f.). So liegt es aus Sicht des DV nahe, dem Partner, der sichere Finanzierungsstrukturen hat – der Schule – den Primat in der Zusammenarbeit zuzusprechen (vgl. ebd., S. 13). Der DV führt aus, Schulsozialarbeit sei „die engste Form der Kooperation von Kinder- und Jugendhilfe und Schule" (ebd.) nach § 81 SGB VIII, bei der nach § 10 Abs. 1 SGB VIII in der Aufgabenabgrenzung eine Rangunterschiedlichkeit beider Partner zu beachten sei: Schule habe den Vorrang und Schulsozialarbeit den Nachrang (vgl. ebd.).

3.2.1 Ziele multiprofessioneller Zusammenarbeit im Handlungsfeld der Schulsozialarbeit

Der DV ist der Auffassung, dass sich Schule zu einer „multiprofessionellen Organisation" (ebd., S. 19) formieren solle. Um dieses Ziel zu erreichen, ist es notwendig, dass „Angehörige unterschiedlicher Berufsgruppen" (ebd.) den Auftrag der Schule zu Bildung und Erziehung mit der Schule teilen und ihn als gemeinsames Ziel zusammen mit der Schule verfolgen. Damit formuliert der DV ein übergeordnetes Ziel (multiprofessionelle Organisation), das seinerseits aber über ein Ziel (Bildungs- und Erziehungsauftrag der Schule) erreicht werden soll, das genuin schulisch ist und keine multiprofessionellen Aspekte aufweist. Die Zielerreichung des Hauptziels (multiprofessionelle Organisation) über die gemeinsame Arbeit an einem monoprofessionellen Ziel (schulischer Bildungs- und Erziehungsauftrag) erscheint widersprüchlich und es lässt sich vermuten, dass auch ihre Umsetzung schwierig ist.

Gleichzeitig gilt aus Sicht des DV jedoch das im vorherigen Absatz erwähnte Rangunterschiedlichkeitskonzept für die konkrete Ausformung der Zusammenarbeit und die Notwendigkeit einer Aufgabenabgrenzung zwischen den Partnern. Beides, erstens Verfolgung des allgemeinen Ziels der gemeinsamen Erbringung des schulischen Auftrags und zweitens Aufgabenabgrenzung zwischen Schule und anderen Berufsgruppen, widerspricht sich, so wie sich die

Erreichung des Hauptziels (multiprofessionelle Organisation) über gemeinsame Arbeit am schulischen Auftrag als widersprüchlich darstellt. Daher betont der DV die konkrete Ausformung der Zusammenarbeit als wichtig und postuliert den Vorrang von Schule und den Nachrang der Schulsozialarbeit. Damit verbunden ist die Notwendigkeit der Aufgabenabgrenzung beider Partner, die unter der Beachtung des Hierarchiegefälles zwischen Schule und Schulsozialarbeit (vgl. ebd., S. 13) erfolgt. Zugunsten der Wichtigkeit der konkreten Ausformung der Zusammenarbeit in Form eines Rang- und Hierarchiegefälles tritt das gemeinsame Ziel der Verfolgung des schulischen Auftrags zur Bildung und Erziehung in den Hintergrund. Damit tritt auch das übergreifende Ziel der „multiprofessionellen Organisation" (vgl. ebd., S. 19) in den Hintergrund und die Abgrenzung der Schule von der Schulsozialarbeit gewinnt im Positionspapier an Gewicht. Den Primat der Schule und die damit begründete Notwendigkeit des Nachrangs der Schulsozialarbeit und die Berücksichtigung des schulischen Rahmens durch die Schulsozialarbeit begründet der DV mit dem Konzept der Lebensweltorientierung (vgl. ebd., S. 11, S. 20). Fußend auf dem Lebensweltkonzept nimmt er eine starke Prägung der Lebenswelt von Kindern und Jugendlichen durch die Schule an (vgl. ebd.). Da das der Fall ist, sei es die Pflicht der Schulsozialarbeit, so lässt sich die Schlussfolgerung des DV fortführen, die Lebenswelt Schule zu berücksichtigen, um Kindern und Jugendlichen überhaupt helfen zu können. Das Papier betont außerdem, dass jeweils konkrete Vereinbarungen und Verträge zur Zusammenarbeit zwischen Schulsozialarbeit und Schule getroffen, ausgehandelt und verbindlich festgelegt werden sollen (vgl. ebd., S. 9f.). Im Positionspapier werden als mögliche Eckdaten einer Zusammenarbeitsrichtlinie zwischen Schule und Schulsozialarbeit unter anderem folgende generelle „Leistungen" (S. 5ff.) der Schulsozialarbeit formuliert: „Hilfe und Förderung junger Menschen", „Beratung in schwierigen Lebenslagen" (ebd., S. 6), „Soziales Lernen, Konfliktbewältigung und Prävention" (ebd.) und „Prävention und Hilfe bei Schuldistanz" (ebd., S. 7), „Unterstützung bei Lernschwierigkeiten" (ebd.). Die letzten zwei der genannten Aufgaben machen deutlich, dass die schulische Perspektive monoperspektivisch angelegt ist und Multiperspektivität ausklammert, sind doch „Prävention und Hilfe bei Schuldistanz" und „Unterstützung bei Lernschwierigkeiten" Aufgaben, die nur dem schulischen Kontext entstammen, und diese Aufgaben ergeben sich aus einer Perspektive, die vordringlich schulisch ist. Dass Multiperspektivität eine Basis für eine multiprofessionelle Zusammenarbeit darstellen könnte, auf der aufbauend gemeinsame Ziele in der Zusammenarbeit entstehen, findet im Modell der Zusammenarbeit des DV keinen Platz. Vielmehr versteht der DV Zusammenarbeit als monoperspektivisch angelegt und vom ranghöheren Partner vorgegeben. Über die Argumentationslinie Hauptziel multiprofessionelle Organisation (1) – diese wird erreicht über gemeinsame Arbeit anderer Berufsgruppen am schulischen Bildungs- und Erziehungsauftrag (2) – bei gleichzeitiger Geltung des Rangunterschiedlichkeitskonzepts der Partner (3) und des Lebensweltkonzepts (4), wonach Schule ausschließliche, dominierende Lebenswelt von Kindern und Jugendlichen ist, ist es unter Schwierigkeiten nachvollziehbar, dass der DV unter Zusammenarbeit letztlich die Abarbeitung eines festgelegten Aufgabenspektrums durch die Schulsozialarbeit versteht, das seinerseits nicht multiperspektivisch auf beide Partner hin orientiert ist, sondern vor allem monoperspektivisch-schulisch angelegt ist.

Von den genannten Aufgaben der Schulsozialarbeit abgesehen führt der DV unter „Zusammenarbeit in der Schule" (ebd., S. 8) auf: „Neben den bislang genannten Leistungen, die sich unmittelbar an Kinder und Jugendliche wenden, beteiligt sich Schulsozialarbeit in schulischen Gremien und bei der Weiterentwicklung des Schulprofils. Schulsozialarbeit respektiert dabei den spezifischen gesellschaftlichen und schulrechtlichen Auftrag und Charakter der Schule" (ebd., S. 8f.). Zwar ist die Zusammenarbeit von Schule und Schulsozialarbeit auch vom „Selbstverständnis der Schulsozialarbeit" (ebd., S. 9) abhängig, doch dies hat – beachtet man die Rangunterschiedlichkeit – weniger Gewicht als die Beachtung der schulischen Regeln (vgl. ebd.). Erneut lässt sich festhalten, dass sich die Zusammenarbeit zwischen Schulsozialarbeit und Schule in erster Linie am ranghöheren Partner Schule und dessen Befugnis zur Vorgabe bzw. Delegation von Aufgaben aus der eigenperspektivischen Bedarfslage orientiert.

3.2.2 In welcher Form wird multiprofessionelle Zusammenarbeit hergestellt?

Betrachtet man die im vorherigen Abschnitt genannten Eckpunkte der Stellungnahme genauer, wird transparent, dass Zusammenarbeit innerhalb eines fest geformten, vorgegebenen Spektrums an Aufgaben (vgl. ebd.) stattfindet, die im Weiteren als „in der Praxis [...] überwiegend anzutreffende Angebote der Schulsozialarbeit" (ebd., S. 6) beschrieben werden. Dieses Aufgabenspektrum folgt den rechtlichen Rahmenbedingungen des Kooperationspartners Schule, beinhaltet jedoch in der Beschreibung der Zusammenarbeit keine Rechte, die die Schulsozialarbeit gegenüber der Schule geltend machen könnte (ebd., S. 9f.). Zwar ist die Einbindung von Schulsozialarbeit in den Rahmen der Schule auch vom „Selbstverständnis der Schulsozialarbeit" (ebd., S. 9) abhängig, jedoch wirkt die Abhängigkeit der Einbindung von Schulsozialarbeit in die schulischen Voraussetzungen als vergleichsweise wichtiger, da sie ausführlicher beschrieben und häufiger benannt wird (vgl. ebd., S. 9f.). So entsteht der Eindruck, dass das Papier eine Einseitigkeit in der Befugnisbalance oder mit anderen Worten ein Ungleichgewicht in der Zuweisung von Möglichkeiten und Befugnissen als angemessen beschreibt. Die Festigkeit des Rahmens der Zusammenarbeit wird im Papier als etwas, das für den Partner Schulsozialarbeit notwendig ist, betont: „Schulsozialarbeit braucht gesicherte Rahmenbedingungen [...], damit die verlässliche Kooperation in der Schule und der Aufbau eines Vertrauensverhältnisses gelingen können" (ebd.). Dies geschieht auch vor dem Hintergrund der schon erwähnten Unsicherheit der rechtlichen und finanziellen Grundlage, auf der Schulsozialarbeit ruht (vgl. ebd., S. 11ff.). Ohne einen solchen Rahmen, so die Meinung des DV, der einseitig vom Kooperationspartner Schule geformt wird, ist eine Zusammenarbeit nicht möglich (vgl. ebd., S. 9) und sie ist auch deshalb nicht möglich, weil sonst die Finanzierungsgrundlage von Schulsozialarbeit gefährdet ist. Wenn Schulsozialarbeit ihren Aufgaben nachkommt, sich an schulischen Gremien beteiligt, das Schulprofil weiterentwickelt und die schulrechtlichen Rahmenbedingungen berücksichtigt (vgl. ebd.), ist eine Zusammenarbeit hergestellt. Die konkrete Ausformung der Zusammenarbeit zwischen Schule und Schulsozialarbeit muss im Einzelfall je nach Kontext ausgehandelt werden (vgl. S. 10). Dies soll, wie unter 3.2.1 beschrieben, in Form von „Kooperationsvereinbarungen" (ebd., S. 10) geschehen, die zwischen Schule und Schulsozialarbeit geschlossen werden. Das Papier betont, dass diese Vereinbarungen „verbindlich" (ebd., S. 9) sein sollen. Schulsozialarbeit wird als „kompetenter sozialpädagogischer Partner" bezeichnet, der für die Wahrung der Interessen von Kindern und Jugendlichen verantwortlich ist und für sie eintritt (vgl. ebd.).

3.2.3 Wie wird multiprofessionelle Zusammenarbeit aufrechterhalten?

Die Aufrechterhaltung der Zusammenarbeit formiert sich im Wesentlichen ähnlich ihrer Herstellung: Nach Auffassung des DV soll Schulsozialarbeit, wie in 3.2.1 beschrieben, die formulierten generellen Aufgaben erfüllen (vgl. ebd., S. 5ff.). Dabei soll sie außerdem die Voraussetzungen und Vorgaben der Schule beachten und den Vorrang der Schule respektieren (vgl. ebd., S. 9). Ein konkretes ‚Wie' der Zusammenarbeit wird im Positionspapier nicht genauer beschrieben, vielmehr soll diesem Raum zur Aushandlung im jeweiligen Kontext und Einzelfall gegeben werden (vgl. ebd., S. 10). Die Aushandlungsergebnisse sollen dann verbindlich festgehalten werden und anschließend befolgt (vgl. ebd.). So ist die Aufrechterhaltung der Zusammenarbeit Aushandlungsprodukt der jeweiligen Partner im jeweiligen situativen Kontext. Dieses Produkt der Aushandlung trägt in seiner Verbindlichkeit die Zusammenarbeit weiter und erhält sie aufrecht, sobald es in Form einer Vereinbarung festgehalten ist. Nach Auffassung des DV reicht eine derartige Einzelfallvereinbarung in Verbindung mit der Erbringung der bereits erwähnten Leistungen von Schulsozialarbeit (vgl. ebd., S. 5ff.) für das Aufrechterhalten der Zusammenarbeit aus. Da der schulische Rahmen wie auch der Primat des Partners Schule so stark im Vordergrund stehen, besteht in der dauerhaften Einpassung des nachrangigen Partners Schulsozialarbeit in die allgemeinen Regelungen (vgl. ebd., S. 5ff.), die jeweils konkret ausgehandelten Vereinbarungen (vgl. ebd., S. 10) und die bereits genannte Teilnahme an schulischen Gremien wie auch die Mitarbeit von Schule an der Weiterentwicklung des Schulprofils (vgl. ebd., S. 8) die Aufrechterhaltung der Zusammenarbeit zwischen Schulsozialarbeit und Schule.

3.2.4 Modus der multiprofessionellen Zusammenarbeit im Handlungsfeld der Schulsozialarbeit

Im Positionspapier wird eine Zusammenarbeit entworfen, die sich als hierarchischer Modus verstehen lässt. Der Partner Schule nimmt die übergeordnete und der Partner Schulsozialarbeit die untergeordnete Stellung ein. Dies wird schon an der unter 3.2.1 geschilderten Rangunterschiedlichkeit der Partner deutlich, die den Vorrang der Schule und den Nachrang der Kinder- und Jugendhilfe gemäß Rechtsgrundlage festlegt (vgl. ebd., S. 13). Wirksam wird der Modus der Subordination darüber, dass eine starke Orientierung der Schulsozialarbeit zum einen an schulrechtlichen Rahmenbedingungen (vgl. ebd., S. 8f.), zum anderen an einmal festgelegten und im Weiteren verbindlich eingehaltenen Vereinbarungen zur Zusammenarbeit (vgl. ebd., S. 9f.) als notwendig erachtet wird. Schulsozialarbeit soll sich vordringlich an den schulrechtlichen Rahmen anpassen (vgl. ebd., S. 9, S. 13), der ein vergleichsweise deutlich größeres Gewicht hat als das „Selbstverständnis der Schulsozialarbeit" (ebd., S. 9). Auch soll sich Schulsozialarbeit an den Aufgaben (vgl. ebd., S. 5ff.) orientieren, die stark im Kontext der Schule beheimatet sind, ist selbst jedoch nicht berechtigt, den Partner Schule ihrerseits zur Erbringung bestimmter Aufgaben anzuhalten. Zwischen Schulsozialarbeit und Schule besteht mit anderen Worten eine Dysbalance in der Befugniszuordnung zugunsten der Schule und zuungunsten der Schulsozialarbeit. Während die Schule zur Zuordnung von Aufgaben an die Schulsozialarbeit befugt erscheint, fehlen der Schulsozialarbeit derartige Möglichkeiten. Da die von Schulsozialarbeit zu erledigenden Aufgaben zu einem größeren Teil auf die Interessen der Schule ausgerichtet sind, können sie als Instrument der Unterordnung von Schulsozialarbeit unter die Bedürfnisse von Schule verstanden werden. Schule vergemeinschaftet sich mit Schulsozialarbeit in erster Linie zweckrational mit einer Ausrichtung auf der Interessenerfüllung des Partners Schule im Sinne einer Übernahme von Aufgaben, die sich im Bereich und aus der Perspektive des Partners Schule darstellen; diese Aufgaben werden an den Partner Schulsozialarbeit delegiert. Schule und Schulsozialarbeit werden dahin gehend zusammengeführt, dass sich der rangniedrigere Partner Schulsozialarbeit an Vorgaben und Richtlinien des ranghöheren Partners Schule anpasst. Dabei leistet der Partner Schulsozialarbeit eine deutlich höhere Ausrichtung auf den Partner Schule und eine höhere Flexibilität in der Anpassung an Schule. Es besteht also neben der Befugnisdysbalance eine Ausrichtungsdysbalance zwischen beiden Partnern. Davon, dass sich auch der Partner Schule flexibel an den Bedarfen der Schulsozialarbeit ausrichten soll, ist im Papier nicht die Rede. So erweist sich der Modus der Zusammenarbeit als feste, dominierende und wenig veränderliche Rahmenformung vonseiten der Schule, verbunden mit genuin schulischen Bedarfen, die flexibel agierende, untergeordnete Partner wie die Schulsozialarbeit erfüllen sollen. Zwar wird Schulsozialarbeit ein „Selbstverständnis" zugesprochen, das sich bei ihrer Einbindung in den schulischen Rahmen Gehör verschaffen darf (vgl. ebd., S. 9), doch nur solange dieses Selbstverständnis nicht so angelegt ist, dass es den schulischen Rahmen überschreitet. Schule und Schulsozialarbeit bewegen sich, um es bildhaft auszudrücken, also nicht von unterschiedlichen Orten aufeinander zu und treffen sich an einem neutralen Ort, vielmehr bewegt sich die Schulsozialarbeit eigenständig, denkt man an die bereits erwähnte argumentative Fundierung durch das Lebensweltkonzept, an den Ort, an dem sich Schule bereits befindet und an dem bereits deren Vorgaben gelten. An diesen von der Schule geprägten Ort soll sich Schulsozialarbeit begeben und dort soll sie sich auch weiter aufhalten, indem sie unterschiedliche, vom ranghöheren Partner gemachte Regeln und Vorgaben (vgl. ebd., S. 8f.) beachtet und das erwähnte Spektrum an Aufgaben wahrnimmt (vgl. ebd., S. 5ff.).

3.3 Außerschulische kulturelle Jugendbildung

Rechtlich ergibt sich das Handlungsfeld der kulturellen Jugendbildung aus SGB VIII § 11 Abs. 3. An dieser Stelle wird als Schwerpunkt der Jugendarbeit u. a. die „außerschulische Jugendbildung mit allgemeiner, politischer, sozialer, gesundheitlicher, kultureller, naturkundlicher und technischer Bildung" genannt. Die Angebote der Jugendarbeit können für Mitglieder bestimmt oder offen sein sowie gemeinwesenorientierte Angebote umfassen (SGB VIII § 11 Abs. 2, vgl. Gesetze im Internet 2018, o. S.). Ziel der außerschulischen Jugendbildung als Teil der Jugendarbeit ist die Förderung der Entwicklung junger Menschen hin zu Selbstbestimmung, gesellschaftlicher Mitverantwortung und sozialem Engagement (ebd., Abs. 1). Eine Vielzahl von Akteur*innen und Netzwerken ist im Handlungsfeld der außerschulischen Jugendbildung und seinen verschiedenen Teilbereichen tätig. Dazu gehören beispielsweise Kultur- und Medienpädagog*innen, Kulturvermittler*innen und -manager*innen; Lehrer*innen und Erzieher*innen, Jugend- und Sozialarbeiter*innen; Künstler*innen und Kunstschaffende (vgl. BKJ 2015, S. 3). Zudem findet kulturelle Jugendbildung in diversen Institutionen statt und reicht von Museen, Theatern, Musikschulen, Jugendkunstschulen, Bibliotheken, Opern und Konzerthäusern über Vereine und Initiativen, kultur- bzw. medienpädagogischen Einrichtungen, soziokulturellen sowie Jugend- und Kulturzentren über Schulen und Kindertageseinrichtungen bis hin zu mobilen Angeboten oder Public-Private-Partnerships (vgl. ebd.). Darber hinaus erscheint die kulturelle Jugendbildung als ein Teilbereich der Jugendarbeit, in welchem u. a. im Zusammenhang mit der Etablierung der Ganztagsschule vermehrt Verweise auf Formen der multiprofessionellen Zusammenarbeit Beachtung finden – so bspw. auf den Internetseiten der Bundesvereinigung Kulturelle Kinder- und Jugendbildung (BKJ 2018b, o. S.).
    Die Bundesvereinigung Kulturelle Kinder- und Jugendbildung (BKJ) ist der

Dachverband der kulturellen Jugendbildung in Deutschland. In ihr haben sich 56 bundesweit agierende schulische und außerschulische Institutionen, Fachverbände und Landesdachorganisationen der kulturellen Bildung zusammengeschlossen (BKJ 2018, o. S.). Gemeinsam mit dem Bundesministerium für Familie, Senioren, Frauen und Jugend (BMFSFJ) lobt die BKJ den ‚MIXED UP‘-Wettbewerb aus. Ziel dieses Wettbewerbs ist die Prämierung „herausragende[r] Modelle der Zusammenarbeit von kultureller Kinder- und Jugendbildung mit Schulen oder Kindertageseinrichtungen" (BKJ 2018a, o. S.). Dabei lautet ein Kriterium, das Einrichtungen und Initiativen zur erfolgreichen Auszeichnung erfüllen müssen, ‚Multiprofessionalität und Nachhaltigkeit‘. Es beinhaltet, dass „die Partner, die für das Projekt zusammenarbeiten, […] aus den Bereichen Jugend, Kultur und Bildung" (BKJ 2018c, o. S.) kommen müssen. Darüber hinaus müssen „verschiedene Kompetenzen und Berufe […] im Team vorhanden" (ebd.) und die Partnerschaft soll auf eine langfristige Zusammenarbeit ausgerichtet sein. Hintergrund für die Ausschreibung des Wettbewerbs ist ein Interesse der BKJ an kultureller Schulentwicklung als einem wesentlichen Teil kultureller Jugendbildung. In diesem Zusammenhang hat die BKJ ein Positionspapier verabschiedet, in welchem kulturelle Bildung als ‚Koproduktion‘ vorgestellt wird (vgl. BKJ 2015, o. S.). Auf dieses Dokument bezieht sich die nachfolgende Analyse von Prozessen der Vergemeinschaftung im Handlungsfeld der außerschulischen kulturellen Jugendbildung.

3.3.1 Ziele multiprofessioneller Zusammenarbeit im Handlungsfeld der außerschulischen kulturellen Jugendbildung

In ihrem Positionspapier „Kulturelle Bildung ist Koproduktion. Außerschulische und schulische Kulturelle Bildung für Kinder und Jugendliche wirksam entfalten – eigenständig und gemeinsam" definiert die BKJ zunächst ihr Bildungsverständnis, welches ein breites Spektrum „emotional-affektive[r], kognitiv-intellektuelle[r], körperlich-sinnliche[r] und sozial-kulturelle[r] Prozesse umfasst" (BKJ 2015, S. 2f.). Auf dieser Grundlage zeigt sich die BKJ „überzeugt, dass alle Bildungsbereiche zusammenarbeiten und sich miteinander verzahnen sollten, um verlässliche, erreichbare und veränderliche kulturelle Bildungsgelegenheiten für alle Kinder und Jugendlichen zu gewährleisten" (BKJ 2015, S. 2). In diesem Zusammenhang wird kulturelle Bildung als ein Ergebnis der ‚Koproduktion‘ verschiedenster o. g. Akteur*innen positioniert (ebd.).

Anders als in der Ausschreibung des eingangs erwähnten ‚MIXED UP‘-Wettbewerbes auf der Internetseite des BKJ werden im untersuchten Dokument Begriffe wie ‚Multiprofessionalität‘ oder ähnlich verwendete wie bspw. ‚Interdisziplinarität‘ nicht verwendet. In anderer Hinsicht finden sich jedoch zahlreiche Hinweise auf Formen und Prozesse der Herstellung von Zusammenarbeit durch die Vergemeinschaftung diverser Akteur*innen aus Bereichen der Kunst, Pädagogik, der Sozialen Arbeit etc., wenn z. B. von „Vernetzung", vom

„Brückenschlagen" zwischen verschiedenen Lebens- und Bildungsbereichen sowohl im räumlichen als auch inhaltlichen Sinne (vgl. z. B. BKJ 2015, S. 8) oder von der Zusammenarbeit und Verzahnung der emotional-affektiven, kognitiv-intellektuellen, körperlich-sinnlichen oder sozial-kulturellen Bildungsbereiche (vgl. BKJ 2015, S. 2) gesprochen wird.

Dabei wird als Ziel der Zusammenarbeit mit schulischen Akteur*innen explizit die Herstellung von Chancengleichheit unter Kindern und Jugendlichen formuliert. So hätten dem Dokument der BKJ zufolge empirische Forschungen wie das 2. Jugend-Kultur Barometer oder der Bildungsbericht 2012 gezeigt, dass „kulturelle Teilhabemöglichkeiten vor allem in Kooperationen von Schulen mit außerschulischen Partnern erweitert werden […] und dass außerschulische Kulturelle Bildung und ‚Dritte Lernorte' neben formalen Bildungseinrichtungen und der Familie wichtige Impulse für Bildung und Integration setzen […]" (BKJ 2015, S. 8). Im Positionspapier wird die Kooperation von Schulen mit Akteur*innen kultureller Bildung und Medienbildung gar als „unverzichtbar" (vgl. BKJ 2015, S. 6) für die Erfüllung des schulischen Bildungsauftrages bezeichnet. Ziel der Vergemeinschaftung ist somit eine Art Komplementierung der Institution Schule, durch die die Potenziale der unterschiedlichen Bildungsformate zugunsten der Kinder und Jugendlichen voll ausgeschöpft werden sollen.

Diese Prozesse lassen sich dem Pol der Vergesellschaftung zuordnen insofern, als dass die beschriebene Form der Zusammenarbeit eine soziale Beziehung beabsichtigt, die auf einer rational motivierten Interessenverbindung beruht (vgl. Weber 1922/1980, S. 21). Dass der Akteur Schule laut dem Positionspapier auf Akteur*innen der außerschulischen kulturellen Bildung essenziell angewiesen ist, kann als rationale Begründung einer solchen Interessenverbindung gedeutet werden. Darüber hinaus erhofft sich die BKJ von der Zusammenarbeit mit Schule eine Intensivierung, Erweiterung und Verstetigung der Wirkung und Reichweite außerschulischer kultureller Bildung. Auch dies verweist auf sachliche Interessen der Mitglieder der Vergemeinschaftung, wie sie für den Zweckverein als einen der „reinste[n] Typen der Vergesellschaftung" (ebd., S. 22) typisch sind. Mit einer besseren Vernetzung der Angebote werde es leichter, so der Tenor des Positionspapiers, „inhaltliche, methodische und räumliche Brücken zu anderen Lebens- und Bildungsbereichen zu schlagen" (BKJ 2015, S. 8). Damit hat die Zusammenarbeit letztlich das Ziel einer Etablierung von Kunst und Kultur als „durchgängiges Lebensprinzip" (ebd.). Die Vergemeinschaftung von schulischen und außerschulischen Akteuren im Handlungsfeld der kulturellen Jugendbildung soll somit der Sensibilisierung von Jugendlichen durch und für Kultur dienen und wird umgesetzt in Form einer Verankerung kultureller Bildung in der Institution Schule.

3.3.2 In welcher Form wird multiprofessionelle Zusammenarbeit hergestellt?

In dem Positionspapier wird die Vergemeinschaftung von Schule und kultureller Jugendbildung mit den Worten „Kooperation", „partnerschaftliche Zusammenarbeit", „Mitverantwortung", „Vernetzung", „Koproduktion" oder auch
einfach „Abstimmung" beschrieben (BKJ 2015, S. 2ff.). Daher bleibt die Art der
Herstellung von Vergemeinschaftung in vieler Hinsicht unklar. Beispielsweise
schwankt die Zahl der beteiligten Akteur*innen zwischen zwei und zwei plus x:
Mal ist die Rede von bilateralen Kooperationen zwischen einzelnen Repräsen-
tant*innen der Schule und jenen der außerschulischen kulturellen Jugendbildung (z. B. zwischen „ausgebildete[n] und auf Kooperationen vorbereitete[n]
Fachlehrer/innen" und „Professionen verschiedener künstlerisch-kulturell[er]
Angebote" (BKJ 2015, S. 7), dann wieder stehen Netzwerke von „alle[n] Mitglieder[n] der Schulfamilie, Eltern, nicht-pädagogische[m] Personal und außerschulische[n] Kooperationspartner[n]" im Fokus (ebd.).; mal sind es Einzelper-
sonen, mal ganze Organisationen oder „die Kulturelle Bildung" (ebd.), die
entlang der geschilderten Ziele miteinander in Beziehung gesetzt werden. Eine
eindeutige Form der Vergemeinschaftung lässt sich daher im Hinblick auf Be-
teiligte, Orte oder auf die Organisationsebene aus dem Positionspapier nicht
ableiten.

Dennoch kann eine gemeinsame Klammer identifiziert werden. Die Ganztagsschule wird in dem Positionspapier als organisatorischer Rahmen beschrieben, in dem die „Potenziale der außerschulischen und der schulischen Kulturellen Bildung" (BKJ 2015, S. 7) zusammenkommen können. Dazu sei diese durch
die Möglichkeit der Einbindung „andere[r] Professionen" besonders gut in der
Lage (vgl. ebd.). Vergemeinschaftung soll also innerhalb des organisatorischen
Kontextes der Ganztagsschule durch eine gemeinsame Motivation geschaffen
werden. Diese soll vom Bildungsträger Schule ausgehen.

Neben den genannten Bezügen auf Webers Konzept der Vergesellschaftung
sind hier Anknüpfungen an die theoretischen Konzepte aus dem Bereich der
Organisationskulturforschung möglich. Wie erläutert verstehen diese Organisationskultur als gemeinsame, unreflektierte Grundannahmen, die die Mitglieder
einer Organisation sukzessive erlernen und teilen. Die Ausführungen im Positionspapier weisen darauf hin, dass und inwiefern Vergemeinschaftung durch
die ,Enkulturation' in eine gemeinsame Kultur der Kooperation unter Federführung der Institution Schule hergestellt wird. So wird in dem Positionspapier
als eine Leitlinie die Aufgabe für schulische Akteur*innen beschrieben, ein
„Bildungskonzept im Sinne eines weiten Bildungsverständnisses" zu etablieren
(BKJ 2015, S. 7). Konkret heißt das für alle beteiligten Akteur*innen, „die vielfältigen Formen des Lernens und die Prinzipien der Jugendarbeit und der außerschulischen Kulturellen Bildung ins schulische Lernen einzubeziehen und
die Schule als lebendigen Ort nicht nur des Lernens, sondern des Lebens von

Kindern und Jugendlichen zu begreifen" (ebd.). Die Kinder und Jugendlichen stehen im Zentrum dieser Absicht. Durch die Vernetzung und das Brückenschlagen zwischen verschiedenen Lebens- und Bildungsbereichen soll es gelingen, Kindern und Jugendlichen „Kunst und Kultur als [...] Lebensprinzip" nahezubringen (BKJ 2015, S. 8). Vergemeinschaftung wird somit durch ein „gemeinsames Selbstverständnis" (vgl. BKJ 2015, S. 9) und die gemeinsame Motivation hergestellt, eine nachhaltige Veränderung des Lebens junger Menschen durch Kulturelle Bildung zu bewirken. Dies reflektiert eine organisationskulturelle Perspektive, aus welcher eine Organisationskultur mit gemeinsamen Werten und Praktiken den Kern der Vergemeinschaftung bildet. Umgesetzt wird dies im Modus der Koproduktion zwischen Schule und außerschulischen Bildungsträgern.

3.3.3 Wie wird multiprofessionelle Zusammenarbeit aufrechterhalten?

Zur Aufrechterhaltung der Vergemeinschaftung soll vor allem eine transparente Aufgabenteilung beitragen. Träger der außerschulischen Bildung haben eine „Mitverantwortung" (BKJ 2015, S. 5) für die Ganztagsbildung. Sie sollen „sozialräumliche, künstlerische und pädagogische Konzepte mit weiteren Trägern" entwickeln (BKJ 2015, S. 6). Währenddessen kommt Schulen die Aufgabe zu, kultureller Bildung im Schulalltag einen festen Platz einzuräumen und die notwendigen Ressourcen bereitzustellen (vgl. ebd.). Darüber hinaus finden sich in dem Dokument Hinweise darauf, dass zur Aufrechterhaltung der Zusammenarbeit die gegenseitige Bereitschaft der Partner zur Öffnung, Hinterfragung und Veränderung notwendig ist (vgl. BKJ 2015, S. 8). Gleichzeitig soll auch die Unterschiedlichkeit der Akteur*innen erhalten bleiben dürfen (vgl. ebd.). Unter anderem in diesem Spannungsfeld gründet sich die Forderung, die beschriebenen Kooperationen nicht nur finanziell, sondern auch personell gut auszustatten. Dies müsse beinhalten, auch „Berater/innen, Moderator/innen und Prozessbegleiter/innen für die Kooperationspraxis" bereitzustellen (BKJ 2015, S. 12).

3.3.4 Modus der multiprofessionellen Zusammenarbeit im Handlungsfeld der außerschulischen kulturellen Jugendbildung

Im untersuchten Positionspapier der BKJ steht die Zusammenarbeit beteiligter Akteur*innen im Sinne der Herstellung einer Koproduktion von Bildung durch die Institution Schule und die außerschulische kulturelle Jugendbildung im Mittelpunkt. Die Zusammenarbeit hat das gemeinsame Ziel der Etablierung und Verankerung kultureller Bildung in der Bildungsinstitution Schule, um Kindern und Jugendlichen flächendeckend Zugang zu diesem Bildungsgut zu ermöglichen und den Wert der kulturellen Bildung in der Lebenswirklichkeit von Kindern und Jugendlichen zu verankern. Es handelt sich somit in der Tendenz um Prozesse der Vergemeinschaftung am Pol der Vergesellschaftung, und zwar im Modus der Etablierung einer Koproduktion von schulischen und au-ßerschulischen Akteur*innen innerhalb des Angebots von Ganztagsschulen. Im Mittelpunkt dieser Art der Zusammenarbeit steht das Ziel, ein gemeinsames, teilhabeorientiertes Bildungsverständnis herzustellen und umzusetzen. Dafür wird der organisationale Rahmen der Ganztagsschule genutzt und eine gegen-seitige Angewiesenheit der involvierten Akteur*innen aufeinander formuliert.

3.4 Frühe Hilfen

Die Frühen Hilfen sind ein sich neu entwickelndes Handlungsfeld, in dem lokale Aktivitäten der Unterstützung von Familien rund um die Geburt eines Kindes bis zum Alter von ca. drei Jahren vor Ort ausgebaut und vernetzt wer-den. Da diese lokalen Aktivitäten von sozialen und gesundheitsbezogenen Diensten erbracht werden, gilt multiprofessionelle Zusammenarbeit als Charak-teristikum des Handlungsfeldes. Erste regionale Initiativen mündeten in der Gründung des Nationalen Zentrums Frühe Hilfen (NZFH), das durch die Bun-desregierung unterstützt und vom Deutschen Jugendinstitut und der Bundes-zentrale für gesundheitliche Aufklärung gemeinsam getragen wird. Eine dauer-hafte Absicherung der Initiativen bietet die 2018 ins Leben gerufene Bundes-stiftung Frühe Hilfen. Da das NZFH (bzw. die Bundesstiftung) hier als zentraler Akteur angesehen werden kann, der das Handlungsfeld in seinen Konturen maßgeblich gestaltet, werden bei der nachfolgenden Analyse vor allen Dingen Dokumente des Nationalen Zentrums Frühe Hilfen, wie das Leitbild Frühe Hilfen und die Homepage des Zentrums, verwendet.

3.4.1 Ziele multiprofessioneller Zusammenarbeit im Handlungsfeld der Frühen Hilfen

Die auf der Homepage des NZFH dokumentierte und von dessen wissenschaft-lichem Beirat 2009 verabschiedete Begriffsbestimmung startet damit, Frühe Hilfen als ein verknüpftes und koordiniertes System unterschiedlicher Hilfsan-gebote zu fassen: „Frühe Hilfen bilden lokale und regionale Unterstützungssys-teme mit koordinierten Hilfsangeboten für Eltern und Kinder ab Beginn der Schwangerschaft und in den ersten Lebensjahren mit einem Schwerpunkt auf der Altersgruppe der 0- bis 3-Jährigen" (NZFH 2018, o. S.). Weiter heißt es dort: „Frühe Hilfen umfassen vielfältige sowohl allgemeine als auch spezifische, aufeinander bezogene und einander ergänzende Angebote und Maßnahmen" (ebd.). Damit werden Frühe Hilfen als etwas definiert, das in Form eines koor-dinierten Systems eine Klammer bildet. Zusammenarbeit ist damit konstitutiv für Frühe Hilfen. Würde diese Klammer nicht bestehen, gäbe es auch keine Frühen Hilfen.

Auf der Homepage des NZFH wird ebenso begründet, warum die Zusammenarbeit in den Frühen Hilfen notwendig ist: „Alle Kinder haben das Recht auf ein gesundes und gewaltfreies Aufwachsen. Die ersten Lebensmonate und -jahre sind außerdem von herausragender Bedeutung für die gesamte weitere Entwicklung des Kindes. Daher ist es gerade in dieser Zeit wichtig, (werdende) Eltern zu unterstützen" (NZFH 2018a). Gerade dieses „Recht auf ein gesundes und gewaltfreies Aufwachsen" (ebd.) sah das Nationale Zentrum nicht hinreichend gewährleistet, denn in den kommunalen Infrastrukturen für Kinder bis zu drei Jahren wurden erhebliche Versorgungslücken identifiziert, die dazu führen, dass das Recht nicht bei allen Kindern gewährleistet zu sein schien. Dies wurde insbesondere angesichts der medial stark diskutierten Fälle von Kindesmisshandlungen und -tötungen politisch ins Feld geführt. Zwar wurde im Anschluss an diese Debatten davon ausgegangen, dass es in den Kommunen bereits vielfältige Angebote für Familien im Bereich der Frühen Hilfen gibt, diese seien aber noch nicht passgenau auf die Bedürfnisse der Familien mit jungen Kindern abgestimmt. Auch seien diese nicht hinreichend miteinander vernetzt, sodass in der kommunalen Planung der Infrastruktur Versorgungslücken identifiziert werden konnten. Hieraus wurde die Notwendigkeit einer kommunal gesteuerten Vernetzung in der Verantwortung des Jugendamtes abgeleitet. Frühe Hilfen werden im Schnittfeld zwischen Gesundheitssystem und Kinder- und Jugendhilfe angesiedelt, wobei weitere Soziale Dienste und Angebote mitbedacht werden.

Ausgangspunkt in den Frühen Hilfen ist somit, dass das „Recht des Kindes auf ein gesundes und gewaltfreies Aufwachsen" (ebd.) erst dann realisiert werden kann, wenn bestehende, noch wenig aufeinander bezogene Hilfen „aus unterschiedlichen Bereichen in kommunalen Netzwerken ‚zusammengebunden' werden". Ziel der Zusammenarbeit in den Frühen Hilfen ist entlang der Begriffsbestimmung des wissenschaftlichen Beirats des NZFH (2016), „die flächendeckende Versorgung von Familien mit bedarfsgerechten Unterstützungsangeboten voranzutreiben" (ebd., S. 13). Damit ist das vorrangige Ziel der Zusammenarbeit nun nicht die Gruppierung unterschiedlicher Dienste um einen Adressat*innenkreis, wie es die teamorientierte Perspektive nahelegt, sondern vielmehr die Etablierung einer zusammengebundenen und damit umfassenden und geschlossenen Infrastruktur, die potenziell jede*r Adressat*in mit Bedarf nutzen kann bzw. in der Lage ist, als eine Art Netz jegliche Klientel aufzufangen. Dies wird in der häufig in Zusammenhang mit Frühen Hilfen verwendeten Formel deutlich: ‚Keiner fällt durchs Netz'.

3.4.2 In welcher Form wird multiprofessionelle Zusammenarbeit hergestellt?

Auf der Homepage des NZFH wird definiert (vgl. NZFH 2018), als was die Form der Zusammenarbeit beschrieben werden kann: „Frühe Hilfen basieren vor allem auf multiprofessioneller Kooperation, beziehen aber auch bürgerschaftliches Engagement und die Stärkung sozialer Netzwerke von Familien mit ein. Zentral für die praktische Umsetzung Früher Hilfen ist deshalb eine enge Vernetzung und Kooperation von Institutionen und Angeboten aus den Bereichen der Schwangerschaftsberatung, des Gesundheitswesens, der interdisziplinären Frühförderung, der Kinder- und Jugendhilfe und weiterer sozialer Dienste" (ebd.). Damit wird zwischen unterschiedlichen Formen der Zusammenarbeit unterschieden. Multiprofessionelle Zusammenarbeit umfasst die interorganisationale Kooperation unterschiedlicher sozialer und gesundheitsbezogener Dienste, die von der Einbeziehung ehrenamtlicher und familiärer Formen der Vergemeinschaftung abgegrenzt wird.

Wird das Leitbild Frühe Hilfen in Bezug auf spezifische Begriffe untersucht, kann festgestellt werden, dass der Begriff ‚gemeinsam‘ auf den neun Textseiten elfmal verwendet wird, die Partikel ‚zusammen‘ zweimal und das Wort ‚Zusammenarbeit‘ fünfmal. Der eigentlich für die Frühen Hilfen als zentral erachtete Begriff der Vernetzung findet hier nur zweimal Verwendung, möglicherweise, weil er weniger deutlich einen Zusammenhalt ausdrückt. Der Begriff ‚Kooperation‘ wird hingegen elfmal benutzt, zum Teil in Verbindung mit dem Adverb und/oder Adjektiv ‚verbindlich‘. Verbindliche Kooperation scheint also der Leim zu sein, der die heterogenen Angebote zusammenbinden soll. Eine Interpretation dieser Begriffsverwendung lässt darauf schließen, dass es dem NZFH um mehr als eine lose Vernetzung geht, sondern vielmehr um eine enge Zusammenarbeit, die kommunal gesteuert wird und damit dem eher offenen Netzwerkbegriff entgegensteht. Hier werden keine unverbindlichen, offenen Netzwerke angestrebt, sondern gesteuerte Kooperationen im Netzwerk. Die Form der Zusammenarbeit kann damit nach Weber als Vergesellschaftung gefasst werden, weil es hier um einen „(wert- oder zweckrational) motivierten Interessenausgleich" (Weber 1922/1980, S. 21) geht.

Dabei werden zwei Arten der multiprofessionellen Zusammenarbeit unterschieden, a) die fallübergreifende und b) die fallbezogene Kooperation. Bei der fallübergreifenden Kooperation geht es im Rahmen der kommunalen Vernetzung um „fallübergreifende Verständigung über die grundsätzliche Zusammenarbeit" (NZFH 2009, S. 11) und um die „Entwicklung eines gemeinsamen Handlungsrahmens" (ebd.). Das Netzwerk hat schließlich die örtlichen Hilfen, also die konkrete fallbezogene Zusammenarbeit, zu koordinieren (vgl. ebd.), welche dann auch die „einzelfallbezogene Zusammenarbeit zwischen Professionellen und Familien" (NZFH 2016, S. 6) organisieren. Diese basiert auf konkreten Vereinbarungen über Instrumente, Verfahrensabläufe, Unterstützung durch anonyme Fallberatung und zur Absicherung des Informationsflusses, wenn Familien an andere Dienste weitervermittelt werden (ebd., S. 11).

3.4.3 Wie wird multiprofessionelle Zusammenarbeit aufrechterhalten?

Im Kontext Früher Hilfen, so zeigt die Analyse des Leitbildes und der Homepage, braucht es eine Zusammenarbeit auf unterschiedlichen Ebenen, die eng miteinander gekoppelt werden: der lokalen bzw. regionalen (a) und der bundesweiten Ebene (b).

(a) Damit Zusammenarbeit überhaupt möglich ist, bedarf es der Gründung lokaler Netzwerke Früher Hilfen. Wie Zusammenarbeit aufrechterhalten werden soll, wird im folgenden Zitat deutlich: „Frühe Hilfen brauchen in den Netzwerken Partner mit interprofessionellen Kernkompetenzen. Dazu gehört neben dem Wissen über Angebote und Stärken der unterschiedlichen Netzwerkpartner sowie über die in der Kommune geschlossenen Vereinbarungen und entsprechenden Verfahren ein gemeinsames Verständnis von Frühen Hilfen, Verabredungen über das gemeinsame Netzwerkhandeln" (NZFH 2009, S. 12). Die Instrumente sind damit Wissensabgleich, Vereinbarungen, gemeinsame Verfahren, gemeinsames Verständnis und die Koordination des gemeinsamen Handelns – an anderer Stelle auch als „gemeinsame[r] Handlungsrahmen" (ebd., S. 11) benannt. Auch werden „gemeinsame Reflexions- und Fortbildungsmöglichkeiten" (ebd., S. 12) als zentral erachtet.

Zugleich werden aber auch Bedingungen der Zusammenarbeit in Netzwerken benannt, diese sind „Transparenz" und „Partizipation": Sie seien „essentiell für das Gelingen multiprofessioneller Zusammenarbeit in den Netzwerken Früher Hilfen" (ebd., S. 11). Weiterhin wird „die Kenntnis über Kompetenzen und Grenzen anderer Professionen, die Akzeptanz der jeweils anderen Fachlichkeit und der Wille zum gemeinsamen Arbeiten auf Augenhöhe" (ebd.) aufgeführt. Für die Verständigung sei „die Entwicklung einer gemeinsamen Sprache und das interdisziplinäre ‚Voneinander Lernen'" (ebd.), aber auch die hinreichende Ausstattung mit Ressourcen grundlegend (vgl. ebd.).

Die Form der Herstellung der Zusammenarbeit orientiert sich an Kriterien des zweckrationalen Handelns: Wissensabgleich, Vereinbarungen, gemeinsame Verfahren, gemeinsames Verständnis und die Koordination des gemeinsamen Handelns, ganz entsprechend der von Weber beschriebenen Form der Vergesellschaftung. So geht es nicht um die Etablierung von subjektiv empfundenen Zusammengehörigkeitsgefühlen, sondern um die organisationale Absicherung des gemeinsamen Handelns im Rahmen von Grenzarbeit. In diesem Sinne beruht das multiprofessionelle Handeln der Akteur*innen – wie es die organisationskulturellen Annahmen nahelegen – auch nicht auf geteilten, unreflektierten Annahmen, auf gemeinsam erlernten und geteilten Ritualen. Vielmehr gilt es, den in den beteiligten Organisationen zu findenden gemeinsamen Sinn durch zweckrationales Handeln in die Schranken zu weisen. Oder anders formuliert: Vergesellschaftung ist die programmatische Intention, mit welcher organisationskulturell geprägter Vergemeinschaftung begegnet werden soll.

Durch die oben beschriebenen Formen der Herstellung der Zusammenarbeit findet dann die Formung des Netzwerkes nach innen und außen durch Prozesse sozialer Schließung statt: Das Netzwerk ist dann z. B. nicht mehr für diejenigen offen, mit denen man sich nicht auf gemeinsame Vorstellungen zur Zusammenarbeit einigen kann. Wie die Studie von Dieter et al. (2015) zeigen konnte, werden als Teil der Netzwerke auch kaum Familien oder Ehrenamtliche begriffen, weil diese nicht als gleichwertige organisationale Akteur*innen angesehen werden.

(b) In den Frühen Hilfen wird Zusammenarbeit als Vergesellschaftung nicht nur lokal vor Ort betrieben, sondern durch die Entwicklung von ‚Zutaten', die es braucht, damit Zusammenarbeit gelingen kann. Deren Gründung und Fortführung wurde wesentlich auch durch Bundesmittel und durch die begleitenden Maßnahmen des Nationalen Zentrums, wie bspw. durch die Entwicklung von zentralen Leitbildern, Qualitätskatalogen und Berufsprofilen, durch überregionale Vernetzung sowie durch die Arbeit an der rechtlichen Absicherung des Handlungsfeldes, vorangetrieben. Zugleich wurde das Handeln vor Ort durch eigene Erhebungen und Forschung, Informationsarbeit und Politikberatung unterstützt (NZFH 2018b). Das Nationale Zentrum Frühe Hilfen betreibt also Vergesellschaftungsarbeit über Professionsgrenzen und Sektoren (Gesundheitswesen, Kinder- und Jugendhilfe etc.) hinaus, und dies vor dem Hintergrund der Tatsache, dass es vor mehr als zehn Jahren im hier vorgestellten Sinne noch kein Handlungsfeld Frühe Hilfen gab.

3.4.4 Modus der multiprofessionellen Zusammenarbeit im Handlungsfeld der Frühen Hilfen

Der Modus der multiprofessionellen Zusammenarbeit kann auf Grundlage der analysierten Dokumente als gesteuerte Kooperation im Netzwerk gefasst werden. In kommunaler Verantwortung kommen hier vielfältige Techniken zur Anwendung, damit eine feste Klammer auf mehreren Ebenen um das geschlossen werden kann, was vorher noch nicht verbunden war, aber im Sinne des Wohls der Kinder verklammert werden soll. Diese gesteuerte Vernetzung geschieht auf mehreren Ebenen: auf der Bundesebene sowie auf der interorganisationalen kommunalen (fallübergreifenden) Ebene und reicht bis in die adressat*innenbezogene, multiprofessionelle Fallarbeit. Die Vergemeinschaftung geschieht durch eine durch das NZFH gesteuerte Etablierung und Absicherung eines Handlungsfeldes als gemeinsamer Orientierungsrahmen zur Herstellung und Aufrechterhaltung einer kommunal verantworteten und gesteuerten Koordination und Zusammenführung von vielfältigen Angeboten über Professions- und Sektorengrenzen hinaus in Verantwortung für das Wohl und die Gesundheit des Kindes und ist daher tendenziell am Pol der Vergesellschaftung anzuordnen. Multiprofessionalität in Zusammenhang mit den Frühen Hilfen dient folglich dazu, politische Ziele einer intensivierten staatlichen Beobachtung, Einflussnahme und Kontrolle der frühen Lebensphase von Kindern durchzusetzen. Da hier staatliche Steuerung nicht an einer zentralen Institution (wie z. B. Schule) ansetzen kann, erscheinen die Frühen Hilfen wie ein Experimentierfeld multiprofessioneller Vergesellschaftung. Hier wird erprobt, wie der Versäulung sozialer, gesundheits- und bildungsbezogener Infrastruktur nicht nur partiell in einzelnen Teams und Organisationstypen (Erziehungsberatungsstellen; Schulsozialarbeit an Schule) oder nur lokal, anlass- und projektbezogen (wie im Fall der außerschulischen kulturellen Jugendbildung), sondern ressort- und handlungsfeldübergreifend durch die Aktivierung einer wenig zu überblickenden Vielzahl an Akteur*innen im Rahmen von Netzwerkmanagement durch multiprofessionelle Zusammenarbeit entgegengewirkt werden kann.

4 Zusammenfassung und weiterführende Gedanken

Im Rahmen der theoretischen Annäherungen warfen wir unter Bezugnahme auf Max Webers Begriffe der Vergemeinschaftung und Vergesellschaftung zunächst einen Blick auf die Formen der sozialen Beziehung im Kontext multiprofessioneller Zusammenarbeit. Diese ergänzten wir durch gruppendynamische sowie durch organisationstheoretische Perspektiven, um sowohl teambezogene Herstellungsweisen der Vergemeinschaftung als auch die organisationskulturelle Herstellung des Kollektiven betrachten zu können. Dabei nahmen wir insbesondere auch Prozesse der Grenzarbeit und der Differenzbildung in den Blick. Deutlich wurde hier, dass sich Verständnisse von multiprofessioneller Vergemeinschaftung gleichsam auf einem Kontinuum zwischen zwei Polen bewegen können: von dem Pol einer zweckrational orientierten Zusammenführung von Kompetenzen, Wissensbeständen oder Perspektiven, die wir als Pol der Vergesellschaftung verstehen, bis zum Pol eines auf affektiver Beziehungsebene angesiedelten Prozesses multiprofessioneller Zusammenarbeit, der gruppendynamische oder organisationskulturelle Spezifika reflektiert, die wir als Pol der Vergemeinschaftung verstehen.

Anhand dieser theoretischen Zugänge gewannen wir unser von Weber unterschiedenes Verständnis des Begriffs der Vergemeinschaftung, welches Vergemeinschaftung sowohl als erstens eine bestimmte Form von Zusammenarbeit in Abgrenzung zur Vergesellschaftung als auch als zweitens einen Prozess der Herstellung von Zusammenarbeit begreift. Ausgehend von dieser Begriffsfassung untersuchten wir im zweiten Teil des Beitrags programmatische Schriften aus den Bereichen der Erziehungsberatung, der Schulsozialarbeit, der außerschulischen kulturellen Jugendbildung sowie der Frühen Hilfen hinsichtlich der in ihnen enthaltenen Konzepte von Vergemeinschaftung. Wir fragten in allen vier Handlungsfeldern nach den Zielen, der Herstellung sowie der Art der Aufrechterhaltung multiprofessioneller Zusammenarbeit. Anschließend arbeiteten wir den jeweils in den untersuchten Dokumenten entworfenen Modus der Vergemeinschaftung heraus und verorteten diesen entlang des Pols der Vergemeinschaftung und des Pols der Vergesellschaftung. Die in den vier Handlungsfeldern ausgearbeiteten Modi lassen sich in unterschiedlicher Weise zwischen beiden Polen anordnen.

Dort, wo es im Kontext von Multiprofessionalität um Zusammenführung, Kooperation oder Vernetzung geht, ergab unsere Analyse von Positionspapieren aus der Bildungsinfrastruktur und Sozialen Diensten, dass insgesamt solche Ideen einer Herstellung multiprofessioneller Zusammenarbeit überwiegen, welche am Pol der Vergesellschaftung ausgerichtet sind. So zeigte sich im Handlungsfeld der Erziehungsberatung, dass die Idee einer stets fallbezogen und durch einzelne in ihrer Zusammenarbeit als gleichberechtigt angenommene Professionelle prozesshaft herzustellenden Kooperation verschiedener Fachkräfte im Mittelpunkt steht. Teambezogene Prozesse oder auch organisationskulturelle Spezifika von Vergemeinschaftung wurden in der analysierten Programmschrift hierbei nicht adressiert. Im Bereich der Schulsozialarbeit kann vom Modus multiprofessioneller Zusammenarbeit durch Subordination gesprochen werden. Durch das Einfügen der Schulsozialarbeit in die hier als dominanter positionierte Institution Schule soll diese multiprofessionell ausgestaltet werden. Das im Bereich der kulturellen Jugendbildung analysierte Positionspapier formuliert Erwartungen an eine Vergemeinschaftung durch Koproduktion. Mit dem Ziel, Jugendlichen die Teilhabe an kultureller Bildung zu ermöglichen, sollen hier Schule und außerschulische kulturelle Jugendbildung projektbezogen zusammenarbeiten. Und im Bereich der Frühen Hilfen zeichnet sich eine mehrdimensionale, interorganisationale Vergemeinschaftung (auf Ebene des Bundes, der Kommune und in der Fallarbeit mit den Familien) im Modus einer gesteuerten Vernetzung ab. Diese ist politisch intendiert und richtet sich mit dem Auftrag der multiprofessionellen Zusammenarbeit an diverse Organisationen im Feld. Das Handlungsfeld als organisations- und professionsübergreifende Klammer muss in Grenzarbeit aber erst noch hergestellt werden.

Im Ergebnis konnten wir in einer handlungsfeldvergleichenden Perspektive aufzeigen, dass die Modi der Vergemeinschaftung in den betrachteten Handlungsfeldern sehr unterschiedlich ausgestaltet sind. Gemeinsam ist den analysierten Papieren der unterschiedlichen Handlungsfelder allerdings, dass alle analysierten Modi – die Kooperation, die Subordination, die Koproduktion und die gesteuerte (Mehrebenen-)Vernetzung – dem Pol der Vergesellschaftung im Sinne einer zweckrationalen Verbindung und Ausrichtung der Interessen multiprofessioneller Zusammenarbeit zuzuordnen sind. Der Pol der Vergemeinschaftung, angelehnt an das Weber'sche (kategoriale) und gruppendynamische (prozessorientierte) Verständnis, bleibt damit weitgehend unberücksichtigt, ebenso wie die Prozesse einer organisationskulturell-habituellen Vergemeinschaftung über gemeinsam getragene Orientierungen und Praktiken. Damit gleichen sich die Papiere darin, dass sie Multiprofessionalität als etwas über externe Zielsetzung funktional Herstellbares und organisational Steuerbares entwerfen. In dieser Weise werden auch implizite Erwartungen an die jeweils in den Handlungsfeldern tätigen Professionen gerichtet, wie Multiprofessionalität herzustellen sei.

Inwiefern diese Erwartungen auch so in den Handlungsfeldern erfüllt werden können, wenn in Konzepten von Vergemeinschaftung der Pol der Vergemeinschaftung im Sinne von Prozesshaftigkeit und Form sozialer Beziehung außer Acht gelassen wird, ist zu hinterfragen. Bei den von uns analysierten Modi der Vergemeinschaftung erscheint multiprofessionelle Zusammenarbeit im Sinne von Nicolas Engel (2014) als organisational steuerbares (un-)menschliches Sozialgebilde – und nicht als menschliche Kooperationsgemeinschaft, die sich dynamisch entwickelt, gemeinsame Werte und Praktiken teilt, sich möglicherweise solidarisch und mitunter widerständig gegenüber gesellschaftlich (oder programmatisch) vermittelten Erwartungen zeigt. Multiprofessionalität vollzieht sich hier vielmehr in Form einer zweckrationalen Ordnung, die organisational immer nur bedingt herzustellen ist, über die aber eine Vision organisationaler Steuerung multiprofessioneller Zusammenarbeit erzeugt wird.

Nachdem wir die in diesem Artikel vorgebrachten empirischen Einblicke mit den dargestellten theoretischen Bezügen abgeglichen haben, kommen wir zu der These, dass diese Vision in ihrer Umsetzung auf eine Beachtung der Prozessperspektive von Vergemeinschaftung angewiesen ist. Eine rein auf das Strukturelle abzielende Kombination von Professionellen unterschiedlicher ‚Couleur' greift unserer Auffassung nach zu kurz. Grundlage für die Herstellung gelingender Multiprofessionalität ist es, nicht lediglich bei ihren Zwecken und ihren Zielen anzusetzen, sondern auch eine Idee ihrer Vergemeinschaftungsprozesse – sowohl durch die Begleitung von Gruppenprozessen als auch durch die Schaffung von Räumen zur Reflexion organisationskultureller Praktiken – programmatisch zu verankern. Wo dabei das Konzept der Multiprofessionalität und die in verschiedenen Handlungsfeldern hiermit jeweils verbundenen Praxisentwürfe an ihre Grenzen kommen oder sich neue Chancen auftun, muss zum Gegenstand tiefer gehender empirischer Untersuchungen und theoretischer Auseinandersetzungen werden.

Literatur

Amann, Andreas (2001): Gruppendynamik als reflexive Vergemeinschaftung. In: Antons, Klaus/Amann, Andreas/Clausen, Gisela/König, Oliver/Schattenhofer, Karl (Hrsg.): Gruppenprozesse verstehen. Forschung und Praxis. Leverkusen: Leske und Budrich, S. 28–38.

Arbeitsgemeinschaft für Jugendhilfe (AGJ) (2006): „Handlungsempfehlungen zur Kooperation von Jugendhilfe und Schule. Stellungnahme des Vorstands der AGJ, Leipzig". www.agj.de/file admin/files/positionen/2006/Handlungsempfehlungen%20AGJ.pdf (Abfrage: 18.01.2019).

Arbeitsgemeinschaft Jugendfreizeitstätten Baden-Württemberg e. V. (AGJF Ba-Wü) (2018): „Offene Kinder- und Jugendarbeit. Grundsätze und Leistungen. Vollst. überarb. Ausgabe". www. agjf.de/index.php/offene-kinder-und-jugendarbeit.html (Abfrage: 18.01.2019).

Bauer, Petra (2014): Kooperation als Herausforderung in multiprofessionellen Handlungsfeldern. In: Faas, Stefan/Zipperle, Mirjana (Hrsg.): Sozialer Wandel. Herausforderungen für Kulturelle Bildung und Soziale Arbeit. Wiesbaden: Springer VS, S. 273–284.

Bauer, Petra (2018): Multiprofessionalität. In: Graßhoff, Gunther/Renker, Anna/Schröer, Wolfgang (Hrsg.): Soziale Arbeit. Eine elementare Einführung. Wiesbaden: Springer VS, S. 727–739.

Bauer, Petra (2019): Sozialpädagogische Fallbesprechungen im Team. Spannungsfelder und Interaktionsdynamiken. In: Cloos, Peter/Fabel-Lamla, Melanie/Kunze, Katharina/Lochner, Barbara (Hrsg.): Pädagogische Teamgespräche. Weinheim und Basel: Beltz Juventa, S. 16–34.

Bundesjugendkuratorium (BJK) (2017): „Kinder- und Jugendarbeit stärken. Stellungnahme November 2017". Deutsches Jugendinstitut e. V., München. www.bundesjugendkuratorium.de/ assets/pdf/press/BJK_Stellungnahme_KJA.pdf (Abfrage: 18.01.2019).

Bundeskonferenz für Erziehungsberatung e. V. (BKE) (o. J.): „BKE besser beraten. Imagebroschüre". www.bke.de (Abfrage: 27.03.2018).

Bundeskonferenz für Erziehungsberatung e. V. (BKE) (o. J. a): „Bundeskonferenz für Erziehungsberatung e. V. Der Dachverband für Erziehungs- und Familienberatung". www.bke.de/?SID=055-474-1E2-FD0 (Abfrage: 27.03.2018).

Bundeskonferenz für Erziehungsberatung e. V. (BKE) (2016): „Das multidisziplinäre Fachteam. Aufgaben, Kompetenzprofil und Arbeitsweise der Erziehungsberatung". Erlangen. www.bke. de/content/application/shop.download/1486728450_22%20Das%20multidisziplinäre%20Facht eam%20WEB.pdf (Abfrage: 10.04.2018).

Bundesvereinigung Kulturelle Jugendbildung (BKJ) (2015): „Kulturelle Bildung ist Koproduktion >> Außerschulische und schulische Kulturelle Bildung für Kinder und Jugendliche wirksam entfalten – eigenständig und gemeinsam". In: Kulturelle Bildung Online. www.kubi-online. de/artikel/kulturelle-bildung-koproduktion-ausserschulische-schulische-kulturelle-bildung-kinder (Abfrage: 18.01.2019).

Bundesvereinigung Kulturelle Jugendbildung (BKJ) (2018): „Informationen über die Bundesvereinigung". www.bkj.de/ueber-die-bkj.html (Abfrage: 18.01.2019).

Bundesvereinigung Kulturelle Jugendbildung (BKJ) (2018a): „Informationen zum Wettbewerb ,MIXED UP'". www.bkj.de/ueber-die-bkj/arbeitsbereiche-projekte/mixed-up-wettbewerb.html (Abfrage: 18.01.2019).

Bundesvereinigung Kulturelle Jugendbildung (BKJ) (2018b): „Über die BKJ. Arbeitsbereich ,Kooperationen und Bildungslandschaften'". https://www.bkj.de/ueber-die-bkj/arbeitsbereiche-projekte/kooperationen-und-bildungslandschaften.html (Abfrage: 26.02.2019).

Bundesvereinigung Kulturelle Jugendbildung (BKJ) (2018c): „Ziele des Wettbewerbs ,MIXED UP'". www.mixed-up-wettbewerb.de/ziele-von-mixed-up.html (Abfrage: 18.01.2019)

Cloos, Peter (2008): Die Inszenierung von Gemeinsamkeit. Eine vergleichende Studie zu Biografie, Organisationskultur und beruflichem Habitus von Teams in der Kinder- und Jugendhilfe. Weinheim und München: Juventa.

Deutscher Verein (DV) (o. J.): „Empfehlungen/Stellungnahmen". www.deutscher-verein.de/de/ empfehlungen-stellungnahmen-1156.html (Abfrage: 22.01.2019).

Deutscher Verein (DV) (o. J.): „Wir über uns". www.deutscher-verein.de/de/wir-ueber-uns-1162.html (Abfrage: 22.01.2019).

Deutscher Verein (DV) (2014): „Diskussionspapier zu Entwicklung und Verortung von Schulsozialarbeit". www.deutscher-verein.de/de/uploads/empfehlungen-stellungnahmen/2014/dv-12-13-schulsozialarbeit.pdf (Abfrage: 22.01.2019).

Dieter, Anna-Victoria/Volk, Sabrina/Haude, Christin/Pieper, Stefanie/Cloos, Peter/Schröer, Wolfgang (2015): Multiperspektivische Analyse von kommunalen Netzwerken Frühe Hilfen. Endbericht zur Vertiefungsstudie im Rahmen der Dokumentation und Evaluation der Bundesinitiative Frühe Hilfen. Im Auftrag des Deutschen Jugendinstituts e. V. gefördert vom Bundesministerium für Familie, Senioren, Frauen und Jugend (BMFSFJ) im Rahmen des Nationalen Zentrums Frühe Hilfen. MS Hildesheim.

Engel, Nicolas (2014): Organisation als (un-)menschliches Sozialgebilde. Konturen einer kritisch-pädagogischen Organisationsforschung. In: Engel, Nicolas/Sausele-Beyer, Ines (Hrsg.): Organisation. Ein pädagogischer Grundbegriff. Münster und New York: Waxmann, S. 105–121.

Engel, Nicolas (2016): Normative (in) der pädagogischen Organisationsforschung. In: Göhlich, Michael/Weber, Susanne M./Schröer, Andreas/Schemann, Michael (Hrsg): Organisation und Methode. Wiesbaden: Springer VS, S. 245–256.

Engel, Nicolas (2018): Kulturtheoretische Grundlagen der Organisationspädagogik. In: Göhlich, Michael/Schröer, Andreas/Weber, Susanne Maria (Hrsg.): Handbuch Organisationspädagogik. Wiesbaden: Springer VS, S. 237–248.

Fahrenwald, Claudia (2018): Kollektive Akteure als Gegenstand der Organisationspädagogik. In: Göhlich, Michael/Schröer, Andreas/Weber, Susanne Maria (2018): Handbuch Organisationspädagogik. Wiesbaden: Springer VS, S. 395–406.

Hochuli Freund, Ursula (2015): Multiperspektivität in der Kooperation. In: Merten, Ueli/Kaegi, Urs (Hrsg.): Kooperation kompakt. Professionelle Kooperation als Strukturmerkmal und Handlungsprinzip der Sozialen Arbeit. Leverkusen und Opladen: Verlag Barbara Budrich, S. 135–152.

Ilg, Wolfgang (2013): Jugendarbeit – Grundlagen, Prinzipien und Arbeitsformen. In: Borrmann, Stefan/Rauschenbach, Thomas (Hrsg.): Arbeitsfelder der Kinder- und Jugendarbeit. Weinheim und Basel: Beltz Juventa, S. 12–32.

Kuhn, Herbert (2015): Das Team als Mittel zur Leistungssteigerung. In: Edding, Cornelia/Schattenhofer, Karl (Hrsg.): Handbuch Alles über Gruppen. Theorie, Anwendung, Praxis. 2., überarb. Auflage. Weinheim: Beltz Verlag, S. 124–161.

Lerchster, Ruth (2014): Forschungsteams organisieren. In: Gert Dressel (Hrsg.): Interdisziplinär und transdisziplinär forschen. Praktiken und Methoden. Unter Mitarbeit von Wilhelm Berger, Katharina Heimerl und Verena Winiwarter. Bielefeld: transcript.

Moebius, Stephan (2008): Macht und Hegemonie. Grundrisse einer poststrukturalistischen Analytik der Macht. In: Moebius, Stephan/Reckwitz, Andreas (Hrsg.): Poststrukturalistische Sozialwissenschaften. Frankfurt am Main: Suhrkamp Verlag, S. 158–174.

Nationales Zentrum Frühe Hilfen (NZFH) (2014): „Empfehlungen zu Qualitätskriterien für Netzwerke Früher Hilfen". www.fruehehilfen.de/fileadmin/user_upload/fruehehilfen.de/pdf/Publikation_NZFH_Kompakt_Beirat_Empfehlungen_zu_Qualitaetskriterien_BZGA-14-02072.pdf (Abfrage: 12.12.2018).

Nationales Zentrum Frühe Hilfen (NZFH) (2016): „Leitbild Frühe Hilfen. Beitrag des NZFH-Beirats. Anhang: Begriffsbestimmung frühe hilfen". Köln: Bundeszentrale für gesundheitliche Aufklärung. https://www.fruehehilfen.de/service/publikationen/einzelansicht-publikationen/titel/leitbild-fruehe-hilfen-beitrag-des-nzfh-beirats/?no_cache=1&cHash=41504a656a99e2a86371c47fb94a5c29&tx_solr[sort]=publishedYear+desc (Abfrage: 18.03.2019).

Nationales Zentrum Frühe Hilfen (NZFH) (2018): „Was sind Frühe Hilfen?". www.fruehehilfen.de/fruehe-hilfen/was-sind-fruehe-hilfen/ (Abfrage: 12.12.2018).

Nationales Zentrum Frühe Hilfen (NZFH) (2018a): „Bundesstiftung Frühe Hilfen". www.fruehehilfen.de/bundesstiftung-fruehe-hilfen/ (Abfrage: 26.03.2018).

Nationales Zentrum Frühe Hilfen (NZFH) (2018b): „Kommunale Netzwerke". www.fruehehilfen.de/bundesstiftung-fruehe-hilfen/kommunale-netzwerke/ (Abfrage: 26.03.2018).

Nonhoff, Martin (2006): Politischer Diskurs und Hegemonie. Das Projekt „Soziale Marktwirtschaft". Bielefeld: transcript.

Preyer, Gerhard (2012): Rolle, Status, Erwartungen und soziale Gruppe. Mitgliedschaftstheoretische Reinterpretationen. Wiesbaden: VS Verlag für Sozialwissenschaften.

Reckwitz, Andreas (2006): Ernesto Laclau. Diskurse, Hegemonien, Antagonismen. In: Moebius, Stephan/Quadflieg, Dirk (Hrsg.): Kultur. Theorien der Gegenwart. Wiesbaden: VS Verlag für Sozialwissenschaften, S. 339–349.

Rey, Joseph M./Assumpção, Francisco B./Bernad, Carlos A./Cuhadaroglu, Füsun C./Evans, Bonnie/Fung D./Harper, Gordon/Loidreau, Loïc/Ono, Yoshiro/Puras, Dainius/Remschmidt, Helmut/Robertson, Brian/Rusakoskaya, Olga A./Schleimer, Kari (2015): History of child and adolescent psychiatry. In Rey, Joseph M. (Hrsg.): IACAPAP e-Textbook of Child and Adolescent Mental Health. Geneva: International Association for Child and Adolescent Psychiatry and Allied Professions. www.iacapap.org/wp-content/uploads/J.10-History-Child-Psychiatry-2015. pdf (Abfrage: 10.04.2018).

Santer, Hellmut (2006): Die Gruppe als intermediärer Raum. Kreativität und Sinnerfahrung im Spannungsfeld zwischen Individuum und System. In: Heintel, Peter (Hrsg.): Betrifft: TEAM. Dynamische Prozesse in Gruppen. Wiesbaden: VS Verlag für Sozialwissenschaften, S. 159–182.

Speck, Karsten (2014): Schulsozialarbeit. Eine Einführung. 3., überarb. und erw. Auflage. München und Basel: Ernst Reinhardt Verlag.

UN-Behindertenrechtskonvention (o. J.). www.behindertenrechtskonvention.info/bildung-3907/ (Abfrage 28.01.2019).

van Santen, Eric/Seckinger, Mike (2005): Fallstricke im Beziehungsgeflecht: die Doppelebenen interinstitutioneller Netzwerke. In: Bauer, Petra/Otto, Ulrich (Hrsg.): Mit Netzwerken professionell zusammenarbeiten. Band 2: Institutionelle Netzwerke in Steuerungs- und Kooperationsperspektive, Tübingen: dgvt-Verlag, S. 201–219.

Weber, Max (1922/1980): Wirtschaft und Gesellschaft. Grundriss der verstehenden Soziologie. 5., rev. Auflage, besorgt von Johannes Winckelmann. Studienausgabe, Tübingen: J.C.B. Mohr (Paul Siebeck).

Autor*innen

Peter Cloos, Professor für die Pädagogik der frühen Kindheit an der Stiftung Universität Hildesheim, Fachbereich Erziehungs- und Sozialwissenschaften; Institut für Erziehungswissenschaft. Sprecher des Kompetenzzentrums Frühe Kindheit Niedersachsen. Arbeits- und Forschungsschwerpunkte: Erziehung und Bildung in Kindertageseinrichtungen; Qualitative Forschungsmethoden (der Pädagogik der Kindheit); Institutionelle und situative Übergänge im Lebenslauf und Alltag von Kindern; Professionelles Handeln in Arbeitsfeldern der Pädagogik der frühen Kindheit.

Melanie Fabel-Lamla, Professorin für Schulpädagogik an der Stiftung Universität Hildesheim, Fachbereich Erziehungs- und Sozialwissenschaften, Institut für Erziehungswissenschaft, Abteilung Angewandte Erziehungswissenschaft. Arbeits- und Forschungsschwerpunkte: Professionsforschung, Biografische Lehrerforschung, Lehrerbildungsforschung, multiprofessionelle Kooperation, Vertrauensforschung.

Gunther Graßhoff, Professor für Sozialpädagogik am Institut für Sozial- und Organisationspädagogik der Stiftung Universität Hildesheim. Arbeits- und Forschungsschwerpunkte: Sozialpädagogische Adressatenforschung, Jugendhilfeforschung, Methoden der qualitativen Sozialforschung, Qualitative Bildungsforschung, Migration.

Lea Heyer, Staatlich anerkannte Sozialarbeiterin (BA), Soziologin (MA). Promotionsstipendiatin im Graduiertenkolleg „Multiprofessionalität in der Bildungsinfrastruktur und in Sozialen Diensten" am Institut für Sozial- und Organisationspädagogik der Stiftung Universität Hildesheim. Arbeits- und Forschungsschwerpunkte: Religion und Jugendarbeit, Gruppendynamik, qualitative Sozial- und Netzwerkforschung.

Carolyn Hollweg (ehem. Eubel), Staatlich anerkannte Sozial- und Organisationspädagogin (M.A.). Promotionsstipendiatin im Graduiertenkolleg „Multiprofessionalität in der Bildungsinfrastruktur und in Sozialen Diensten" am Institut für Sozial- und Organisationspädagogik der Stiftung Universität Hildesheim. Arbeits- und Forschungsschwerpunkte: Kinder- und Jugendhilfe, Migration, Mehrsprachigkeit und Soziale Arbeit.

Senka Karic, Diplompädagogin. Promotionsstipendiatin im Graduiertenkolleg „Multiprofessionalität in der Bildungsinfrastruktur und in Sozialen Diensten" am Institut für Sozial- und Organisationspädagogik der Stiftung Universität Hildesheim. Arbeits- und Forschungsschwerpunkte: Religionen, Weltanschauungen und Soziale Arbeit, Soziale Arbeit in glaubensgemeinschaftlicher Trägerschaft, (Multi-)Professionalität in Sozialen Diensten, qualitative Sozialforschung.

Anna Korth, Lehramtsassessorin für Latein, Griechisch und Italienisch für das Lehramt am Gymnasium; Soziale Arbeit (BA). Promotionsstipendiatin im Graduiertenkolleg

„Multiprofessionalität in der Bildungsinfrastruktur und in Sozialen Diensten" am Institut für Sozial- und Organisationspädagogik der Stiftung Universität Hildesheim. Arbeits- und Forschungsschwerpunkte: intrapersonale Biprofessionalität.

Anna-Lena Lux, Sozial- und Organisationspädagogin (M.A.). Promotionsstipendiatin im Graduiertenkolleg „Multiprofessionalität in der Bildungsinfrastruktur und in Sozialen Diensten" am Institut für Sozial- und Organisationspädagogik der Stiftung Universität Hildesheim. Thema der Dissertation: Multiprofessionelle Zusammenarbeit im Organisationsmodell WfbM.

Linda Maack, Sozial- und Organisationspädagogin (M.A.). Promotionsstipendiatin im Graduiertenkolleg „Multiprofessionalität in der Bildungsinfrastruktur und in Sozialen Diensten" am Institut für Sozial- und Organisationspädagogik der Stiftung Universität Hildesheim. Arbeits- und Forschungsschwerpunkte: Altenpflege, Intersektionalitätsforschung, Diskursanalyse, Subjektivierungsweisen.

Maria Milbert, Praxisforscherin (M.A.). Promotionsstipendiatin im Graduiertenkolleg „Multiprofessionalität in der Bildungsinfrastruktur und in Sozialen Diensten" am Institut für Sozial- und Organisationspädagogik der Stiftung Universität Hildesheim. Berufserfahrung u.a. in verschiedenen Bereichen der Sozialpädagogik sowie in der wissenschaftlichen Begleitung von Kulturprojekten. Ihre Promotion, eine Systematische Metaphernanalyse, ist inhaltlich an einer Schnittstelle von Wissenschaft, Kunst und Pädagogik angesiedelt.

Luisa Peters, Sozial- und Organisationspädagogin (M.A.). Promotionsstipendiatin im Graduiertenkolleg „Multiprofessionalität in der Bildungsinfrastruktur und in Sozialen Diensten" am Institut für Sozial- und Organisationspädagogik der Stiftung Universität Hildesheim. Arbeits- und Forschungsschwerpunkte: Soziale Dienste am Arbeitsmarkt, Organisationstheorien, qualitative Sozial- und Netzwerkforschung.

Daniel Rohde, Sozial- und Organisationspädagoge (M.A.). Promotionsstipendiat im Graduiertenkolleg „Multiprofessionalität in der Bildungsinfrastruktur und in Sozialen Diensten" am Institut für Sozial- und Organisationspädagogik der Stiftung Universität Hildesheim. Arbeits- und Forschungsschwerpunkte: Multiprofessionalität im Kontext von Schule, Schulentwicklung, Qualitative Sozialforschung.

Anja Schäfer, Staatlich anerkannte Sozialpädagogin/Sozialarbeiterin (M.A.). Promotionsstipendiatin im Graduiertenkolleg „Multiprofessionalität in der Bildungsinfrastruktur und in Sozialen Diensten" am Institut für Sozial- und Organisationspädagogik der Stiftung Universität Hildesheim. Arbeits- und Forschungsschwerpunkte: Multiprofessionalität, Hilfen zur Erziehung, Anerkennung, quantitative Forschung.

Carina Schilling, Erziehungswissenschaftlerin (M.A.). Promotionsstipendiatin im Graduiertenkolleg „Multiprofessionalität in der Bildungsinfrastruktur und in Sozialen Diensten" am Institut für Sozial- und Organisationspädagogik der Stiftung Universität

Hildesheim. Arbeits- und Forschungsschwerpunkte: Multiprofessionelle Kooperation in Familienzentren, Kindertagesbetreuung.

Wolfgang Schröer, Professor für Sozialpädagogik am Institut für Sozial- und Organisationspädagogik der Stiftung Universität Hildesheim, Arbeits- und Forschungsschwerpunkte: Theorie und Geschichte der Sozialpolitik und Sozialpädagogik, Kinder- und Jugendhilfe, Transnationale Soziale Arbeit, Bewältigungs- und Übergangsforschung, Interkulturalität, Migrations- und Flüchtlingsforschung.

Inga Truschkat, Professorin am Institut für Sozial- und Organisationspädagogik der Stiftung Universität Hildesheim. Arbeits- und Forschungsschwerpunkte: Übergänge im Bildungs-, Sozial- und Beschäftigungssystem, Arbeits- und Beschäftigungsförderung, Bildungs- und Kompetenzforschung, Personenbezogene soziale Dienstleistungsorganisationen, Methodologien qualitativer Sozialforschung, Methoden qualitativer Sozialforschung.

Vera Volkmann, Professorin für Sportdidaktik am Institut für Sportwissenschaft der Stiftung Universität Hildesheim. Arbeits- und Forschungsschwerpunkte: Sport und Teilhabe, Biographieforschung, Professionalisierung von Sportlehrkräften, Forschungsmethoden (Qualitative Sozialforschung).

Leonie Wagner, Dipl.- Sozialarbeiterin und -Sozialpädagogin, Professorin für Pädagogik und Soziale Arbeit an der HAWK Hochschule Holzminden. Arbeits- und Forschungsschwerpunkte: Migration und Inklusion, Ländliche Räume, Genderforschung, Internationale und Interkulturelle Soziale Arbeit.

Florian Weis, Diplomsoziologe. Promotionsstipendiat im Graduiertenkolleg „Multiprofessionalität in der Bildungsinfrastruktur und in Sozialen Diensten" am Institut für Sozial- und Organisationspädagogik der Stiftung Universität Hildesheim. Arbeits- und Forschungsschwerpunkt: Gouvernementalität von pädagogischer Betreuung an der Grundschule.